Digitale Bildpraktiken

Maria Schreiber

Digitale Bildpraktiken

Handlungsdimensionen visueller
vernetzter Kommunikation

 Springer VS

Maria Schreiber
Wien, Österreich

Dissertation Universität Wien, 2017

ISBN 978-3-658-30787-5   ISBN 978-3-658-30788-2   (eBook)
https://doi.org/10.1007/978-3-658-30788-2

Die Deutsche Nationalbibliothek verzeichnet diese Publikation in der Deutschen National-
bibliografie; detaillierte bibliografische Daten sind im Internet über http://dnb.d-nb.de abrufbar.

Springer VS ist ein Imprint der eingetragenen Gesellschaft Springer Fachmedien Wiesbaden GmbH
und ist ein Teil von Springer Nature.
Die Anschrift der Gesellschaft ist: Abraham-Lincoln-Str. 46, 65189 Wiesbaden, Germany

Danksagung

Ohne die Finanzierung durch Drittmittel hätte die vorliegende Dissertation nicht realisiert werden können: Vielen Dank an die Österreichische Akademie der Wissenschaften, die das DOC-team-Projekt Bildpraktiken und damit meine Promotion ermöglicht hat, und an den OeAD, der meine Auslandsaufenthalte im Rahmen eines Marietta-Blau-Stipendiums gefördert hat.

Danke an mein DOC-Dreamteam Hanna Brinkmann und Rosa Johns – unsere gemeinsame geistige Arbeit und gegenseitige emotionale Unterstützung ist in jeden Pixel und jeder Faser dieses Buches eingewoben. <3

Im Prozess des Doktorats habe ich von vielen Seiten Unterstützung erfahren: Aglaja Przyborski hat meine ersten Schritte dabei großzügig begleitet; mein Betreuer Hannes Haas ist 2014 viel zu früh von uns gegangen, er hat sich stets für den wissenschaftlichen Nachwuchs eingesetzt. Danke an meine Betreuerin Gerit Götzenbrucker für Freiraum, Orientierung und Feedback. Dank gilt weiters Roswitha Breckner und den Mitgliedern des Forschungsschwerpunkts Visual Studies an der Universität Wien. Für konstruktive Kritik und anregende Diskussionen möchte ich den Gutachte_innen Maren Hartmann und Asko Lehmuskallio herzlich danken.

Eine Nähe von Gedanken und Ideen, die manchmal keine Worte braucht, teile ich mit Heike Kanter, danke für alles! Mit Patricia Prieto-Blanco habe ich eine kongeniale Projektpartnerin und Freundin gefunden. Wir sind immer together while apart, thank you! Edgar Gómez-Cruz und Annette Markham verdanke ich kritische, internationale Perspektiven auf meine Forschung und den Mut, eigene Standpunkte zu hinterfragen und mit Routinen zu brechen.

Großer Dank geht weiters an alle Kolleg_innen, die sich Zeit genommen haben, mit mir empirisches Material und Interpretationen zu diskutieren: Faime Alpagu, Gabriele Pessl, Philomena Pötscher, Anna Carnap, Axel Philipps, Michaela Kramer, Stefan Hampl, Andrea Schaffar und Margarita Köhl. Für eine strenge Lektüre diverser Rohfassungen danke ich Uta Rußmann. Danke an Rosina Huth für Grafikberatungen und René Salim vong Korrektorat her.

Danke an die Kaffeedealer in Wien Alsergrund, Berlin Kreuzberg und Melbourne CBD, ohne euch hätte ich nicht so gut durchgehalten.

Die visuelle vernetzte Kommunikation mit meinem eigenen sozialen Umfeld war stets Inspiration und Nährboden für meine Forschung -- danke an Mama,

Papa und meine Bros sowie an die weltbesten aller Freundinnen und Freunde, die meine Snapchat-Experimente und Emoji-Phasen stets wohlwollend ertragen haben.

Die vorliegende Arbeit ist jenen Menschen gewidmet, die mir Einblicke in ihre digitalen Bildpraktiken gewährt haben.

Inhaltsverzeichnis

Abbildungsverzeichnis

Tabellenverzeichnis

1 Einleitung

Im Fokus der vorliegenden Arbeit stehen digitale fotografische Bildpraktiken. Die ‚soziale Gebrauchsweise der Fotografie' interessierte aus soziologischer Perspektive bereits Bourdieu (1990[1965]), und die ‚Kodak-Culture' war in den 1980er Jahren Thema der eher alltags-orientierten angloamerikanischen media studies (Chalfen 1987). Seit der Digitalisierung und dem Aufkommen von Social Media gewinnt das Forschungsfeld auch in der deutschsprachigen Kommunikationswissenschaft immer mehr an Relevanz (Autenrieth 2014; Lobinger 2012; Lobinger und Geise 2015a; Neumann-Braun und Autenrieth 2011; Reißmann 2015). Private Fotografie umfasst das gesamte Feld fotografischer Praktiken (Produktion, Rezeption, Zirkulation fotografischer Bilder), die ursprünglich im privaten Kontext ohne kommerzielle Interessen und ohne Auftrag stattfinden (Pilarczyk und Mietzner 2005, S. 82)[1]. Mit der zunehmenden Verbreitung von Kameras in Smartphones erlangt das Thema sowohl im öffentlichen Diskurs als auch in der wissenschaftlichen Auseinandersetzung immer mehr Aufmerksamkeit.

Aktuell sind dabei in der medialen Berichterstattung vielfach extrem verkürzte, pauschalisierende und kulturpessimistische Diagnosen zu lesen[2]: Menschen würden nicht mehr miteinander kommunizieren, sondern in ihr Smartphone starren. Die ständige bildliche Selbstdarstellung wäre narzisstisch. Das ‚echte' Erleben komme zu kurz, weil wir uns in virtuellen Welten aufhalten. Die Kommunikationswissenschaft als Disziplin kann und muss hier ihre Expertise einbringen. Durch historische Kontextualisierung und präzise Analysen kann sie zeigen, dass Angst vor neuen Technologien historisch gesehen Tradition hat; dass mediatisierte Kommunikation und Repräsentation bereits vor Smartphone und Social Media existierten; dass es unterschiedlichste Praktiken von unterschiedlichsten Menschen gibt; dass kommerzielle Plattformen und Apps ebenfalls wesentlich an diesen Praktiken beteiligt sind.

---

[1] Begrifflich ist anzumerken, dass der Terminus „privat" gerade in Bezug auf rezente Forschungen als binäres Gegenüber von ‚öffentlich' wenig Sinn macht (vgl. Kapitel 6). Sinnvoller scheint der englische Begriff ‚personal photography'.

[2] Exemplarisch für viele andere Beiträge: „Selfie-Sucht entlarvt Narzissten" (FAZ 2015); „Soziale Netzwerke schädigen soziale Fähigkeiten" (Die Welt 2012). Oft erfolgen diese Diagnosen auch in visueller Form, z.B. https://getpocket.com/a/read/952575736, 3. 3. 2017

© Springer Fachmedien Wiesbaden GmbH, ein Teil von Springer Nature 2020
M. Schreiber, *Digitale Bildpraktiken*, https://doi.org/10.1007/978-3-658-30788-2_1

Zielsetzung

Viele Studien suchen nach einfachen, oft kausalen Erklärungen für Transformationen digitaler Bildpraktiken[3], ohne genauer zu analysieren, auf welch vielfältige und komplexe Weisen unsere alltägliche (visuelle) Kommunikation miteinander überhaupt stattfindet. Auch eine einseitige Betrachtung von nur Produktion oder Rezeption könnte das Phänomen nicht adäquat fassen (Müller und
Geise 2015, S. 84). Die vorliegende Arbeit macht deswegen eine integrative, rekonstruktive und praxeologische Analyseperspektive stark. Das bedeutet, nach
der Relation und dem ständigen Verzahntsein von Produktion und Rezeption und
damit nach zwischenmenschlichen visuell-kommunikativen Prozessen zu fragen.
Das bedeutet weiters nicht, nach dem *was* oder *warum* zu fragen, sondern nach
dem *wie*: Wie sind digitale Bildpraktiken in der Lebenswelt der Beforschten
strukturiert?

Ziel der empirischen Studie ist es, habituelle Muster zu rekonstruieren, die
die Praktiken des Teilens und Zeigens von Bildern mit und auf dem Smartphone
strukturieren. Diese Orientierungen zeigen sich in den Praktiken und Bildern der
Akteur_innen und in medialen Strukturen. Die empirisch rekonstruierten Orientierungen werden mit der Theorie in Dialog gebracht, um letztendlich einen theoretischen Beitrag zum Forschungsfeld zu leisten. Die Arbeit verfolgt dabei einen stark interdisziplinären Ansatz, wie es für Arbeiten in diesem Forschungsfeld
üblich ist[4].

Forschungsleitende Fragen

▨ Wie (auf welche Art und Weise) sind Smartphone und digitale Bildprakti-
    ken in den Alltag der Beforschten integriert, welche Orientierungen struk-
    turieren die Praktiken? In welchen Kontexten wird das Teilen und Zeigen
    von Bildern mit dem Smartphone relevant und bedeutungsvoll?
▨ Wie wird in den Bildern selbst kommuniziert, werden spezifische Ästheti-
    ken
▨ sowie visuelle Konventionen sichtbar?

---

[3]   Exemplarisch: Diehl et al (2016); Moon et al (2016); Sheldon und Bryant (2016).
[4]   Zahlreiche Arbeiten im Feld der digitalen Bildpraktiken verorten sich in Feldern wie
       Visual Studies, Media Anthropology, Science and Technology Studies, Human Computer
       Interaction, Human Geography, etc.

▨ Welche Rolle spielt die mediale Einbettung der Bilder, besonders die Möglichkeiten und Einschränkungen der jeweils involvierten Hardware und Software?

1.1 Theoretischer Rahmen

Grundlegend werden materiale Bilder immer auf zwei Ebenen relevant, denn sie zeigen immer *etwas* und *sich selbst* (Boehm 2007, S. 19). Die analytische Trennung von Bild und seinem ,Trägermedium' findet man in diversen theoretischen Kontexten: Als Medium und Form bei Luhmann (2002), ,content' und massage' bei McLuhan (1996 [1967]) oder auch im Sinne von symbolischer und materialer Ebene in der Domestizierungstheorie (Hartmann 2006b, 2013a, S. 24 ff.). Weiters differenzieren (Müller und Geise 2015) Motiv und Material, Bildwissenschaftler Belting Bild und Medium, und in medienwissenschaftlichen Auseinandersetzungen   findet   sich   die   Doppeltheit   von   Medialität/ Materialität und Bildlichkeit/Ikonizität (Krämer 1998; Finke und Halawa 2012). Die genannten theoretischen Differenzierungen sind zwar nicht synonym, aber sie haben gemeinsam, dass sie eine analytische Trennung von dem, was *bildlich* gezeigt wird, und dem, wie dieses Bild *medial* eingebettet ist, für sinnvoll erachten.

Auch die vorliegende Arbeit folgt in einem ersten Schritt der analytischen Trennung von *Bild*, in dem einerseits etwas visuell kommuniziert bzw. gezeigt wird, und andererseits *Medium*, der medientechnischen-materialen Bedingung, der spezifischen Materialität-Medialität des Bildes. Bilder und ihre Medien oder Medien und ihre Bilder sind wiederum in soziale Praktiken eingebunden, die immer auch körperliche Praktiken sind. Die drei theoretisch-konzeptionellen Elemente, die Bildpraktiken gemeinsam konstituieren, sind somit *Praktiken, Bilder und Medien.*

Eine analytische Trennung der Elemente darf nicht bedeuten, dass ihr Zusammenwirken ausgeblendet wird. Im Gegenteil: Um das Zusammenwirken besser zu verstehen, muss es Ziel sein, ihre *Relationen und Verknüpfungen zu rekonstruieren.* Ein Zusammendenken wird etwa auch von Burri als essentiell für jede sozialwissenschaftliche Auseinandersetzung mit Bildern erachtet[5], es gelte

> „für eine soziologische Bildanalyse die Trias Praxis, Materialität und Visualität konzeptuell
> zu verschränken, um die Bilder in ihrer epistemischen, materiellen und sozialen

---

[5]   Interessanterweise plädieren vor allem weibliche Wissenschaftlerinnen für gegenseitige Befruchtungen, für "attention to the co-constitution of humans' subjectivities and the visual objects their practices create" (Rose und Tolia-Kelly 2012, S. 3), sh. auch Burri (2008); Przyborski (2015); Schade und Wenk (2011); Wolff (2012).

Mehrgestaltigkeit sowie die auf sie bezogene Praxis zu fassen und zu verstehen." (Burri 2008, S. 347)

Auch Belting betont in seiner Bild-Anthropologie (Belting 2001) Wechselver-hältnisse und gegenseitige Bedingungen von Körper, Bild und Medium als zent-ral[6], im Folgenden sollen seine Thesen dazu kurz zusammengefasst werden: Belting sieht innere und äußere Bilder[7] als sich reziprok bedingend:

> „Zwar steckt im Begriff „Bild" schon der Doppelsinn innerer und äußerer Bilder, den wir nur in der westlichen Denktradition so zuversichtlich als Dualismus begreifen. Doch sind die mentalen und die physischen Bilder einer und derselben Zeit (die Träume und die Ikonen) so vieldeutig auf einander bezogen, daß ihre Anteile nur schwer von einander zu trennen sind, es sei denn in einem handfest materiellen Sinne" (Belting 2001, S. 20).

Der menschliche Körper ist dabei Ort der inneren Bilder und Medium der Wahr-nehmung von äußeren Bildern. Diese äußeren Bilder brauchen wiederum Trä-germedien, um sichtbar zu werden: „(...) so tritt das Medium ja keineswegs zwi-schen uns und das Bild dort draußen. Eher ist es umgekehrt und wird das Bild im Akt der Betrachtung zwischen dem Medium und uns ausgetauscht" (ebd. 54) – Wahrnehmung ist also interaktiv, kommunikativ und prozessual. Der Körper nimmt äußere Bilder wahr und setzt sie in Relation zu seinen inneren Bildern. Gleichzeitig kann der Körper selbst Bilder hervorbringen, etwa indem er etwas zeichnet oder fotografiert. Körperbild und Menschenbild seien damit immer so-zio-historisch situiert (ebd. 141). In Bezug auf das Medium argumentiert Belting, dass es nicht durch seine technische Beschaffenheit, sondern durch seinen kultu-rellen Gebrauch definiert werde (ebd. 43), relativiert das aber implizit an anderer Stelle wieder (ebd. 227). Ohne technische Beschaffenheit deterministisch zu fas-sen, werden in der vorliegenden Arbeit alle drei Elemente als sozio-historisch situiertes „Bedingungsgefüge" (Finke 2014, S. 31) bzw. Konstellation gedacht: Verändert sich ein Element, betrifft das auch die anderen.

Der Körper ist zudem selbst in eine symbolische Ordnung eingegliedert, weil er durch seine äußerliche Ausdrucksfähigkeit, unsere Art uns zu kleiden, zu bewegen, etc. zum Bild werden kann (Belting 2001, S. 34 ff.), das wieder von anderen wahrgenommen wird (Goffman 2003). Noch komplexer und enger wird das Verhältnis von Körper, Medium und Bild schließlich dann, wenn menschli-che Körper in Bildern medial gezeigt werden. Die (Ab-)Bilder von Körpern

---

[6]   In Bezug auf digitale Bildpraktiken wird das Modell ausführlich diskutiert von Lehmuskallio (2012), in vielerlei Hinsicht schließt die vorliegende Arbeit an Lehmuskallios Thesen und Ergebnisse an.

[7]   Im Englischen wird dies auch begrifflich differenziert als „Image" und „Picture" (Bredekamp 2003).

agieren mitunter stellvertretend für einen abwesenden (an dieser Stelle bei Belting: toten) menschlichen Körper:

> „Die triadische Konstellation, in der Körper, Medium und Bild ineinandergreifen, erscheint hier in größter Klarheit. Das Bild des Toten, an der Stelle des abwesenden Körpers, der künstliche Körper des Bildes (das Medium) und der blickende Körper des Lebenden interagieren und erschaffen ikonische Präsenz anstelle körperlicher Präsenz." (Belting, 2005, S. 307, aus dem Englischen übersetzt von M.S.)

Das Abbild des Körpers versucht die Präsenz des Körpers zu ersetzen, das Abbild kommt dabei in einem technisch-medialen Träger zum Vorschein und wird von einem anderen, betrachtenden Körper wahrgenommen und so ikonisch präsent, aber nicht körperlich präsent gemacht. An Beltings Ansatz wird dessen essentialisierender, ontologisierender und eurozentristischer Habitus kritisiert (vgl. Kapitel 2.2.1). Liest man ihn etwas großzügiger, finden sich Stellen, an denen deutlich wird, dass die Konstellation von Medium, Körper und Bild historisch kontingent gemeint ist. Für die vorliegende Arbeit war die Trias jedenfalls vor allem zur theoretischen und empirischen Systematisierung der beteiligten Elemente hilfreich. Wie diese jeweils aufgeladen sind und miteinander zusammenhängen können, muss aber letztendlich empirisch geklärt werden. Das komplexe Verhältnis von Praxis, Bild und Medium in seiner spezifischen, sozio-historisch-medialen Konstellation anhand von vier Fallstudien näher zu ergründen, ist damit zentrales Ziel der vorliegenden Arbeit.

Abbildung 1: Trias Praktiken-Bilder-Medien (Eigene Darstellung)

Den Fragestellungen liegen somit drei zentrale Annahmen zugrunde, bzw. sind diese theoretischen Aspekte teilweise erst im Forschungsprozess rekonstruktiv und zirkulär deutlich hervorgetreten. Diese scheinen mitunter tautologisch, sollen aber trotzdem explizit gemacht werden:

- Bildpraktiken sind *kommunikative* Praktiken.

Durch und mit Bildern findet Kommunikation statt. Ein Bild wird hervorgebracht und wahrgenommen, mit und in Bildern finden also kommunikative (zwischenmenschliche) Prozesse statt.

- Bildpraktiken sind *visuelle* Praktiken.

Die kommunikative Verständigung findet dabei *bildlich* statt, das bedeutet auf spezifisch ikonische, visuelle Weise. Bildkommunikation funktioniert anders als etwa Sprache.

- Bildpraktiken sind *hybride* Praktiken.

Medien und Material (z.B. Farbe, Leinwand, Kameras, Displays etc.) konstituieren Bildpraktiken und damit auch die in ihnen stattfindenden kommunikative Prozesse wesentlich mit. Bildpraktiken vollziehen sich daher immer im *hybriden Zusammenwirken* von Menschen und Medien.

Diese Sensibilisierung für visuelle Kommunikation in ihrer materialen Einbettung propagieren auch die Herausgeber des aktuellen Sammelbands „Digital Photography and Everyday Life" (Gómez-Cruz und Lehmuskallio 2016)[8]. Das bedeutet eine Abgrenzung von jenen fototheoretischen Auseinandersetzungen, die sich Fotos primär als visuellen Repräsentationen widmen und material-technische sowie soziale Einbettungen außen vor lassen. Fotografische Praktiken werden also als Symbolisierungsprozesse und, auch im Anschluss an (Maynard 1997), als „materially mediated" verstanden. Fotografie wird als Praxis konzipiert und die Verbindung der Analyse von Visualität und Materialität dieser Praktiken propagiert. Aufmerksamkeit solle darauf gelenkt werden, wie diese Praktiken in ihrer Visualität und Materialität in bestimmten Arten von Konstellationen verbunden sind und immer wieder stabilisiert bzw. destabilisiert werden (Lehmuskallio und Gómez-Cruz 2016, S. 5 ff). Damit ist zum Beispiel gemeint wie Fotografien in Apps formatiert und gestaltet werden.

---

[8] Da im Fokus der Arbeit ebenfalls digitale fotografische Bildpraktiken stehen, sei an dieser Stelle darauf hingewiesen, dass zwar alle Fotos Bilder sind, aber nicht alle Bilder Fotos – dort, wo von Bildern die Rede ist, sind tatsächlich jegliche Formen zweidimensionaler, visueller Darstellungen gemeint, also auch Gemälde, Kinderzeichnungen, Werbeplakate, etc.

Genau dieser Frage nach spezifischen visuell-material-sozialen Konstellationen schließe ich mich an. Wie ich aber bereits in meinem eigenen Beitrag im genannten Sammelband angedeutet habe (Schreiber 2016a) und im Folgenden genauer ausführen werde, müssen Theorie und Empirie dabei sinnvoll miteinander verbunden werden. Theoretische Konzepte werden in der Empirie generiert und/oder verfeinert. Eine Übersetzung der konzeptuell-theoretischen Annahmen in das konkrete methodische Vorgehen ist wesentlich für die theoretische Fruchtbarmachung empirischer Analysen. Diese enge Verzahnung von Theorie und Empirie ist praxeologische und qualitative Leitlinie für die vorliegende Arbeit (Schmidt 2012; Hirschauer 2008; Przyborski und Wohlrab-Sahr 2014).

Das theoretische Zusammendenken von Praxis, Bild und Medium bedeutet auch die Zusammenführung zweier unterschiedlicher Denktraditionen: einerseits eine eher durch die Cultural Studies geprägte, vor allem angloamerikanische Konzeption einer Visual Culture (Mitchell 2010; Schade und Wenk 2011; Mirzoeff 1998), die stark an Bildpraktiken bzw. Bildhandeln, also der Pragmatik interessiert ist. Andererseits ein eher deutschsprachiges, kunsthistorisch-philosophisch geprägtes Verständnis von Bildwissenschaft bzw. visueller Soziologie (Przyborski 2018; Breckner 2010; Bohnsack 2011), welches vor allem am Bild selbst und seinem ikonischen Sinn interessiert ist.

In der deutschsprachigen Kommunikationswissenschaft interessieren grundsätzlich beide Perspektiven, dies äußert sich in der Differenzierung der Begriffe des „Bildhandelns" und der „Bildkommunikation": „Im Fall von Bildhandeln liegt der Fokus des Bildgebrauchs auf dem Bild als materiellem Objekt, während bei Bildkommunikation die visuell-kommunikativen Aspekte bildlicher Artefakte in den Vordergrund rücken" (Lobinger 2015, S. 43). Lobinger betont, dass es sich bei der Differenzierung um eine analytische Systematisierung handelt und etwa der Domestizierungsansatz mit der ‚double articulation' (Livingstone 2007) für eine verbindende Sicht plädiert. Aktuelle Forschungen zu digitalen Bildpraktiken aus diesem Feld fokussieren in erster Linie das Bild*handeln* von Jugendlichen, bzw. dessen komplexe Einbettung in größere soziale Zusammenhänge und Prozesse wie Freundschaft und Vergemeinschaftung (Autenrieth 2014; Reißmann 2015). Der Begriff *Bildpraktiken* wurde daher bewusst als ergänzende Perspektive gewählt, um die Verschränkung von Bildhandeln und Bildkommunikation, die empirisch rekonstruiert wurde, auch theoretisch zu verdeutlichen.

1.2 Stand der Forschung: Veränderungen und Kontinuitäten

Unbestritten ist, dass mit der Digitalisierung auch die Menge an Bildern, die im Umlauf sind, stark zugenommen hat (Van House 2011b, S. 130) – also sowohl jene Bilder, die man selbst macht, als auch die Menge jener Bilder, die einem potentiell zur Verfügung stehen. 2016 wurden weltweit täglich 400 Millionen Fotos auf Facebook (2013 waren es 250 Mio.[9]) und 70 Millionen auf Instagram hochgeladen, sowie 760 Millionen auf Snapchat, 700 Millionen auf WhatsApp geteilt[10]. Diese Zahlen steigen seit Einführung der Plattformen weiter, und mehr als 90% dieser Bilder wurden mit dem Smartphone gemacht[11]. Die Zahlen beziehen sich zudem lediglich auf die Bilder, die geteilt wurden, d.h. die Zahl jener, die gemacht wurden, ist noch viel größer.

Van Dijck konstatiert, dass mit der digitalen Masse an Bildern auch der Wert des einzelnen, originalen Bildes abgenommen habe: „The value of individual pictures decreases while the general significance of visual communication increases (...) Photographs gain value as ‚moments' while losing value as mementoes" (van Dijck 2008, S. 62). Diese Diagnose muss empirisch hinterfragt werden, in den Ergebnissen der vorliegenden Arbeit wird sich zeigen, dass ein simples 'entweder-oder' nicht haltbar ist.

Ganz klar ist eine „vernacularisation of photography, i.e. the widening range of photographable situations" (Schwarz 2010, S. 166) zu sehen, also eine Erweiterung dessen, was überhaupt fotografierenswert ist.

Eine digitale Bildpraxis, die eng mit dem Aufkommen mobiler, vernetzter Kameras zusammenhängt und tatsächlich wenig mit Fotografie zu tun hat, ist das Abfotografieren von Hausaufgaben, Einkauflisten oder U-Bahn-Plänen als eine Art visueller Notiz. Hier wird im Grunde das Aufschreiben von Notizen oder Scannen von Dokumenten remediatisiert, die Kamera des Smartphones dient dabei als Sensor[12], Scanner und Speichermedium[13].

Van Dijck zeichnet weiters die Entwicklung der privaten Fotografie vom „recording" ritueller Momente im Kreis der Familie zum individuellen „sharing" von alltäglichen Erfahrungen nach (van Dijck 2008). Auch dazu hat sich gezeigt, dass das Spektrum möglicher privater fotografischer Motive zwar sicher früher auch aus Kostengründen enger gefasst war, jedoch existiert das „recording" wichtiger Rituale oder auch Urlaube ganz selbstverständlich weiter neben dem

---

[9]   http://www.theatlantic.com/technology/archive/2015/11/how-many-photographs-of-you-are-out-there-in-the-world/413389/, besucht am 1. 3. 2017

[10]   https://cewe-photoworld.com/how-big-is-snapchat/, besucht am 30. 12. 2016 – auf dieser Website lässt sich in einer Visualisierung weiters in Echtzeit verfolgen, wie die Anzahl der „photos shared since you landed on this page" ständig wächst.

[11]   https://www2.deloitte.com/uk/en/pages/press-releases/articles/3-point-5-million-photos-shared-every-minute.html, besucht am 1. 3. 2017.

[12]   Zur Konzeption der Kamera als Sensor vgl. Lehmuskallio (2016).

[13]   Mittlerweile werden auch Apps entwickelt, die User_innen daran erinnern, woran sie sich erinnern wollten, etwa „Plakaat", eine App mit der man Plakate von Veranstaltungen fotografiert, die dann in den Kalender eingetragen werden können, bzw. für die man Tickets kaufen kann.

„sharing" alltäglicher Momente (Keightley und Pickering 2014). Dass sich Fotografie tendenziell von einer stark kollektiv-familiären zu einer eher individuellen Praxis entwickelt hat, ist stark im Zusammenhang mit dem individuellen Besitz des Geräts Smartphone zu sehen (vgl. Kapitel 2.3), und auch mit den individuellen Profilseiten von Social Media Accounts. Diese fotografische Individualisierung kulminiert im Genre des Selfie (Frosh 2015; Tiidenberg und Gómez-Cruz 2015; Senft und Baym 2015; Warfield et al. 2016). Doch auch das Selfie ersetzt keineswegs andere Genres wie z.b. Familienfotos. Es kommt als zusätzliche Bildpraxis in vielfältiger Art und Weise zu anderen hinzu.

In diesem Zusammenhang ist auch Reißmanns Analyse zu digitalen Bildpraktiken aus domestizierungstheoretischer Perspektive ein wichtiger Beitrag: Er konstatiert einen Wandel privater Bildpraxis „von der (Re-)Präsentation der Stabilität zur Stabilität der bildlichen (Re-)Präsentation" (Reißmann 2014b, S. 126). Er fragt danach, inwiefern Bilderströme im Sinne eines rituellen ‚home mode' auch ontologische Sicherheit bieten können, und nicht nur im Kontext eines Zwanges zu latenter Selbstvermarktung und -inszenierung zu interpretieren sind (ebd.). Diese Diagnose gilt es auf Basis eigener empirischer Analysen weiter zu differenzieren.

Wie bereits ausgeführt, interessieren in der vorliegenden Arbeit in erster Linie Praktiken des Teilens und Zeigens von Bildern. Gerade diese Bildpraktiken sind durch technologische Innovationen besonders vielen Transformationen unterworfen und gleichzeitig sozialwissenschaftlich besonders interessant, da sie Identität konstituieren und Sozialität stiften.

Die Mobilität und Ubiquität (Hand 2012) der Kamera bei gleichzeitiger Vernetzung (Lehmuskallio 2012) hat visuelle Kommunikation im Zusammenspiel mit Apps und Plattformen zu einem Medium der alltäglichen Kommunikation gemacht. Diese wird immer weiter ausdifferenziert (Villi und Stocchetti 2011; Hjorth, Wilken, et al. 2012). Die Rekonstruktion der Bedingungen und Handlungsdimensionen, die dabei wirksam werden, sind zentrales Ergebnis der vorliegenden Arbeit (Kapitel 6). Mögliche Wahrnehmungen von Präsenz und Absenz, die im Kontext von Fotografie schon immer virulent waren (Barthes 1989; Belting 2001), werden durch vernetzte Kameras transformiert (Villi 2015): Die Möglichkeit, jemandem Abwesenden das zu zeigen, was man gerade sieht, kann „connected presence" (Licoppe 2004) und „ambient intimacy" (Hjorth, Wilken, et al. 2012) stiften.

Wichtig ist aufzuzeigen, dass Formen digitaler Bildkommunikation auch in der Tradition von Brief, Telefon und E-Mail zu sehen sind (Milne 2010), bzw. als Remediation von SMS und Internet-Relay-Chats. Diese Vorgängermedien haben ebenfalls ganz wesentlich als „technologies of propinquity" (Prieto-Blanco 2016) fungiert, Präsenz und Absenz gestiftet. Neu dazu gekommen ist

nun die Möglichkeit der visuellen (Echtzeit-) Kommunikation, u.a. im Medium
der Fotografie, und damit auch der „shared, synchronous gaze" (Villi 2015) –
das unmittelbare Teilen und Zeigen dessen, was man gerade sieht. Auch das Zeigen des eigenen Körpers ist wichtiges Element visueller, vernetzter Kommunikation, worauf im Kapitel 2.2.3 genauer eingegangen wird. Überraschend ist,
dass das Spezifikum *visueller* Kommunikation in aktuellen Studien zu digitalen
Bildpraktiken mehr oder weniger konsequent außer Acht gelassen wird.

Aktuell dominieren Fragen der Konstruktion, Inszenierung, Mimesis und
Authentizität Diskurse um das private Bild (Whitlock und Poletti 2008; Tifentale
und Manovich 2016; Neumann-Braun und Autenrieth 2011; Lobinger und
Brantner 2015) – wie Mitchell feststellt, ist das auch im Kontext postmoderner
Projekte zu sehen (vgl. Fußnote 57), hier schließt auch Hand in seiner Analyse
zu „ubiquitous photography" an, und nennt als Schlagworte in diesem Kontext
„pluralism, self-referentiality, detachment from the real; decentralized communications media; cultural relativism, contigency, particularity" (Hand 2012, S.
35). Hand vermeidet jedoch kausale Zuschreibungen und macht explizit, dass
Sozialität und Technologie in einem Wechselverhältnis stehen, in dem Zuschreibungen von Ursache und Wirkung nicht möglich seien, etwa punkto Modifizier-
barkeit des digitalen Bildes: Es wäre

> „not clear whether condition of modifiability arises primarily through the tech-
> nology or through a culture which seems to value such modifiability, especially
> in terms of self-identity and consumption" (Hand 2012, S. 85).

Zusammenfassend lässt sich das Erkenntnisinteresse nun nochmal genauer zu-
spitzen und abgrenzen: Ohne voreiligen Diagnosen „von x zu y" oder kausalen
Wirkungen zwischen Technologie und Gesellschaft aufzusitzen, sollen digitale
Bildpraktiken in ihrer Relevanz innerhalb von Lebenswelten unterschiedlicher
Menschen untersucht werden. Digitale Bildpraktiken können zahlreiche Bedeu-
tungen entfalten. In der vorliegenden Arbeit interessiert nicht eine kategorisie-
rende Erfassung oder Wertung, welche Bildpraktiken am häufigsten stattfinden.
Ich frage danach, wie digitale Bildpraktiken habituell strukturiert sind, welchen
Orientierungen die Handelnden folgen, welche Relevanz die medialen (vor allem
Software-) Strukturen spielen und in welchen Handlungdimensionen sich diese
hybriden Habitus bewegen.

1.3 Aufbau der Arbeit

Der Aufbau der Arbeit entspricht ihrer theoretischen Modellierung. Die lineare Darstellung entspricht allerdings nicht dem tatsächlichen Forschungsprozess – das kann sie auch gar nicht. In einem rekonstruktiven Forschungsverständnis müssen sich theoretische und empirische Auseinandersetzungen gegenseitig befruchten, und so konnte auf Basis erster Auswertungen die theoretische Perspektive nochmal geschärft werden, dann wieder neu auf die Daten geschaut werden, etc. Einen spiralförmigen Denk- und Schreibprozess in eine linear-sequentielle Form zu bringen ist kein einfaches Unterfangen. Ich hoffe es gelingt, den Prozess in einer kohärenten Struktur nachvollziehbar zu machen.

In *Kapitel 2* werden jene *theoretischen Konzepte*, die eben schon skizziert wurden, transparent gemacht und im Detail diskutiert. Zunächst werden die einzelnen Elemente analytisch getrennt: *Praktiken* (2.1) werden als Gegenstand von Medien- und Kommunikationswissenschaft eingeführt, sowie aus praxeologisch-wissenssoziologischer Perspektive definiert; dazu gehört auch die genauere Diskussion ihrer Körperlichkeit und Hybridität. *Bilder* (2.2) werden als visuell-kommunikative Elemente betrachtet, ihre spezifische Bildlichkeit und Ästhetik ausgelotet, besonders in Hinblick auf die sozialwissenschaftliche Konzeptionierung und den Umgang mit Körperbildern. *Medien* (2.3) werden als die Hardware Smartphone und als Software in Form von Apps relevant und konstituieren Bildpraktiken essentiell mit. Auf dieser Basis wird das Erkenntnisinteresse theoretisch zugespitzt und zum *Kapitel 3, dem methodischen Zugang* übergeleitet: Die eigene Positionierung als Forschende wird dargelegt (3.1), sie steht in engem Zusammenhang mit dem Forschungsdesign (3.2), das als Scharnier zwischen Empirie und Theorie fungiert, und den Modi des Erhebens und Auswertens (3.3).

Die zwei folgenden Kapitel stellen das empirische Herzstück der Arbeit dar: Zunächst werden in *Kapitel 4 jene Apps bzw. Plattformen* analysiert, mit und in denen digitale Bildpraktiken stattfinden: WhatsApp, Facebook, Instagram und Snapchat.

Darauf folgen *in Kapitel 5 vier empirische Falldarstellungen*, in denen vier unterschiedliche Lebenswelten vorgestellt werden: Basierend auf Interviews, Gruppendiskussionen, Bildinterpretationen und (online-)ethnografischen Beobachtungen werden digitale Bildpraktiken von Menschen unterschiedlichen Alters exploriert und miteinander verglichen.

Die empirischen Erkenntnisse werden schließlich in Relation zu den theoretischen Konzepten abstrahiert und in *Kapitel 6* dargestellt: *Digitale Bildpraktiken als kommunikative hybride Praktiken* finden in drei Handlungsdimensionen statt:

- *Konnektivität:* Hier wird aufgezeigt, wie unterschiedliche Modi der Konnektivität als reziproke, wechselseitige und eher theatrale, präsentierende Formen auftreten.

- *Plastizität:* Hier wird die mediale und bildliche Formbarkeit des digitalen Bildes beleuchtet, Bildpraktiken bewegen sich zwischen Dokumentation und Imagination.

- *Sichtbarkeit:* Diese Dimension fokussiert die Frage wie durch das (Un-) Sichtbarmachen von Bildern Formen von Intimität und/oder Öffentlichkeit hergestellt werden.

2 Theoretische Konzepte

„Theorie wird nicht um ihrer selbst Willen betrieben, sondern vorwiegend als Werkzeug der empirischen Forschung verstanden. Die Theoriearbeit wird der empirischen Analyse weder vorgeschaltet noch nachgeordnet, sondern typischerweise in das empirische Forschen selbst integriert. Theoretische Konzepte werden empirienah entwickelt, auf empirische Objekte und Gegenstände bezogen und dauerhaft in einem vom Empirischen irritierbaren und änderbaren Zustand gehalten." (Schmidt 2012, S. 13)

Wie eben dargelegt, entspricht der lineare Aufbau der Arbeit nicht dem Forschungsprozess – die theoretischen Konzepte, die in diesem Kapitel diskutiert werden, haben sich in der empirischen Auseinandersetzung bewährt bzw. überhaupt erst als relevant erwiesen. Genauso wurden Forschungsdesign und methodischer Zugang konsequent entlang von Theorien methodologisch (weiter-)entwickelt.

2.1 Praktiken

Praktiken sind primärer Forschungsgegenstand der Studie. Sie werden als Ausdruck impliziten, habituellen und korporierten Wissens verstanden, das diese Praktiken wiederum strukturiert (Bourdieu 1987). Ein Fokus auf alltägliche Praktiken mit Medien ist konsistent mit einem breiteren ‚practice turn', der sowohl in den Medien- und Kommunikationswissenschaften (Couldry 2004; Bräuchler und Postill 2010; Gentzel 2015) als auch in der Forschung zu privater Fotografie (Lehmuskallio und Gómez-Cruz 2016; Rose 2014; Larsen und Sandbye 2013) bemerkbar ist.

Reckwitz ordnet praxistheoretische Ansätze dem Feld der sozialkonstruktivistischen (Kultur-)Theorien zu (Reckwitz 2003, S. 287) und beschreibt als deren grundlegende Gemeinsamkeiten die Abwendung von einem zweckrational-intentionalen Verständnis von Handeln, hin zu einem Verständnis von habitualisierten, korporierten Praktiken als Ort des Sozialen. Trotz konzeptueller Unterschiede (Schmidt 2012; Gentzel 2015; Postill 2010) konvergieren die unterschiedlichen praxistheoretische Zugänge[14] darin, dass sie soziale Praktiken in

---

[14] Dazu gezählt werden u.a. Bourdieu, Goffman, Giddens, Butler, Schatzki.

© Springer Fachmedien Wiesbaden GmbH, ein Teil von Springer Nature 2020
M. Schreiber, *Digitale Bildpraktiken*, https://doi.org/10.1007/978-3-658-30788-2_2

ihrer materialen Verankerung in Körpern und Artefakten analytisch in den Mittelpunkt stellen, sowie an ihrer Strukturiertheit durch implizites, korporiertes
Wissen interessiert sind (Reckwitz 2003, S. 290 ff; Schmidt 2012, S. 51 ff;
Bohnsack 2011). Damit ist ein praxeologischer Zugang ideal für das Erkenntnisinteresse – bzw. ist in die Fragestellung gleichzeitig eine praxeologische Perspektive bereits eingewoben.

In diesem Kapitel werden Praktiken als Gegenstand der Medien- und Kommunikationswissenschaft diskutiert (2.1.1), die praxeologische Wissenssoziologie als theoretische und methodologische Grundlage vorgestellt (2.1.2), sowie
die für die vorliegende Arbeit wesentlichen Implikationen der Körperlichkeit und
Hybridität von Praktiken ausgelotet (2.1.3).

2.1.1 Praktiken als Gegenstand der Medien- und
Kommunikationswissenschaft

Couldry (2004) plädierte explizit für „Theorising Media as Practice", er sah den
‚practice turn' als „the latest in a series of attempts to overcome the old theoretical division between structure and agency" (ebd. 41). Innerhalb eines kulturtheoretischen Medienkonzepts würde der Ansatz vor allem helfen konkrete Fragen
danach zu stellen, was Menschen mit und in Bezug auf Medien tun und sagen;
dabei sei die Verbindung von Theorie und Empirie zentral.

Für die deutschsprachigen Medien- und Kommunikationswissenschaften
hat kürzlich Peter Gentzel (2015) detailliert ausgelotet, inwiefern Praxistheorien
für die Kommunikationswissenschaft fruchtbar gemacht werden können, konkret: mit dem Konzept der Mediatisierung[15] konvergieren. Er interpretiert die Hinwendung der Kommunikationswissenschaft zu Praxistheorien auch als Folge o-
der Nebenwirkung des Aufkommens eines kulturtheoretischen Verständnisses
von Medien und Kommunikation, das eine Fokussierung des Faches auf öffentliche (Massen-)Kommunikation zu überwinden sucht. Auch wissenschaftshisto-
risch leuchten diese Interpretationen ein: Lange waren öffentliche und interpersonale Kommunikation auch technisch klarer getrennt, etwa in Fernsehen und
Telefon. Nun wird durch Smartphone und Social Media nicht nur die technische
Konvergenz von Geräten und Programmen deutlich, sondern auch die

---

[15]   Gentzel bezieht sich dabei vor allem auf das sozialkonstruktivistische Verständnis von
      Mediatisierung, vgl. (Hartmann und Hepp 2010; Krotz et al. 2014; Couldry und Hepp
      2013). Im Anschluss an Krotz spricht er von einer starken „Familienähnlichkeit":
      „»Familienähnlich« sind Mediatisierung und praxistheoretische Perspektive, weil
      Epistemologie und Sozialtheorie, Analyseperspektive und methodologische Orientierung
      äquivalent sind – wenngleich die Grenzen einzelner Begriffe verschwimmen und sich
      mitunter andere Akzentuierungen beobachten lassen." (Gentzel 2015, S. 172).

lebensweltliche Einbettung, die soziale und individuelle Bedeutung von Medien-angeboten[16]. Das berühre, so Gentzel, auch kommunikationswissenschaftliche Theoriebildung: Praxistheoretische Ansätze kritisieren Argumentationsbilder von isolierten psychischen Systemen, Informationstransportmodellen, einseiti-gen Wirkungs- und Nutzungsmodellen und eben die Trennung von massenmedi-aler und interpersonaler Kommunikation (ebd. 412). Auch Schmidt propagiert die Verwendung praxistheoretischer Ansätze in der Kommunikationswissen-schaft (Schmidt 2009, S. 39 ff.; Schmidt und Taddicken 2017, S. 29 ff.) und rahmt diese als Abwendung von wirkungstheoretischen Annahmen und Uses-and-Gratifications-Ansätzen, hin zu solchen, die die lebensweltliche, alltags-praktische Einbettung von Medienaneignung betonen (Hasebrink 2013; Göttlich 2008; Paus-Hasebrink und Kulterer 2014; Hartmann et al. 2010; Hepp 2013).

Das Sprechen und Forschen zu Praktiken der digitalen Kommunikation ist trotzdem oft von Begriffen wie Rezeption, Wirkung und Nutzung durchdrungen. Dabei kann es keineswegs darum gehen, eine ‚Theorie für das Internet' zu finden oder zu entwickeln, vielmehr zeigt gerade die unglaubliche Breite und Vielfalt an kommunikativen Praktiken, dass theoretische Konzepte und Methoden eng an spezifischen Erkenntnisinteressen in Bezug auf digitale Kommunikation entwi-ckelt werden müssen. Denn nach rund zwei Jahrzehnten, die wir nun ‚online' sind, zeigt sich, dass nicht nur einfach ein neuer ‚Kanal' oder ein neues Gerät dazugekommen ist, in dem neben den bereits bekannten Kanälen wie Fernsehen und Telefon noch mehr Kommunikation herumschwirrt. Digitale Kommunika-tion hat der Kommunikationswissenschaft vorgeführt, dass die Konzepte, mit de-nen sie operiert, mitunter zu kurz greifen. Als einen Unterschied von „new me-dia" zu „old media" nennt Medienphilosoph Hansen neben vielen Gemeinsam-keiten, dass die technische Struktur von digitalen Medien nicht mehr homolog mit ihrer äußerlichen Erscheinung sei (Hansen 2010). Forschung zu Medienprak-tiken lässt sich somit schwierig auf bestimmte Geräte oder Apparate eingrenzen. Digitale Kommunikation und besonders das Smartphone weichen also einige ehemals starre Trennungen auf: Jene zwischen Massenkommunikation und in-terpersonaler Kommunikation (Castells 2007); jene zwischen Kamera, Telefon, Computer (Jenkins 2006); jene zwischen Produktion und Rezeption (Bruns

---

[16] Besonders in diesem Aspekt zeigen sich zahlreiche Gemeinsamkeiten mit dem Domestizierungsansatz (Haddon 2004; Silverstone 1994; Hartmann 2013a), der Prozesse der Aneignung, Integration und Routinisierung von Umgangsweisen mit neuen Medien vor allem im Kontext von Familie und Haushalt fokussiert und ebenfalls stark auf qualitative, ethnografische Methoden und längerfristig angelegte Forschungsdesigns setzt. Auch im Kontext empirischer Forschung zur ‚Domestizierung' von Internet und mobilen Medien hat sich der Ansatz bewährt (Bakardjieva 2005; Haddon 2013; Wirth et al. 2007).

2016); und schließlich jene zwischen humanen und nicht-humanen Akteuren, die an Medienpraktiken beteiligt sind.

Alle vier genannten Transformationen werden auf unterschiedliche Art und Weise auch in den empirischen Fallstudien bedeutsam. Während die ersten drei Felder kommunikationswissenschaftlich intensiv beforscht wurden und werden, ist das Zusammenwirken von Mensch und Technik eher Randthema in unserer Disziplin. Die vorliegende Arbeit will einen Beitrag dazu leisten, sowohl technische als auch soziale Bedingungen von Praktiken in kommunikationswissenschaftlicher Forschung zu berücksichtigen. Mit Latours Konzept des Hybridakteurs wird das weiter unten im Detail ausgeführt (2.1.3).

Wie wird im Forschungsfeld der Visuellen Kommunikation mit den aktuellen konzeptionellen Herausforderungen umgegangen? Müller & Geise (2015, S. 77 ff.) weisen explizit darauf hin, dass ihre eigene Systematisierung des Feldes in Bildnutzung, Bildrezeption und Bildwirkung gerade im Kontext digitaler visueller Alltagspraktiken zu kurz greift. Sie definieren Bildhandlungen grundlegend als „aktive, intendierte Praktiken im Umgang, der Handhabung und Kommunikation mit und durch Bilder" (ebd. 82) und konstatieren, dass „eine differenzierte Analyse der vielschichtigen, mit dem Bildhandeln verbundenen Prozesse gleichermaßen die Perspektiven der Bildnutzung, der Bildrezeption und der Bildwirkung [berührt]; zunehmend scheint hier demnach eine integrative Betrachtung geboten" (ebd. 84). Besonders betonen die Autorinnen, dass die Visuelle Kommunikationsforschung dem Anspruch und der Herausforderung gerecht werden solle, „wechselseitige Bezüge zwischen materiellen Medienbildern und immateriellen Denkbildern analytisch zu erkennen und mit ihnen theoretisch und methodisch adäquat umzugehen" (ebd.). Wie in der Einleitung in Bezug auf Belting bereits herausgearbeitet wurde, ist das ebenfalls zentrales Anliegen der vorliegenden Arbeit.

Als konzeptioneller Rahmen wird jedoch bewusst der Begriff der Bild*praktiken* gewählt, um einerseits die nicht-intentionale, habitualisierte, korporierte Dimension von digitalen, fotografischen Bildpraktiken zu betonen und andererseits die Doppelsinnigkeit und Gleichzeitigkeit von Praktiken als materialer Handhabung *und* visueller Kommunikation hervorzuheben.

Zusammenfassend: Bildpraktiken werden in der vorliegenden Arbeit definiert als *Praktiken mit materialen Bildern, wobei sowohl deren visuell-kommunikative als auch deren material-mediale Eigenschaften relevant werden*. Auf die beiden Ebenen wird in den Kapiteln zu Bildern (2.2) und Medien (2.3) noch genauer eingegangen werden. Wichtig ist auch an dieser Stelle anzumerken, dass es in der vorliegenden Arbeit primär um Fotografie und Fotos geht, was natürlich eine bestimmte Art von Bild darstellt, darauf wird in Kapitel 2.2.3 und 2.3.2 eingegangen. Zuvor soll nun die praxeologische Wissenssoziologie und

die der Arbeit zugrunde liegende Methodologie näher erläutert werden (2.1.2),
sowie die Bedeutung von Körpern und Dingen für Medienpraktiken (2.1.3).

2.1.2 Praxeologische Wissenssoziologie und rekonstruktive Sozialforschung

Die ‚Spielart' von Praxistheorie, die in der vorliegenden Arbeit nutzbar gemacht
wird, ist die praxeologische Wissenssoziologie, im Zusammenhang mit ihrer methodologischen Umsetzung, der Dokumentarischen Methode. Während die konkrete methodische Umsetzung in Kapitel 3 expliziert wird, scheint es sinnvoll,
die damit verbundenen grundlagentheoretischen Eckpfeiler gleich zu Beginn
darzulegen, um die weitere Zuspitzung des Gegenstandes in den Kapiteln 2.2.
und 2.3 besser nachvollziehbar zu machen.

Der auf Mannheims Wissenssoziologie (Mannheim 1980 [1924]) basie-
rende Ansatz fokussiert in der theoretischen Konzeption und empirischen Analyse auf die handlungspraktische Herstellung und Konstruktion von Welt, wie sie
sich vor allem im impliziten, korporierten Wissen der Akteur_innen bzw. in von
diesen hervorgebrachten Artefakten und Dokumenten zeigt. Implizites Wissen
wird als handlungsleitend, die Praxis orientierend verstanden. Im Sinne Bourdieus als „strukturierte und strukturierende Struktur" (Bourdieu 1987, S. 279), als
habituelles Wissen. Dieses implizite Wissen ist mit Bourdieu weder vollkommen
bewusst noch unbewusst, wird in der Handlungspraxis angeeignet und strukturiert diese wiederum.

In der vorliegenden Arbeit interessiert jenes implizite Wissen, das die Praktiken des Teilens und Zeigens von Bildern mit dem Smartphone strukturiert.
Ganz wesentlich ist dabei auch das korporierte Wissen, welches in Bezug auf
Bildpraktiken etwa im Sinne von taktiler Erfahrung mit dem Display, aber auch
im Sinne der Zurichtung des posierenden Körpers vor der Kamera relevant wird.
Die Ebene des impliziten Wissens ist jene, die mit der Dokumentarischen Methode empirisch rekonstruiert werden soll. Im Anschluss an Panofsky (Panofsky
1975), aber auch an Heidegger (1986) und Luhmann (2002) formuliert Bohnsack
den Wechsel der Analyseeinstellung vom *was* zum *wie* als zentrales Anliegen
der Dokumentarischen Methode (Bohnsack et al. 2015a; Bohnsack 2014):

Vom *was*...	... zum *wie*
explizites Wissen	implizites Wissen
kommunikativ-generalisiertes Wis-sen	konjunktives Wissen

kommunikatives Handeln   habituelles Handeln

Darstellungsmodus   Existenzweise

Viele Ansätze verbleiben in der Analyse von Praktiken auf der Ebene des expliziten, kommunikativ-generalisierten Sinns. So können subjektiv gemeinter Sinn, Motive und zweckrationale Begründungen der Akteur_innen aufgedeckt werden – was für viele Forschungsanliegen auch ausreichend ist. Rekonstruktive Sozialforschung hat im Gegensatz dazu das Ziel, diese Ebene zu transzendieren und Prozesse der Herstellung von Alltagstheorien in ihrer Performativität zu erschließen (Bohnsack 2007, S. 202). Sie zielt somit darauf ab zu rekonstruieren, wie Akteur_innen Wirklichkeit(en) im praktischen Handlungsvollzug herstellen – und welche Orientierungen dabei handlungsleitend sind.

Dazu ist es notwendig, mit dem common sense zu brechen. Im konkreten methodischen Vorgehen werden dazu etwa zwei Interpretationsschritte getrennt (vgl. Kapitel 3.3).

Implizites Wissen zeigt sich in der Performativität des habituellen Handelns, im Modus Operandi, im Habitus, der sich in der Herstellung und Darstellung von Praktiken dokumentiert. So wird etwa in einem Interview nicht nur relevant, dass Interviewte Selfies machen, sondern wie genau ihre Erzählungen über diese Praxis sprachlich hervorgebracht wird, und was sich daran zeigt. Dies soll an einem Beispiel zum Thema Selfies verdeutlicht werden:

Der 68jährige Otto, den wir später noch näher kennenlernen werden (vgl. Kapitel 5.3), erzählt: *„Gestern hab ich das im Fernsehen gesehen von der Oscar-Verleihung, hab ich auch ein Selfie gemacht".*

Die 15jährige Bele (vgl. Kapitel 5.4) erzählt von der – scheinbar – gleichen Praxis folgendermaßen: *„Ja oder wenn Du gerade aus der Dusche kommst und im Pyjama wenn du im Bett schon liegst Foto machen hab mir grad die Haare gewaschen"*

Auf der expliziten, kommunikativen *was*-Ebene geht es um die gleiche Art der Praxis, ein Selfie, also ein Foto von sich selbst zu machen. Die habituelle Verankerung und auch die performative Struktur des Erzählens über die Praxis des Selfie-Machens sind jedoch komplett unterschiedlich: Otto nimmt das berühmte Oscar-Selfie[17], also ein massenmediales Event, zum Anlass, das auch mal selbst zu probieren, wie er schmunzelnd-stolz erzählt. Das Selfie-Machen ist für ihn also etwas Außergewöhnliches, Neues, das er neugierig selbst probiert, aber bisher überhaupt nicht in seinen Alltag integriert hat, auch deswegen ist es

---

[17]   Während der Oscar-Verleihung 2014 hat Moderatorin Ellen DeGeneres mit einigen Hollywoodstars ein Selfie gemacht, was im Nachhinein als Werbegag von Samsung gedeutet wurde, da das (Gruppen-)Selfie mit einem Samsung-Gerät gemacht wurde.

erwähnenswert. Bele hingegen erzählt vom Selfie-Machen ganz anders, das ‚Foto machen' wird nicht einmal explizit als ‚Selfie machen' bezeichnet, es ist komplett in die Erzählung von routinierten Alltagspraktiken eingelassen, ‚Foto machen' steht in der Art und Weise ihrer Erzählung in einer Reihe mit ‚aus der Dusche kommen' und ‚Haare waschen'. Für sie ist diese Praxis also komplett in den Alltag eingelassen, korporiert und routiniert, und auch nicht weiter hervorhebenswert. An den beiden Beispielen zeigt sich somit deutlich, in welche Bedeutungs- und Sinnzusammenhänge das Machen von Selfies jeweils eingebettet ist.

Implizites Wissen wird in der Handlungspraxis angeeignet und ist bei Mannheim grundlegend kollektiv konzipiert, emergiert in konjunktiven, also gemeinsamen, überindividuellen Erfahrungen. Sein Konzept des ‚konjunktiven Erfahrungsraums' (Mannheim 1980, S. 211 ff.) meint dabei „das menschliche Miteinandersein, das sich in der gelebten Praxis fraglos und selbstverständlich vollzieht" (Przyborski und Wohlrab-Sahr 2014, S. 285). Kollektivität im Sinne Mannheims ist also nicht dem Einzelnen extern, ihn zwingend oder einschränkend, vielmehr etwas, das Interaktion und alltägliche Praxis erst ermöglicht und ohne Umweg über den Subjektbegriff beschreibbar macht (ebd. 288). Konjunktive Erfahrung und Verständigung kann dabei nicht nur ermöglichend, sondern auch beschränkend wirksam werden: Wenn man etwa die Gepflogenheiten einer bestimmten Gruppe nicht kennt, ist es leicht sich zu blamieren[18]. Mit solchen Mechanismen der Distinktion hat sich Bourdieu sehr genau auseinandergesetzt und dies in unterschiedlichsten Sphären, von Haushaltsführung über Popkultur bis zu Geschlechterverhältnissen, ausführlich ergründet (Bourdieu 1987). Diese ‚feinen Unterschiede' und Praktiken der Distinktion sind genau wie Praktiken der Konjunktion wesentlich für unsere soziale Navigation im alltäglichen Zusammenleben[19].

Individualität bzw. Identität wird an Mannheim und Bourdieu anschließend somit als spezifische, einzigartige Schnittmenge der konjunktiven Erfahrungsräume verstanden, an denen man teilhat (Przyborski 2004, S. 290). Die Frage nach konjunktiven Erfahrungen wird empirisch vor allem dann relevant, wenn untersucht wird, ob bestimmte habituelle Orientierungen innerhalb einer Gruppe oder von verschiedenen Fällen geteilt werden. Dazu muss eine Erfahrung nicht unbedingt gemeinsam gemacht werden, sondern mitunter können strukturidente

---

[18] So wird etwa das Schreiben in GROSSBUCHSTABEN in Online-Kontexten als „Schreien" des Inhalts empfunden, was vielen neuen Nutzenden nicht unmittelbar klar ist.

[19] In einigen aktuellen Studien (Hepp et al. 2014; Autenrieth 2014; Reißmann 2015) wird in der Theoretisierung dieses Phänomens auf Max Webers Begriff der Vergemeinschaftung zurückgegriffen, der in mancher Hinsicht ähnlich ist, aber stark aus einer (tendenziell eher zweckrationalen) Subjektperspektive gedacht wird, vgl. dazu genauer (Hepp et al. 2014, S. 51 ff.).

Erfahrungen zu ähnlichen Orientierungen führen – also teilen etwa zwei in den 1960er Jahren in Ostdeutschland geborene Leistungssportlerinnen wichtige Erfahrungen, auch ohne sich jemals kennengelernt zu haben. In der vorliegenden Arbeit wird zudem auch eine biografische Perspektive relevant[20]: Während viele soziologische Studien biografische Erfahrungen in den Mittelpunkt ihrer Analyse rücken (Dausien 2004; Breckner 2009; Rosenthal 1995), ist dieser Ansatz in der Kommunikationswissenschaft noch wenig verbreitet. Die existenten Studien (Hartung 2010; Paus-Hasebrink und Kulterer 2014; Paus-Hasebrink 2010; Lepa et al. 2015) zeigen jedoch deutlich, dass Erzählungen zu Medienpraktiken entlang des Verlaufs des Lebens sehr fruchtbar sein können – gerade für Fragestellungen zu Transformationen, Wandel und Mediatisierung.

Ein weiteres wichtiges Element der praxeologischen Wissenssoziologie ist die „Einklammerung des Geltungscharakters" (Mannheim 1980, S. 88): Es interessiert die Forschenden nicht, ob die Erzählungen der Beforschten wahr oder normativ richtig sind (oder in Hinblick auf Bilder: bearbeitet oder manipuliert). Vielmehr interessiert, wie etwas innerhalb des Sinnzusammenhanges der Beforschten bedeutsam wird (Bohnsack 2013b, S. 177). Dabei sind nicht ihre Intentionen oder rationale Erklärungen relevant, sondern die implizite, habituelle Struktur ihres Handelns. Gerade in Hinblick auf Fragen von (bildlicher) Inszenierung und Authentizität im Kontext von Social Media sowie der Theatralität von Bildpraktiken (Autenrieth 2014; Reißmann 2015) ist daher eine Differenzierung und Klärung von Begrifflichkeiten wichtig:

> „Die Performativität des habituellen Handelns ist – im Sinne der praxeologischen Wissenssoziologie – nicht primär eine Inszenierung oder Selbststilisierung, also nicht primär ein Darstellungsmodus, eine Metapher des Theatralischen. Vielmehr bezeichnet sie primär eine Existenzweise, zu der die Selbststilisierung, der „intendierte Ausdruckssinn", wie Mannheim dies nennt, ggf. noch hinzutritt. Gegebenenfalls muss die Aneignung, die Inkorporierung des habituellen Handelns, auch zunächst durch eine Selbststilisierung hindurch. (...) Die Differenzierung von *Existenzweise* und *Darstellungsmodus* und die Rekonstruktion ihrer *Doppelstruktur* ist charakteristisch für die praxeologische Analyseeinstellung, wie sie der dokumentarischen Methode entspricht, und unterscheidet diese von der Analyseeinstellung auf das Performative (...)"
> (Bohnsack 2007, S. 204, Hervorhebung im Original).

Die performative Struktur von Praktiken ‚steckt' also in jeglichen Äußerungen und Objektivationen der Akteur_innen – in Interviews, in Texten, Bildern und Filmen. Durch die Kenntnis und Rekonstruktion der formalen Strukturen dieser

---

[20]   vor allem in den narrativen Interviews mit Fanny (5.1) und Agnes (5.2)

Objektivationen (vgl. Kapitel 3.3), also dem wie ihrer Kommunikation und Darstellung, werden die impliziten Wissensbestände und Konstruktionen der Akteure rekonstruiert. Im Sinne einer doppelten Hermeneutik schließen die begrifflichen und theoretischen Konstruktionen und Typenbildungen der Forschenden (in bestimmter Art und Weise, vgl. Kapitel 3) an jenen der Akteur_innen an. Es ist also Aufgabe der Forschenden, implizites Wissen explizit zu machen. Forschende gehen dabei nicht davon aus, dass sie mehr wissen als die Erforschten, sondern dass diese selbst nicht wüssten, was sie (implizit) alles wissen (vgl. Bohnsack/Marotzki/Meuser 2003: 41).

Im Anschluss an Hörnig & Reuter (2004) lässt sich die praxistheoretische Herausforderung an die Kulturanalyse zusammenfassend auch formulieren als

> „Aufgabe, unmittelbar verständliche und vorhersehbare Praktiken gerade nicht als unmittelbar verständlich und vorhersehbar zu begreifen, sondern die dahinterliegenden kulturellen Formen und Sinnbezüge herauszuarbeiten, die bewirken, dass Praktiken als unmittelbar verständlich und vorhersehbar wahrgenommen werden." (Hörnig und Reuter 2004, S. 13)

Wie bereits einleitend skizziert, sind Körperlichkeit und Materialität wesentliche Aspekte praxistheoretischer Ansätze. Im folgenden Abschnitt werden diese Themen in Hinblick auf das eigene Forschungsinteresse genauer ausgelotet.

2.1.3 Körperlichkeit und Hybridität als Aspekte von Praktiken

Bildpraktiken sind korporierte Praktiken; viele der Bilder zeigen zudem Körper – der Körper ist für die vorliegende Arbeit somit eine relevante theoretische Dimension und außerdem im Feld der Kommunikationswissenschaft aktuell immer öfter Thema[21]. Mit einem vermeintlichen ‚body' oder ‚intimate turn' ist zudem eine verstärkte Hinwendung zu sinnlicher Wahrnehmung, Affekten und Emotionen als relevanten Aspekten und Gegenständen kommunikations- bzw. sozialwissenschaftlicher Forschung festzustellen (Hjorth und Pink 2013; Moores 2007; Baym 2010; Boyd 2014; Prieto-Blanco und Schreiber 2016).

Körper werden in beiden Dimensionen relevant, die bereits diskutiert wurden: Erstens in der materialen Handhabung: Medienpraktiken sind korporierte Praktiken, es wird gegriffen, gerdrückt, gewischt, geschaut. Die Vertrautheit oder Distanz in der haptischen Handhabung und der sensorisch-motorische

---

[21] In den letzten Jahren widmeten sich gleich zwei Tagungen von DGPuK-Fachgruppen dem Körper: „Körpergeschichten" 2015 in Dresden (Medienpädagogik) und „Körperbilder – Körperpraktiken" 2016 in Hamburg (Visuelle Kommunikation & Medien und Geschlecht).

Umgang mit Geräten ist essentiell für Medienpraktiken (Schreiber 2016a) und hat sich auch in den hier analysierten Fällen als relevant erwiesen.

Zweitens werden Körper als Bilder und Bilder von Körpern relevant: Symbolische, visuelle Kommunikation findet auch im Medium des Körpers und als Abbild des Körpers statt: Der menschliche Körper ist zentraler Gegenstand visueller Kommunikation. Sowohl das Abbilden des eigenen Körpers in Fotografien als auch das Betrachten von Körperbildern in allen möglichen medialen Umgebungen sind kommunikationswissenschaftlich virulente Themen.

Sozialwissenschaftlich stellt sich grundlegend die Frage, inwiefern Sozialität körperlich bedingt ist bzw. der Körper sozial ist. Obwohl etwa Bourdieu implizites Wissen deutlich auch als korporiert, in der Hexis verankert konzipiert, führt er sein Verständnis von Körperlichkeit nicht im Detail aus[22]. Für die Medien- und Kommunikationswissenschaft ist jedenfalls von besonderem Interesse, wie Körper- und Mediendiskurse einander bedingen (Schneider 2000). Letztendlich muss aus praxeologischer Perspektive der Zusammenhang von Körper, Medien und Sozialität empirisch und kontextspezifisch erforscht werden. Die vorliegende Arbeit fragt danach, wie bildliche Repräsentationen für Körpererfahrung und -wissen relevant werden. Darauf wird im Kapitel zu Körperbildern (2.2.4) genauer eingegangen.

Die Auseinandersetzung mit der Materialität sozialer Praktiken, bzw. deren Verankerung in Körpern und Artefakten wurde neben der Praxistheorie (Hirschauer 2004) vor allem durch feministische Auseinandersetzungen (Haraway 2000; Fuchs 1997; Van House 2011a; Butler 1993) und die Science and Technology Studies vorangetrieben. Dabei geht es grundlegend darum, die binäre Trennung von Menschen und Dingen, Natur und Kultur, Sozialem und Technik zu überwinden, indem sowohl humane als auch nicht-humane Akteure als beteiligt an sozialen Praktiken verstanden werden. Unterschiede der Ansätze liegen vor allem darin, ob und wie Gesellschaft bzw. Individuum und Technik einander kausal bedingen, wie gleichberechtigt humane und nicht-humane Akteure verstanden werden, bzw. wieviel Handlungsmacht und Autonomie ihnen jeweils zugeschrieben wird[23].

Zwar werden diese Ansätze für Forschungen zu medialen Praktiken oft als inspirierend erwähnt (Reckwitz 2003; Schmidt 2012; Katzenbach 2016), doch die Hybridität von Medienpraktiken wird in letzter Konsequenz analytisch oder empirisch kaum umgesetzt. Gerade im Kontext von digitaler vernetzter

---

[22]   Vgl. dazu Rieglers (2011) kritische Würdigung aus praxeologischer Perspektive, sowie zu Körper und Sozialität z.B. (Abraham und Müller 2010; Villa 2006; Keller und Meuser 2011).

[23]   Für eine konzise Zusammenfassung und Diskussion aus kommunikationswissenschaftlicher Perspektive vgl. Katzenbach (2016, S. 189 ff.).

Kommunikation wird klar: Menschliche Identität löst sich nicht im virtuellen Cyberspace auf, genauso wenig ist das Internet lediglich ein weiterer Kanal, durch den Information geschickt wird (Markham 2013b; Boyd 2011; Baym 2010). Die Verwobenheit des Alltags mit digitaler Kommunikation sowie das Zusammenwirken von nicht-humanen und humanen Akteur_innen muss in Bezug zueinander analysiert werden.

Dazu möchte die vorliegende Arbeit einen ersten Vorschlag liefern. Im Folgenden wird *Latours Konzept des Hybridakteurs* (Latour 2002a, S. 211 ff.) vorgestellt und anschließend dargelegt, wie Schäffer dieses bereits konzeptionell mit der praxeologischen Wissenssoziologie verbunden hat (Schäffer 2007a). Darauf aufbauend werden für die Fragestellung der vorliegenden Arbeit einige Ergänzungen vorgenommen. Das Konzept des Hybridakteurs dient in erster Linie als heuristisches Mittel, das sich als hilfreich für die empirische Analyse erwiesen hat.

Latour entwickelt grundlegend ein Verständnis von humanen und nicht-humanen Akteuren als gleichwertig, beide haben individuelle Handlungsprogramme, die stark intentional und zielgerichtet gedacht werden (ebd. 216). Wenn sich Akteure verbinden, entsteht ein neues, gemeinsames Handlungsprogramm. Latour erklärt dies am extremen Beispiel der Waffe: Hält ein Mann eine Waffe in der Hand, verändern sich die Handlungsmöglichkeiten beider Akteure – der Mann mit Waffe könnte nun etwa jemanden töten. Für einen Mann ohne Waffe wäre dies wesentlich schwieriger, und eine Waffe ohne jemanden, der sie bedient, wird im Normalfall nicht von selbst schießen (ebd. 214 ff.).

Zwar propagiert Latour die Verwischung der humanem und nicht-humanem Anteilen an Praktiken, er bleibt aber letztendlich bei einer akteurszentrierten Perspektive (Hirschauer 2004, S. 74). Er entwickelt ein Beschreibungsvokabular für unterschiedliche Arten der Vermittlung, die zwischen Mensch und Technik stattfindet. Gerade für die Analyse von Medienpraktiken können diese vier Begriffe erhellend und hilfreich sein, und sollen daher kurz beschrieben werden: *,Übersetzung'* bedeutet, dass sich die Handlungsziele der beteiligten Akteure durch ihre ,Verschmelzung' miteinander verschieben. Es entsteht ein dritter Akteur mit neuem, ,verschmolzenem' Handlungsziel:

> „Mit der Waffe in der Hand bist du jemand anderes, und auch die Waffe ist in deiner Hand nicht mehr dieselbe. Du bist ein anderes Subjekt, weil du die Waffe hältst; die Waffe ist ein anderes Objekt, weil sie eine Beziehung zu dir unterhält." (Latour 2002b, S. 218)

In Bezug auf unser Thema zeigt sich diese potentielle Verschmelzung von Handlungsprogrammen und –zielen sehr deutlich in der Nutzung des Smartphones. So wird etwa aus dem Urlaub nicht mehr eine handgeschriebene Postkarte

geschickt, sondern tagesaktuelle Foto-Updates auf Facebook gepostet. Das vernetzte Gerät mit Kamera bietet also ein bestimmtes Handlungsprogramm an –
wie weit dieses dann ausgeschöpft wird, oder ob sich jemand sogar durch das
Potential zur Handlung gezwungen fühlt, ist letztendlich eine empirische Frage.
Anhand der empirischen Fallstudien wird sichtbar werden, dass Übersetzungen
von Handlungszielen und Verschmelzungen von Akteuren unterschiedlich intensiv sein können.

Mit dem Begriff der ,*Zusammensetzung*' arbeitet Latour heraus, dass jedes
Handlungsprogramm aus zahlreichen Subprogrammen besteht. Denken wir etwa
an ein Bild, das auf Instagram gepostet wird – die Kamera als Hardware, die
Software des Smartphones, die App Instagram und die Bildkommunikation als
Modus der Verständigung wirken hier mit der_dem Fotograf_in zusammen; die
Identifikation von Subprogrammen lässt sich gerade bei Software immer weiter
fortsetzen, etwa indem Codes und Algorithmen differenziert werden (van Dijck
2013a). Für die vorliegende Arbeit ist gerade in der empirischen Analyse folgendes wichtig:

> „Daß wir einem der Akteure die Rolle des ersten Bewegers zuschreiben, ent-
> hebt uns nicht der Notwendigkeit, die Handlung durch die Zusammensetzung
> mehrerer Kräfte zu erklären." (Latour 2002b, S. 221)

Funktionieren alle Subprogramme einwandfrei (zusammen), nehmen wir sie mitunter gar nicht mehr bewusst wahr. Latour spricht hier von *„reversiblen Blackboxen"*; auch das ist ein Konzept, das für empirischen Fallstudien interessant
wird: Solange das Smartphone und die Apps funktionieren und rund laufen, sind
die einzelnen Subprogramme quasi unsichtbar. Erst im Nichtfunktionieren, im
Bruch zeigt sich das Wesen des Zeugs, wie Schäffer (Schäffer 2007a) und auch
Slunecko & Przyborski (Slunecko und Przyborski 2009) in Bezug auf Heidegger
(1986) ausführen[24]. Es stellt sich also die empirische Frage, wie habitualisiert,
routiniert oder brüchig Handlungsprogramme von Mensch und Technik in digitalen Bildpraktiken sein können.

Schließlich *Delegation* – ein Handlungsprogramm wird von einem Akteur
an ein Objekt delegiert, hier nennt er das Beispiel einer Schwelle auf einer Straße,
die Autos dazu bringt langsamer zu fahren und so den Polizisten ersetzt. Die Idee
der Delegation wird in der vorliegenden Arbeit zum Beispiel im Kontext von

---

[24]   Auch Grusin und Bolter formulieren in ihrer Konzeption von „hypermediacy" und
„immediacy" ähnlich in Bezug auf die Wahrnehmung medialer Strukturen: „hypermediacy
makes us aware of the medium" (Grusin und Bolter 2000, S. 34). Für soziale Situationen
führt Garfinkel das gleiche Phänomen mit seinen Krisenexperimenten vor: Durch den
Bruch von impliziten Verhaltensnormen (z.B. auf dem Esstisch sitzen) deckt er ihre
Existenz auf.

Software relevant: Während das Hochladen eines Bildes auf einen vernetzten Server zu Beginn der 00er Jahre ein eher komplexes Unterfangen war, für den es mitunter eine IT-Fachkraft brauchte, lässt sich das mittlerweile durch zwei einfache Klicks erledigen. Jedes Programm, jede App kann zudem als delegiertes Programm von kommerziellen Akteuren verstanden werden – so ist etwa die App Facebook ein in Code gegossenes, vernetztes Programm im wahrsten Sinne des Wortes, delegiert von der Firma Facebook. Latour sieht zwar Intentionalität in Form von Dispositiven in Institutionen verankert (ebd. 235), kritisiert aber jene Positionen, die Herrschafts- und Machtverhältnisse im Medium der Artefakte als objektive und natürliche Kräfte getarnt sehen. Techniken und Artefakte weben für ihn am Stoff mit, aus dem Gesellschaft besteht, die Gesellschaft sei gar nicht stabil genug, um sich in irgendetwas einzuschreiben (ebd. 241 ff.).

Gerade im Lichte aktueller Arbeiten zu Software und Algorithmen (van Dijck 2013a; Gillespie 2010; Striphas 2015; Galloway 2012; Katzenbach 2016) scheint diese Sichtweise überholt bzw. naiv: Dass etwa in Plattformen wie Facebook oder Snapchat kommerzielle Interessen und soziale Annahmen und Positionen im wahrsten Sinne des Wortes einprogrammiert sind, ist offensichtlich (Wajcman 2007; Gillespie 2013). Dies wird für die vorliegende Arbeit aber lediglich auf einer Mikroebene relevant, wenn jene Apps analysiert werden, die besonders häufig als Akteure an digitalen Bildpraktiken partizipieren (vgl. Kapitel 4).

Handlungsprogramme werden in der vorliegenden Arbeit im Sinne der praxeologischen Wissenssoziologie und im Anschluss an Schäffer (Schäffer 2007a, S. 69 ff.) als implizite, habituelle Strukturen gedacht, die Handlungsspielräume bedingen. Im Handeln mit (Medien-)Techniken verbinden sich also *menschliche Habitus* und *technische (Quasi-) Habitus* zu gemeinsamen, *hybriden Habitus* (ebd.).

Das Erhellende an der Idee hybrider Habitus ist nicht nur, dass der jeweiligen Spezifik humaner und nicht-humaner Akteure theoretisch Aufmerksamkeit geschenkt wird, sondern auch dass sie in der empirischen Analyse als heuristisches Denkmodell hilfreich ist (vgl. Kapitel 5.5). Schäffer selbst hat dies in seiner Analyse zu „generationsspezifischen Medienpraxiskulturen" herausgearbeitet (Schäffer 2003, 2006, 2007a): Basierend auf Gruppendiskussionen rekonstruiert er, wie Angehörige unterschiedlicher Generationen mit Computern je anders umgehen. Er identifiziert dabei unterschiedliche Muster der Passung bzw. Übereinstimmung der Handlungsprogramme von Mensch und Maschine, etwa spielerische, bastelnde, aber auch skeptisch-distanzierte Handlungsorientierungen. Im Anschluss an Mannheim versteht er Medienpraxiskulturen als stark geprägt durch jene Erfahrungen, die in der Adoleszenz gemacht wurden. So gehen etwa ältere Nutzer_innen mit einer eher analog geprägten Logik an digitale Medien

heran, die zudem oft in Arbeits- und Lernkontexten kognitiv-zweckrational gerahmt wurde. Jüngere Nutzer_innen hätten einen mühelos-spielerischeren Zugang.
    Schäffers differenzierte Betrachtungsweise hat ohne Zweifel einen wichti-
gen Beitrag zur Kritik an standardisiert-normativen Betrachtungsweisen von Medienkompetenz geleistet. Auf Basis meiner eigenen empirischen Forschung werden jedoch einige Vertiefungen und Differenzierungen notwendig: Gerade in Bezug auf Bildpraktiken zeigen sich mitunter Kontinuitäten und gleichbleibende
Handlungsmuster über den Lebenslauf hinweg (Schreiber 2016a; Keightley und
Pickering 2014), die eher ästhetisch-körperlich, möglicherweise milieu- oder geschlechtsspezifisch verankert zu sein scheinen. Praktiken sind weiters offensichtlich stark von altersphasen-spezifischen bzw. biografischen Herausforderungen
strukturiert (z.B. Teenager-Sein vs. Großeltern-Sein) – kurz: Es ist kompli-
ziert(er). Zudem muss die grundlegende Frage gestellt werden, inwiefern der Anspruch einer umfassenden, tiefgehenden qualitativ-rekonstruktiven Analyse und
der Anspruch etwas ‚Generationsspezifisches' auszusagen, sich nicht eigentlich
zuwiderlaufen (Crawford und Robinson 2015). Die Relevanz bestimmter kollektiver und konjunktiver Erfahrungsräume (neben Generation z.B. Geschlecht, Bildungsmilieu, Migrationserfahrung etc.) für bestimmte Phänomene muss letztendlich empirisch erschlossen werden. Dies wird in Kapitel 5.5 im Anschluss an
die eigenen empirischen Befunde genauer diskutiert.
    Ein weiterer Kritikpunkt ist, dass die Handlungsprogramme der nicht-hu-
manen, technischen Akteure bei Schäffer nicht empirisch berücksichtigt werden.
Es werden keine Daten generiert oder herangezogen, die etwas über nicht-humane Akteure aussagen könnten. Technik wird auf Basis von Gruppendiskussionen immer durch die Brille der User_innen gesehen. In der vorliegenden Arbeit
wird versucht, die Quasi-Habitus der Technik teilweise getrennt zu analysieren,
um besser zu verstehen, wie sie Handlungsspielräume für Praktiken ermöglichen
und/oder begrenzen. Denn

> „‚Sachtechnik' und ‚Körpertechnik' amalgamieren in der Praxis. Diese Ver-
> schränkungen finden sich aber nicht nur im Verhältnis des Artefakts zum indi-
> viduellen Nutzer. Technologien konstituieren auch Interaktionsmuster, die ih-
> ren spezifischen Gelgenheitsstukturen entsprechen." (Hirschauer 2004, S. 79)

Zusammenfassend: Die grundlegende Konzeption von hybriden Handlungsprogrammen (Latour 2002b) bzw. hybriden Habitus nach Schäffer ist für die vorliegende Arbeit anschlussfähig, jedoch scheinen einige Ergänzungen bzw. Modifi-
kationen wichtig, die im Folgenden näher ausgeführt werden: eine differenzierte
Betrachtung von nicht-humanen Akteuren bzw. Hardware und Software (vgl.

Kapitel 2.3) sowie darauf basierend, die empirische Integration der technischen Akteure (vgl. Kapitel 3.3.4).

Zusammenfassung

In diesem Kapitel wurden jene theoretischen Konzepte vorgestellt und diskutiert, die den praxeologischen Ansatz der Arbeit ausmachen.

▨ In der Medien- und Kommunikationswissenschaft werden praxeologische Ansätze als besonders hilfreich angesehen, um Fragen nach der komplexen Einbettung (digital-)medialer Alltagspraktiken zu stellen. Differenzierungen von Massenkommunikation und interpersonaler Kommunikation oder von Produktion und Rezeption scheinen für die Analyse digitaler Bildpraktiken nicht sinnvoll, da diese Einheiten in der Analyse digitaler, vernetzter Kommunikation ständig verschwimmen bzw. nicht sichtbar sind.

▨ Mit der praxeologischen Wissenssoziologie wird der Fokus der empirischen Analyse besonders auf das implizite, habituelle und korporierte Wissen gerichtet, das Praktiken strukturiert.

▨ Praktiken werden als körperliche und hybride Praktiken konzipiert. Das bedeutet, dass nicht nur das implizite, habituelle Wissen humaner Akteure (der Habitus), sondern auch jenes nicht-humaner, technisch-medialer Akteure interessiert (deren Quasi-Habitus). Letztendlich werden daher in den digitalen Bildpraktiken der Hybridakteure die hybriden Habitus rekonstruiert.

2.2 Bilder

Wie bereits im vorigen Kapitel und auch in früheren Publikationen (Schreiber 2014, 2015a) skizziert, werden in der theoretischen und methodologischen Konzeption der vorliegenden Arbeit in Bezug auf den Forschungsgegenstand Bild unterschiedliche Denktraditionen zusammengeführt. Dies ist ganz wesentlich durch die intensive inter- und transdisziplinäre Auseinandersetzung und Reflexion im DOC-team Projekt *Bildpraktiken* ermöglicht worden[25]. Die interdisziplinäre Zusammenarbeit hat uns deutlich gezeigt, dass es „keine von den epistemischen Praktiken sozialer Akteure unabhängigen Wesensmerkmale von Bildern" (Burri 2008, S. 348) gibt.

---

[25] Dazu mehr in Kapitel 3.1.2. Website des Projekts: bildpraktiken.wordpress.com, gefördert von der Österreichischen Akademie der Wissenschaften, Laufzeit meines Stipendiums: August 2013 bis April 2017

Diesem konstruktivistischen, praxeologischen Verständnis folgend, werden in diesem Kapitel daher jene Einflüsse und Ansätze transparent gemacht, die in Bezug auf den Forschungsgegenstand Bilder in die epistemischen Praktiken der vorliegenden Arbeit eingelassen sind (2.2.1). Darauf aufbauend werden Bilder als Dokumente für Habitus konzipiert (2.2.2) und damit angeregt, über Produktanalysen hinauszugehen. Eng damit verbunden ist die theoretische Diskussion bildlich-visueller Kommunikation und Verständigung, in der vorgeschlagen wird, Rezeption neu zu denken (2.2.3). Schließlich werden Körperbilder als spezifische Form bildlicher Kommunikation diskutiert (2.2.4).

2.2.1 *(Inter-)Disziplinäre Verortungen*

Bilder als Forschungsgegenstände haben rund um 2000 einen disziplinenübergreifenden wissenschaftlichen Boom erfahren der unter anderem mit der veränderten Bedeutung visueller Kommunikation im Zuge der Digitalisierung zusammenhing (Wyss 2014). Der ‚iconic turn' war auch mit einer geschärften Aufmerksamkeit für einen Gegenstand verbunden, der in den Sozial- und Kulturwissenschaften bis dahin eher stiefmütterlich behandelt wurde (Boehm 1994; Moxey 2008; Bal 2003), vor allem im Gegensatz zu sprachlichen Medien. Viele der Anliegen waren nicht neu, aber bekamen mit der Wende zum Bild neue Brisanz oder Aktualität, etwa ein Bewusstsein für die Durchdringung der Welt mit visuellen Phänomenen (Mitchell 2002), eine Aufwertung alltagsweltlicher und populärkultureller Bildwelten (Mirzoeff 1998), Aufmerksamkeit für die Medialität und Materialität von Bildern (Finke und Halawa 2012), Fragen nach kollektiven Sehkonventionen und Bildrepertoires (Baxandall 1972; Schade und Wenk 2011; Silverman 1996) und Fragen nach dem Verhältnis des menschlichen Körpers zu dessen (Ab-)Bild (Goffman 1987; Belting 2001).

Die *inter- und transdisziplinäre Auseinandersetzung* mit dem Bild hat einen regen Austausch und eine intensive Diskussion von Begriffen und Grundlagentheorien ausgelöst. Dieser Anstoß führte wiederum zu Neupositionierungen und Grundlagendiskussionen auf disziplinären Ebenen (Sachs-Hombach 2005), wovon letztendlich alle beteiligten Disziplinen nur profitieren konnten. Immer mehr steht der damit verbundene Begriff der Bildwissenschaft für ein projekthaftes transdisziplinäres Dialogforum, eine Art Matrix-Ebene zu den Disziplinen, die sich auf einem gemeinsamen Problemfeld treffen, dieses aber trotzdem in erster

Linie aus ihren disziplinären Perspektiven diskutieren – mal mehr, mal weniger radikal (Moxey 2008)[26].

Interdisziplinäres Arbeiten kann Inspiration, aber auch Irritation sein: Einerseits sind Theorien, Methoden, Perspektiven und Instrumente anderer Disziplinen wichtig, um alte Forschungsgegenstände und Denkweisen in neuem Licht zu betrachten, sie anders zu ergründen, neue Forschungsfelder zu erobern; andererseits verliert man dabei mitunter aus dem Auge, was nun eigentlich genuiner Gegenstand des eigenen Faches ist. Zudem wird Interdisziplinarität zwar immer wieder von Fördergebern gefordert, Publikationen oder Stellen sind aber wiederum fast immer bestimmten Fächern zugeordnet.

Eine interdisziplinäre Öffnung ist jedenfalls auch in der *deutschsprachigen Kommunikationswissenschaft* sichtbar (Lobinger 2014; Müller 2001): Hier zeigt vor allem die Etablierung der Fachgruppe ‚Visuelle Kommunikation' der Deutschen Gesellschaft für Publizistik- und Kommunikationswissenschaft seit dem Jahr 2000, ihr stetiges Wachsen und die daraus hervorgehenden Publikationen[27], dass Bild und Bildlichkeit wichtige Fragen für diese Disziplin sind. Trotzdem ist eher eine „rhizomartige" (Lobinger 2014, S. 302) Vernetzung mit anderen Disziplinen und Feldern festzustellen als die Entwicklung einer eigenen spezifisch kommunikationswissenschaftlichen Perspektive auf das Bild – was letztendlich typisch für eine „Integrationsdisziplin" (ebd.) wie die Kommunikationswissenschaft ist. Als umfassendes, grundlegendes und genuin kommunikationswissenschaftliches ‚Aufrollen' von Visualität für das Fach kann Marion Müllers Band „Visuelle Kommunikationsforschung" (erstmals 2003, 2016 neu aufgelegt[28]) genannt werden. Einen wichtigen Beitrag zur Reflexion der Bedeutung innerhalb des Faches leistete unter anderem auch Katharina Lobinger mit ihrer Metaanalyse kommunikationswissenschaftlicher Publikationen (Lobinger 2012, 2014).

Während das interdisziplinäre Nachdenken über das Bild im angloamerikanischen Raum bereits früher begann und stärker von den cultural und media studies, aber auch der Literaturwissenschaft geprägt war (Mitchell 1994; Bal 2003; Silverman 1996), haben im deutschsprachigen Raum vor allem (männliche) Kunsthistoriker für eine Erweiterung der Kunstgeschichte im Sinne einer Bildwissenschaft plädiert (Belting 2001; Bredekamp 2010; Boehm 1994). Schade (2008) kritisiert in Hinblick auf letztere vor allem deren Ignorieren existierender Arbeiten aus den Medienwissenschaften und gender studies, sowie einen Fokus

---

[26]   Dies ist u.a. auch daran sichtbar, dass bei Tagungen, die sich explizit mit Bild und Visualität beschäftigen, die Vortragenden aus unterschiedlichsten Disziplinen kommen (Schreiber 2014).

[27]   (Knieper und Müller 2003; Petersen und Schwender 2009; Lobinger und Geise 2015; Geise und Lobinger 2012)

[28]   Die zweite umfassend überarbeitete Auflage ist 2016 erschienen und wurde von Marion G. Müller und Stephanie Geise gemeinsam verfasst.

auf Fragen der ontologischen Verfasstheit, was denn nun *das* Bild eigentlich sei. Sie bemängelt fehlendes Bewusstsein dafür, was Bild*er* alles sein können, so sei etwa Beltings Zugang enthistorisierend, entsozialisierend und undifferenziert essentialistisch (ebd.). Ihr Entwurf der „Studien zur visuellen Kultur" (Schade und Wenk 2011) kann daher auch als Konvergenz einer bildwissenschaftlich informierten, aber kulturtheoretisch orientierten Perspektive gelesen werden und diente im DOC-team Projekt *Bildpraktiken* als wichtige konzeptionelle Grundlage.

In der deutschsprachigen Soziologie bzw. den Sozialwissenschaften hat sich die Auseinandersetzung mit dem Bild in den letzten Jahren vor allem im Bereich der *Entwicklung qualitativer Methodologien zur Bilderinterpretation* intensiviert (Bohnsack 2013a; Przyborski und Slunecko 2012; Breckner 2010; Raab 2008; Pilarczyk und Mietzner 2005; Kanter 2016). Auch unter dem Label der *Visuellen Soziologie*[29] findet aktuell eine intensive Auseinandersetzung mit diesem Wechselverhältnis von Visualität und Sozialität statt. Bilder werden auf fundamentaler Ebene als Medien der alltäglichen Verständigung, der Sozialisation und der Bildung (Bohnsack 2011; Breckner und Raab 2016; Przyborski 2018) verstanden. Sie werden nicht nur im Sinne materialer, sondern auch mentaler Bilder[30] gedacht (Belting 2001, S. 29). Mentale Bilder sind wesentlich in vorreflexives, implizites Wissen eingelassen, das eine ‚wortlose' mimetische Aneignung von sozialen Szenerien, Gebärden, Gestik, Mimik etc. bedeutet (Bohnsack 2011, S. 29).

Einen sozial- und kulturwissenschaftlichen Blick auf Bild und Gesellschaft müssen also beide Seiten der Medaille interessieren:

> „a dialectical concept of visual culture cannot rest content with a definition of its object as the *social construction of the visual field*, but must insist on exploring the chiastic reversal of this proposition, the *visual construction of the social field*. It is not just that we see the way we do because we are social animals, but also that our social arrangements take the forms they do because we are seeing animals." (Mitchell 2002, S. 171. Hervorhebung MS)

In der vorliegenden Arbeit konvergieren die Einflüsse aus den interdisziplinären Studien zur visuellen Kultur, der Kommunikationswissenschaft und der Soziologie. Die daraus entstehenden Implikationen werden im Folgenden genauer ausgeführt.

---

[29] Breckner & Raab bemerken, dass die Auseinandersetzung mit „visuellen Konstitutions- und Konstruktionsprozessen von gesellschaftlichem Wissen" (Breckner und Raab 2016, S. 5) in der Soziologie zwar mit Goffman, Becker und Simmel prominente Vorläufer, aber trotzdem keine Tradition habe. Skeptiker_innen halten an der Textförmigkeit alles Sozialen fest, dazu kritisch Kanter (2017).

[30] Auch mit dem Begriff des Imaginären, vgl. Binder (2013); Gebauer und Wulf (1992).

Bilder   31

2.2.2 Bild als Dokument für Habitus (jenseits von Produktanalyse)

Ohne eine Antwort auf die Frage geben zu wollen, was denn nun das Bild eigentlich sei, soll im folgenden Abschnitt transparent gemacht werden, wie Bilder in dieser Arbeit theoretisch und somit auch methodologisch konzipiert sind[31].

Für eine sozialwissenschaftliche Analyse stellt sich, wie oben bereits mit Mitchell beschrieben, die Frage, wie Bilder sozial konstruiert sind und wie Sozialität bildlich konstruiert wird. Während zweiteres in der Einleitung bereits in Bezug auf Belting im Zusammenhang mit Körper und Medium diskutiert wurde (vgl. Kapitel 1), wird hier nun die soziale Konstruktion des Bildes vor allem in Hinblick auf dessen methodologische Rolle diskutiert. Bilder werden als Analysedokumente herangezogen, um die Habitus jener Akteure zu rekonstruieren, die diese Bilder hervorgebracht haben. Dieser Ansatz hat seinen Ursprung bei kunsthistorischen Klassikern, die wiederum Inspiration für sozial- und kulturwissenschaftliche Klassiker waren[32]:

Kunsthistoriker Aby Warburg hat sich zu Beginn des 20. Jahrhunderts in seinem Werk intensiv mit der Frage nach dem Zusammenhang von Abbildern und Denkbildern beschäftigt. Es ging ihm dabei vor allem um die Analyse von Kontinuitäten von körperbezogenem Ausdruck und Habitus aus einer interdisziplinären Perspektive (Böhme 1997, S. 143) und um eine Art „historische Psychologie menschlichen Ausdrucks"[33]. In jedem Bild seien historische, anthropologische und psychologische Bewegungen sedimentiert, die auf unterschiedliche Art fortleben und wieder auftauchen würden (Didi-Huberman 2010, S. 54). Für Warburg waren Form (wie wird etwas gezeigt) und Inhalt (was wird gezeigt) verquickt (Didi-Huberman 2010, S. 223, 545) und der Mnemosyne-Atlas[34] war sein Versuch, die Verquickung und Kontinuitäten methodisch auch rein visuell zu argumentieren. Soziologe Erving Goffman verfolgte in den 1970er-Jahren in

---

[31] In der grundlagentheoretischen Konzeption von „Bildkommunikation", die Rezeption und Produktion zu überwinden sucht, folge ich Przyborski (2015).

[32] Ich orientiere mich im Wesentlichen an den Argumentationslinien von Bohnsack (2011) sowie Przyborski und Wohlrab-Sahr (2014, S. 150ff), jedoch mit einer stärkeren Akzentuierung Bourdieus Praxisbegriffes und der Rolle der medientechnischen Bedingungen von Bildpraktiken.

[33] Warburg, Aby (1912/22): „Italienische Kunst und internationale Astrologie im Palazzo Schifanoja zu Ferrara", zitiert nach Böhme (1997).

[34] Der Mnemosyne-Atlas ist eine Anordnung von Tafeln, auf denen er und seine Assistent_innen Fotografien von Bildern gruppierten und wieder umgruppierten: „Mit seinem rhizomartigen Komparatismus suchte Warburg weniger nach einer Identifizierung der Motive und ihrem historischen Entwicklungsgesetz als nach deren Kontaminisierung und ihrem zeitlichen Gesetz des Nachlebens" (Didi-Huberman 2010, S. 544).

seiner Arbeit zu Geschlecht und Werbung einen ähnlichen Ansatz, auf den weiter unten näher eingegangen wird (Kapitel 2.2.4). Erwin Panofsky verstand, an Warburg anschließend, Bilder, bzw. vor allem Gemälde, ebenfalls als „Symptom für etwas anderes" (Panofsky 1975, S. 41), als Dokument des Künstlers, aber darüber hinaus auch als Dokument für eine bestimmte Epoche, einen Zeitgeist oder eine Einstellung, also als Epiphänomen für einen kollektiven Zusammenhang. Panofskys wesentlicher Beitrag war die Systematisierung der ikonologischen Analyse durch die analytische Trennung von (Vor-)Ikonografie und Ikonologie, also von Beschreibung und Interpretation[35]. Diese Systematisierung ist die Grundlage für viele sozialwissenschaftliche Ansätze der Bildinterpretation und ist auch kompatibel mit einer praxeologischen Konzeption von Bildern:

Ikonografische Interpretation bedeutet den ‚Phänomensinn' zu beschreiben, das, was unmittelbar erkennbar ist, und auch intentional vom Künstler gemeint ist („what he parades"). Der latente Wesenssinn, der Geist einer Persönlichkeit oder einer Epoche („what he betrays") ist Gegenstand der ikonologischen Interpretation und verweist auf das, was Bourdieu als Habitus bezeichnet. Hier findet sich eine wesentliche Parallele zur analytischen Trennung von explizitem und implizitem Sinn, die in Kapitel 2.1.2 zur praxeologischen Wissenssoziologie eingeführt wurde. Bei der Interpretation sprachlicher und bildlicher Dokumente ist diese Trennung Grundlage der Dokumentarischen Methode, an der ich mich in der vorliegenden Arbeit methodologisch orientiere (Bohnsack 2013a; Przyborski und Wohlrab-Sahr 2014). Panofsky hat sich mit dem Begriff des Wesens- oder Dokumentsinnes eines Bildes sogar bei Karl Mannheim angelehnt (Sachs 2014, S. 91), Panofskys Begriff der ‚Denkgewohnheit' einer Epoche war wiederum Grundlage für Bourdieus Konzeption des Habitus (Schuhmacher 2013). Die folgende Tabelle bietet einen schematisch vereinfachten Überblick der diskutierten Ebenen:

---

[35]   Diese Differenzierung ist Kern qualitativer sozialwissenschaftlicher Interpretationsverfahren.

Tabelle 1: Sinnebenen des Bildes bzw. der Bildinterpretation (Eigene Darstellung ange-
lehnt an M. Müller und Geise (2015, S. 27, 54); Przyborski (2015, S. 19)

Warburg	Abbild		Denkbild
Panofsky	Vorikonografie	Ikonografie	Ikonologie
Gegenstand der Interpretation	Phänomensinn	Bedeutungssinn	Wesenssinn, Dokumentsinn
Quelle der Interpretation	Vitale Daseinserfahrung	Kulturelles Wissen	Weltanschauliches Handeln und Verhalten
Mannheim	Kommunikativ-generalisiertes Wissen, common sense		Dokumentsinn Konjunktives, implizites Wissen
Bourdieu	Explizite Intentionen		Habituelle Schemata
Imdahl	Wiedererkennendes Sehen		Sehendes Sehen
Dokumentarische Bildinterpretation	Formulierende Interpretation – WAS?		Reflektierende Interpretation – WIE?
(vgl. dazu genauer Kapitel 3.3.2)	Detaillierte Deskription, Suspendierung des Kontextwissens	Deskription unter Zuhilfenahme von Kontextwissen	Interpretation, Rekonstruktion der formalen Kompositionselemente

Implizit-ikonologisch kommt also der „Wesenssinn" des Bildes zum Ausdruck,
den Panofsky als „ungewollte und ungewußte Selbstoffenbarung eines grund-
sätzlichen Verhaltens zur Welt" versteht (Panofsky 1979, S. 200). Bourdieu legte
daran anschließend seinen Fokus stärker auf unbewusste, kollektive Denk-,
Wahrnehmungs- und Handlungsschemata, die in *Praktiken* einzelner Akteure ak-
tualisiert bzw. hervorgebracht werden. Wichtig ist aber hervorzuheben, dass
Bourdieu den Habitus als stilistisch strukturgebend sowohl für Praktiken als auch
für Artefakte verstand. In seiner Forschung zu Amateurfotografie formuliert er
explizit, dass kollektive Muster sowohl Praktiken als auch Fotos strukturieren:

> „Durch die Vermittlung des Ethos, die Verinnerlichung objektiver und allge-
> meiner Regelmäßigkeiten, unterwirft die Gruppe *diese Praxis* [das Fotografie-
> ren, MS] der kollektiven Regel, so daß *noch die unbedeutendste Photographie*
> neben den expliziten Intentionen ihres Produzenten das System der Schemata

des Denkens, der Wahrnehmung und der Vorlieben zum Ausdruck bringt, die
einer Gruppe gemeinsam sind." (Bourdieu 2006a, S. 17, Hervorhebung MS)

Bilder werden also für die vorliegende Arbeit mit Panofsky und Bourdieu und
im Anschluss an die Dokumentarische Methode als Ausdruck von Habitus konzipiert, und damit als Dokumente für kollektive und konjunktive Sinnzusammenhänge und Orientierungen (Bohnsack 2011; Przyborski 2018; Bohnsack et al.
2015b). Materiale Bilder sind unter bestimmten sozialen, historischen, kulturel-
len und medialen Bedingungen und Konventionen konstruierte Dokumente. Als
empirisches Material erlauben sie uns somit Zugriff auf sozio-visuelle Konstruktionen.

    Für eine sozialwissenschaftliche Analyse ist es relevant zu klären, von wel-
chen Akteuren diese sozio-visuellen Konstruktionen hervorgebracht wurden,
also wessen Habitus eigentlich in einem Bild sichtbar wird. Ein Bild ist daher im
Kontext dokumentarischer Interpretation Dokument für die Habitus der abbildenden (z.b. fotografierenden), der abgebildeten (auf dem Foto zu sehenden)
aber auch der autorisierenden (lädt das Foto auf Instagram hoch) Akteure. Hier
sind meist menschliche Akteure gemeint, fassen wir jedoch Bildpraktiken als
hybride Praktiken, werden Bilder weiters zu Dokumenten für Hybridakteure und
ihre medientechnischen Bedingungen.

    Bildkommunikation wird also nicht (oder nicht nur) aus Interesse an dem
kommunikativen Prozess an sich analysiert, sondern fungiert, wie weiter oben
herausgearbeitet wurde, als Symptom für etwas anderes. Bilder werden als Dokumente für den Habitus der Bildproduzierenden, aber auch für den Habitus der
Abgebildeten verstanden. Gerade in Bezug auf fotografische Bilder ist das visuelle Dokument ganz deutlich ein Dokument der Interaktion beider Akteure: Der
ästhetische Habitus der Produzierenden dokumentiert sich vor allem in Art und
Weise des Bildausschnitts, der Perspektive, der Fokussierung. Der Habitus der
Abgebildeten zeigt sich in ihren abgebildeten körperlichen Praktiken, den Haltungen, Bewegungen, Posen, Gesten, Mimik – in ihrer Hexis[36]. Das gemeinsame
Produkt kann mehr oder weniger stimmig sein: So sind Werbebilder meist perfekt durchkomponierte und inszenierte Interaktionsprodukte (Przyborski und
Wohlrab-Sahr 2014, S. 346 ff.) und auch in privaten Fotografien teilen Fotogra-
fierende und Abbildende habituelle, ästhetische Orientierungen. In Fotoreporta-
gen oder Pressefotografien kommt es hingegen oft zu Spannungen oder Brüchen
(Bohnsack 2008; Kanter 2015).

    Die Analyse von Bildern mag für einige sozialwissenschaftliche Fragestel-
lungen ausreichend sein, in der Forschungspraxis hat sich jedoch gezeigt, dass

---

[36]   vgl. z.B. die Interpretation des Bildes ‚Bank' in Kapitel 5.3.3, in der die Anteile der beiden
Akteur_innen deutlich herausgearbeitet werden konnten.

die komplexe Einbettung von Bildern in Praktiken, Biografien, Institutionen etc. triangulative Verfahren erfordert. Denn welche Relevanz Bilder in bestimmten Kontexten und sozialen Feldern entfalten, wie sie wahrgenommen werden oder welche Bedeutung ihnen durch Praktiken des Zeigens oder durch Rahmung mit Text verliehen wird, kann *nicht* durch die Analyse des Bildes selbst rekonstruiert werden (Przyborski 2018, S. 36 f.). Die Kombination von verschiedenen Methoden im Sinne einer Triangulation ist daher essentiell für ein multidimensionales Verständnis von Bildern und Bildpraktiken (Bohnsack et al. 2015b). Die Autorisation der Bilder, also die Frage, wie Bilder überhaupt zu Analysematerial werden, ist zudem ebenfalls als konstitutiver Teil des Forschungsprozesses zu verstehen (Przyborski 2018, S. 116 ff.; Przyborski und Wohlrab-Sahr 2014, S. 157 ff.) – darauf wird in Kapitel 3.3.1 noch kurz weiter eingegangen. Auch Burri plädiert aus praxeologisch-soziologischer Perspektive dafür, „nicht allein vom Bild, sondern vielmehr von den sozialen Praktiken seiner Produktion, Interpretation und Verwendung" (Burri 2008, S. 345) auszugehen, um deren Kulturbedeutung und Kulturbedingtheit zu erklären[37].

Przyborski argumentiert weiters, dass eine methodische Erweiterung letztendlich auch dazu führen muss, Bilder theoretisch neu zu denken, nämlich als Medien der Kommunikation bzw. Verständigung:

> „Wenn sich das Forschungsinteresse darauf richtet, wie Verständigung durch bzw. in Bildern vollzieht, genügt es nicht, ein Bild zu analysieren. Denn in ihm werden zunächst jene sozialen Zusammenhänge sichtbar, aus denen es hervorgegangen ist. Es geht also darum, einen empirischen Zugang dahingehend zu entwickeln, wie bestimmte Bilder in bestimmten sozialen Zusammenhängen verstanden werden bzw. ob und wie sie in und für bestimmte Handlungspraktiken relevant werden." (Przyborski 2018, S. 71)

Wie in der Einleitung und in Kapitel 2.1.1. bereits ausgeführt wurde, plädiert auch die vorliegende Arbeit mit dem Begriff *Bildpraktiken* für eine integrative Perspektive, die im Anschluss an Przyborski sowohl den bildlich-kommunikativen Charakter von Bildern, sowie – darüber hinausgehend – die Relevanz ihrer

---

[37] Burris theoretische Konzeption einer Soziologie des Visuellen (Burri 2008) überzeugt in vielerlei Hinsicht, die verschränkte Trias von Praxis, Materialität und Visualität verstehe auch ich als Grundlage für die Analyse von Bildpraktiken. Jedoch ist der Zusammenhang dieser Trias mit den von ihr eingeführten weiteren Begriffen und Dimensionen (visual value, visual performance, visual persuasiveness, visuelle Rationalität) für mich nicht nachvollziehbar und für meine Arbeit nicht anschlussfähig. Es liegt nahe, dass diese Begriffe aus Burris eigener empirischer Forschung heraus entwickelt wurden, in der sie sich ethnografisch vor allem mit medizinischen Visualisierungsverfahren beschäftigt. Da dies sehr spezielle Bilder in sehr speziellen Kontexten sind, ist es nicht verwunderlich, dass eine Übertragung auf digitale, fotografische Bildpraktiken im Alltag nicht sinnvoll ist. Weiters kommt in ihrem Modell die Dimension des Körpers viel zu kurz.

materialen Einbettung berücksichtigt[38]. Bild und Praktiken müssen daher theoretisch *und* methodisch fundiert miteinander verbunden werden. Zweiteres bedeutet ein ikonologisches Verständnis von Bildern als Symptom für Habitus mit ethnografisch orientierten, kontextsensitiven praxeologischen Verfahren zusammenzuführen. Die Analyse von Bildern wird also auch empirisch mit der Analyse von Praktiken verbunden, um danach zu fragen, in welcher Relation Bilder und Praktiken (in jeweils spezifischen Fällen) zueinanderstehen. Die theoretische Konzeption von materialen, korporierten (Bild-)Praktiken wurde bereits in Kapitel 2.1 im Detail dargelegt, die empirische Zusammenführung beider Perspektiven wird in Kapitel 3 vorgestellt.

2.2.3 Bildkommunikation (jenseits von Rezeptionsanalyse)

Ausgehend von dem eben skizzierten Verständnis von Bildern als Dokumenten für Habitus stellt sich nun die Frage, was passiert, wenn ein solches Dokument rezipiert, betrachtet und interpretiert wird. Denkt man an das Hin- und Hersenden von Bildern in Programmen wie WhatsApp oder Snapchat, wird offensichtlich, dass visuelle Kommunikation ganz wesentlich als interaktiv und reziprok gefasst werden kann. Doch auch in analogen Kontexten hat Verständigung schon immer im Medium Bild stattgefunden – man denke nur an Höhlenmalerei –, jedoch gab es medial nicht immer die Möglichkeit, gleichermaßen bildlich zu antworten. Im folgenden Abschnitt wird genauer definiert, was es bedeutet, sich „im Bild" zu verständigen und zu kommunizieren.

Während der Zusammenhang von Sozialität und Sprache Gegenstand einer eigenen Disziplin, der Soziolinguistik ist, hat sich ein ähnliches Fach (eine Sozioikonik?) im Kontext von Bildlichkeit noch nicht entwickelt. Bereits an ikonologischen Ansätzen wie Panofskys Systematisierung wurde kritisiert, dass sie das spezifisch Bildliche, also die Form der Darstellung, in der Analyse außer Acht lassen würden. Max Imdahl plädierte daher für eine Erweiterung von Panofskys Modell und machte das Sehen, die Anschauung, als analytischen Weg stark, um die ikonische Struktur zu fassen. Die meisten ikonologischen Ansätze stellten davor die Kenntnis symbolischer Bedeutungen bestimmter Zeichen (z.B. Totenkopf als Zeichen der Vergänglichkeit) und Narrationen (z.B. Inhalte der Bibel) als Analysemittel in den Vordergrund[39]. Imdahl argumentierte, dass durch die

---

[38]   Es geht also um „Praxis in Medien (Medialität) und mit Medien (Massenmedien/ Social Media). Beide Aspekte – sowohl die Medialität als auch die Praxis – erfordern eine Auseinandersetzung mit jenen Regeln, die die Möglichkeit für die kommunikative Verständigung herstellen" (Przyborski 2018, S. 82).

[39]   Imdahls Ikonik und die von ihm identifizierten formalen Dimensionen sind für viele sozialwissenschaftlichen Verfahren wichtige Hilfsmittel bzw. Heuristiken in der

Art und Weise der Komposition eines Bildes in der Fläche ganz wesentlich Sinn mitkonstituiert wird (Imdahl 1994). Auch durch bestimmte Perspektiven oder die Anordnung von Menschen und Dingen zueinander, aber auch durch Schärfe-Unschärfe-Verhältnisse (Przyborski und Slunecko 2012) wird im Bild kommuniziert. Das Betrachten von Bildern wird somit als kommunikativer, interpretativer Prozess verstanden, die Kommunikation findet dabei im Sehen statt[40]. Wir identifizieren Bilder als Bilder, können erkennen, was z.b. perspektivische Darstellung ist, dass eine bestimmte Anordnung von Menschen eine Familie darstellt oder ein blauer Hintergrund ‚Himmel' bedeuten kann. Die Kenntnis von formalen Standards, aber auch von Bild- und Darstellungskonventionen erlaubt es uns, Bilder zu verstehen (oder auch nicht) und davon berührt zu werden (oder auch nicht)[41]. Diese Standards und Konventionen sind immer historisch und kulturell situiert, jedoch in Bezug etwa auf Bildkomposition oder hegemoniale Blickregime mitunter sehr hartnäckig (Schade und Wenk 2011; Silverman 1996).

Während die Kenntnis der formalen Strukturen von Sprache in Form von etwa Buchstaben und Grammatik als wichtige Kulturtechnik durchgehend Teil unseres Bildungssystems ist, hat die Kenntnis formaler Gestaltungsprinzipien visueller Kommunikation einen geringeren Stellenwert. Im Kindesalter ist Zeichnen meist noch weit verbreitet, bei Erwachsenen findet Bildproduktion vor allem in künstlerisch-kreativen Kontexten statt. Doch durch die Verbreitung digitaler Fotografie in den letzten Jahren wurde visuelle Kommunikation als Kulturtechnik immer mehr zu einer selbstverständlichen Alltagspraxis. Wir kommunizieren miteinander über Bilder und in Bildern. Bildkommunikation findet nicht nur im privaten Bereich statt, wo die involvierten Akteur_innen meist leicht zu identifizieren sind. Auch bei der Betrachtung eines Werbeplakates findet Interaktion und damit visuelle Kommunikation zwischen dem Plakat und den Betrachtenden statt. Diese Kompetenz visueller Kommunikation beruht auf unserem Alltagshandeln, in dem wir uns kommunikative Kompetenzen aneignen, die unter anderem auch ästhetisch sind[42]:

> „es ist Ästhetisches in uns und unser Alltagshandeln beruht u.a. auf ästhetischen Prinzipien. Von daher interessieren wir uns für die *ästhetischen*

---

[40] Interpretation des spezifisch ikonischen Sinn (Bohnsack et al. 2015b; Pilarczyk und Mietzner 2005; Raab 2012; Breckner 2010).
Eine umfassende praxistheoretische Heuristik des Sehens entwickelt Sophia Prinz in ihrer konzisen und einleuchtenden Rekonstruktion und Zusammenführung von Foucault, Lacan, Merleau-Ponty und Bourdieu (Prinz 2014).

[41] Vergleichbar hierzu sind Standards sprachlicher Verständigung, die Gegenstand der Soziolinguistik sind, etwa folgen Erzählungen von Ereignissen bestimmten Strukturen, und Gespräche bestimmten Regeln des Wortergreifens (Labov und Waletzky 1967). Die Kenntnis dieser alltagsweltlichen Kompetenzen erlaubt es uns, miteinander zu sprechen.

[42] Dabei geht es keinesfalls um eine Wertung von richtig/falsch, oder was „schön" ist.

Grundlagen von alltäglicher Darstellung und Kommunikation (letzteres in einem weiten, nicht nur sprachlichen Sinn) und vertreten dabei die These, dass wir über intuitive Kompetenzen im Bereich des ästhetischen Erfassens von Kulturobjektivationen verfügen, die ganz wesentlich sind für das Sinnverstehen." (Przyborski & Slunecko, 2012, S. 3, Hervorhebung M.S.)

Aus sozialwissenschaftlicher Perspektive ist die zentrale Frage, auf welchen Ebenen ich das, was ich sehe, erkennen kann und inwiefern ich konjunktiv, also auf Basis geteilter (Seh-)Erfahrung, daran anschließe. Das bedeutet auch, wie berührt mich dies auf einer ästhetisch-stilistischen Ebene – was einem gefällt, ist sozial geprägt (Bourdieu 1987). Dieser Sichtweise liegt ein Verständnis von Kommunikation in einem ur-symbolisch-interaktionistischen Sinne zugrunde, wobei Kommunikation eben auch bildlich stattfinden kann[43]. Auch für Bildkommunikation gilt, dass Menschen den Dingen gegenüber aufgrund der Bedeutung, die sie für sie haben, handeln. So formuliert Prinz in Bezug auf die ‚Praxis des Sehens':

„in welchem Maße sich die inkorporierten Wahrnehmungsschemata, die es durch die wiederholte, leibliche Auseinandersetzung mit den kulturspezifischen visuellen Formationen „seiner" Welt ausgebildet hat, mit den perzeptiven Anforderungen und Ästhetiken des aktuellen Dispositivs deckt. Diese Deckungsgleichheit entscheidet, ob das Subjekt in den ihm „fremden" Gestalten Bekanntes wiederzuerkennen und sich in das herrschende Tableau einzufügen vermag." (Prinz 2014)

Wie sich dies konkret empirisch zeigen kann, arbeitet Przyborski in ihrer Studie zu ‚Bildkommunikation' heraus. Um Begrifflichkeiten von Rezeption und Wirkung zu überwinden, schlägt sie vor, von Medienangeboten zu sprechen, die in bestimmten sozialen Zusammenhängen entstehen und in anderen verwendet werden (Przyborski 2018, S. 123 ff.). Im Wesentlichen geht es darum empirisch zu untersuchen, was wie Anschluss findet – in Bezug auf das Thema der digitalen Bildpraktiken: Wie Kommunikation in und durch Bilder stattfindet[44].

---

[43]   Auch eine Bildinterpretation ist somit übrigens ein kommunikativer Prozess, wobei die Betrachtung und Interpretation des Bildes von Seiten der Interpretierenden systematisiert vollzogen wird, vgl. dazu Kapitel 3.

[44]   „Statt der ‚Botschaft', ihrer Veränderung durch das Medium und ihrem richtigen oder falschen Verstehen, vollständigen oder unvollständigen Ankommen bei Empfangenden, wird es auf die hier vorgeschlagene Art möglich zu untersuchen, was wie geschieht bzw. sich dokumentiert und was wie – handlungspraktischen – Anschluss findet." (Przyborski 2018, S. 135).

Um das kommunikative Potential von Bildern deutlicher zu machen, das für den Forschungsgegenstand digitaler Bildpraktiken essentiell ist, wird der Vergleich mit Sprache an dieser Stelle noch einmal bemüht:

Bildkomposition entspricht also etwa bestimmten Syntax: Nicht jeder Dialekt oder Slang in der eigenen Muttersprache ist für uns verständlich – das bedeutet aber nicht, dass diese Ausdrucksweisen nicht in sich sinnhaft organisiert sind, aber sie scheinen einem mitunter fremd und deswegen vielleicht besonders hässlich oder besonders spannend. Eine fremde Sprache ist erst einmal nicht verständlich, weil einem Struktur, Tonalität, Vokabular etc. nicht vertraut ist. Das lässt sich auch auf visuelle Kommunikation und damit Ästhetik übertragen: Bestimmte Stile und Darstellungsweisen sind für Betrachtende nicht anschlussfähig, nicht attraktiv, weil sie nicht vertraut sind und/oder nicht verstanden werden.

Ist ein Bild, etwa ein Werbesujet, an ein möglichst breites Publikum gerichtet, wird es sich daher besonders konventioneller und standardisierter visueller Darstellungsweisen und Formen bedienen – ähnlich wie etwa österreichische Tageszeitungen auch auf Hochdeutsch geschrieben sind und nicht auf Wienerisch. Das ist für visuelle Kommunikation und die vorliegende Arbeit zentral: Je nachdem, wo und mit wem visuell kommuniziert wird, wird die Art und Weise der Kommunikation mehr oder weniger konventionell gestaltet.

Was ist nun das Spezifische an Bildkommunikation? Dem Modus der Visualität werden im Gegensatz zu anderen Kommunikationsmodi spezifische Eigenschaften zugeschrieben[45]: Dass Bilder nicht auf versprachlichte Darstellungen reduziert werden können, beschreibt etwa Boehm als „ikonische Differenz" (Boehm 1994). In ihrer flächigen Struktur zeigen zweidimensionale Bilder etwas auf simultane Weise, nicht sequentiell wie etwa Sprache oder Schrift. Ein Element der Komposition ist daher etwa die Komposition des Bildes in der Fläche, die Anordnung von Linien und Formen. Auch Perspektivität, scharf/unscharf-Kontraste (Przyborski und Slunecko 2012) oder Farbkontraste (Hampl 2013) werden als formale Mittel in Bildern eingesetzt, um etwas in bestimmter Art und Weise zu zeigen (vgl. Kapitel 3.3.2). Przyborski spricht in diesem Kontext von „Standards" der visuellen Kommunikation, was präziser fasst, womit hier eigentlich operiert wird: Eine Kenntnis formaler Spezifika visueller Kommunikation[46]

---

[45] Vor allem bildwissenschaftliche Auseinandersetzungen tendieren hier mitunter zu ontologisch-philosophischen Befunden (Belting 2001; Boehm 1994; Bredekamp 2010). Trotzdem sind einige dieser Befunde empirisch anschlussfähig für digitale visuelle Bildkommunikation, denn auch sie wurden anhand konkreter Bilder und entlang etablierter westlicher Seh- und Darstellungskonventionen entwickelt, die, wie bereits erwähnt, vielfach sehr hartnäckig sind.

[46] Das bedeutet dementsprechend *nicht* die Entschlüsselung geheimer Zeichen, die nur von Wissenden erkennbar wären – vielmehr ein Trainieren des Betrachtens in Hinblick auf sozial etablierte Standards der Verständigung: "The composition of visual signs in an

wie etwa Perspektive, Komposition, Farbgebung etc. dient als wichtiger Skill zur Interpretation von Bildern. Bildern wird weiters zugeschrieben, einen assoziativen und präsentativen Modus der Kommunikation zu forcieren (Heßler und Mersch 2009). Dies wird vor allem auch im Gegensatz zur diskursiven und argumentativen Logik der Sprache konstatiert (Boehm 2007). Aufgrund ihrer simultanen Struktur wird Bildern zudem das Vermögen zugeschrieben, Ambiguität und Affekt (Lobinger 2012; Müller und Geise 2015) sowie Widersprüche und Grenzerfahrungen (Soeffner 2000, S. 49 f.) bzw. die „Sinnkomplexität des Übergegensätzlichen" (Imdahl 1980) sichtbar machen zu können[47]. Bilder scheinen damit auch das ideale Kommunikationsmedium für postmoderne Unbestimmtheiten und Ambivalenzen zu sein – für Zeiten, in denen Eindeutigkeiten rar sind (Mitchell 1992, S. 8).

Formale Strukturen und Kompositionsprinzipien[48] werden als Standards der Verständigung in Bildern, als Standards visueller Kommunikation verstanden. Durch ihre Rekonstruktion lässt sich die Ästhetik bildlicher Alltagsprodukte systematisch erschließen. In einem qualitativ-rekonstruktiven Forschungskontext werden so Einblicke in die performative Struktur dieser Alltagsprodukte gewonnen, um so den Habitus zu rekonstruieren, der die Praktiken der Akteure strukturiert. Eine sozialwissenschaftliche Analyse von Bildern und Bildpraktiken hat daher zum Ziel,

> „sich der Geordnetheit und dem kunstvollen Charakter der Alltagspraktiken, den „artful practices" of „everyday life" (Garfinkel 1967: vii [sic]) mit demselben Respekt und derselben Sorgfalt zuzuwenden, wie dies ansonsten nur den Werken der Kunst und Literatur zuteilwird. In dieser Hinsicht zeigen sich Parallelen zur Forschung im Bereich der Cultural Studies. Dies setzt einen Zugang auch zur *Ästhetik derartiger Alltagsprodukte* und – als Voraussetzung dafür – zu deren formalen Strukturen, deren formalen Kompositionsprinzipien, voraus. Allerdings bleibt die Rekonstruktion der Alltagsästhetik nicht Selbstzweck, sondern eröffnet uns *tiefer greifende Einblicke in die performative*

---

47   image is a result of social practices of image production and interpretation. The use of images [...] and the ways realities are represented in an image are thus inherently social" (Burri 2012, p. 50).

47   Imdahl (1988) erläutert dies an dem Gemälde „Giottos Gefangennahme", in dem Jesus durch die spezifische Bildkomposition gleichzeitig als unterlegen und überlegen erscheint; Diese spezifische Gleichzeitigkeit von vermeintlich Widersprüchlichem zeigt sich auch in einigen Interpretationen zu den erhobenen Bildern in der vorliegenden Arbeit (z.B. Kapitel 5.1.7, 5.2.3)

48   Hier sind nur jene genannt, die methodisch bereits etabliert sind. Zahlreiche oder unendlich viele andere haben, wie Philipps (2016) anmerkt, u.a. mit der jeweiligen spezifischen Medialität zu tun, also z.B. Dicke eines Strichs in einer Bleistiftzeichnung.

Struktur, in den ‚modus operandi' der Alltagspraxis." (Bohnsack et al 2015a, S. 23 f., Hervorhebung M.S.)

Bilder sind daher immer „sozial gestaltete Produkte" (Kanter 2016, S. 24). Für die sozialwissenschaftliche Forschung ermöglicht der spezifisch visuelle Modus von Bildern empirischen Zugriff auf stilistisch-ästhetische Praktiken, in denen sich „Geschmack" zeigt. Wo und wie wir etwas zeigen, etwa in Bezug auf Kleidung, Mode, Wohnen, Urlaub, Haustiere etc., ist ganz wesentlich Ausdruck von jeweiliger sozialer und kultureller Zugehörigkeit (Bourdieu 2009; Simmel 1995) – gerade dafür werden Bilder als wertvolle sozialwissenschaftliche Quelle noch wenig fruchtbar gemacht.

Wie bereits erwähnt, sind zudem Bilder von Körpern ebenfalls besonders interessant für die Analyse sozialer Zusammenhänge. Besonders häufig werden Fotografien zum Gegenstand sozialwissenschaftlicher Analysen – so auch in der vorliegenden Arbeit –, wohl weil diesen im Forschungskontext ein „practical ontological realism" (Hand 2012, S. 28) anhaftet (vgl. auch Kapitel 2.3.2 zum Thema der Indexikalität). Es wird ihnen also zugeschrieben, auf etwas zu verweisen, das anderswo sozial stattgefunden hat. Mit Goffman wird in Fotografien (korporiert und bildlich) verdichtet, was in rituellen und zeremoniellen Praktiken nur flüchtig und schwer fassbar ist: „The rendition of structurally important social arrangements and ultimate beliefs which ceremony fleetingly provides the senses, still photography can further condense" (Goffman 1987, S. 10). Somit fallen in Bildern Praktiken und Artefakte zusammen, „pictorial artifacts allow for a combination of ritual and relic" (ebd.).

Fotos zeigen also verdichtete und ‚eingefrorene' korporierte Praktiken. In der Art und Weise der (Körper-) Haltungen zeigt sich „das eigene Verhältnis zur sozialen Welt und der Stellenwert, den man sich in ihr zuschreibt" (Bourdieu 1987, S. 739).

Es wird außerdem mitunter das sichtbar gemacht, was im Modus der Sprache, also in Interviews oder Textanalysen, nicht ausgedrückt werden kann oder will. Im Kontext rekonstruktiver Sozialforschung werden Fotos somit nicht als objektive Abbilder von Realität verstanden, sondern als komplexe sozio-visuelle Konstruktionen, an die die Interpretierenden mit systematisierten (aber eigentlich alltagsweltlichen) visuellen Kompetenzen anschließen.

In der vorliegenden Arbeit interessieren besonders digital mediatisierte Körperbilder, weswegen im folgenden Abschnitt die spezifische Herausforderung der Analyse von Körperbildern diskutiert wird (2.2.4) und anschließend die Implikationen von digitaler Fotografie (2.3.2) – dieses Kapitel stellt dann auch bereits den Übergang zur Diskussion digitaler Medialität dar.

2.2.4 Körperbilder[49] – „learning to see ourselves photographically"?

Wie eben dargelegt wurde, können Bilder, und besonders Fotos, empirischen Zugang zu Körpern und korporierten Praktiken eröffnen. In sozialwissenschaftlich relevanten Bildern, besonders in Fotos, werden meist menschliche Körper sichtbar gemacht. Das komplexe Verhältnis von Bildern und Körpern wurde einleitend bereits mit Belting skizziert. Wie Visualität und Sozialität stehen auch Bilder und Körper in einem Wechselverhältnis: Bilder „(...) steuern unsere Körpererfahrung durch den Akt der Betrachtung in dem Maße, wie wir an ihrem Modell die Eigenwahrnehmung ebenso wie die Entäußerung unserer Körper üben" (Belting 2001, S. 13f.).

Die Bandbreite von Bildern anderer Körper, die wir zu sehen bekommen, war noch nie so groß wie heute: Wir sind mit zahlreichen Körperbildern konfrontiert, Körper unterschiedlicher Lebensalter (vom Ultraschall zur Totenmaske), quer durch soziale Räume (vom Körper unseres besten Freundes bis zum Körper von Popstar Rihanna) und quer durch Medien (vom Passfoto im Portemonnaie bis zum LED-Screen auf dem Times Square). Körperbilder zeigen korporierte Praktiken, aber eben nicht objektiv-real, sondern in bestimmter Art und Weise: „Die Abbildung ist nicht das, was sie zu sein behauptet, nämlich Reproduktion des Körpers. Sie ist in Wahrheit Produktion eines Körperbilds, das schon in der Selbstdarstellung des Körpers vorgegeben ist." (Belting 2001, S. 89)

In Körperbildern finden also immer mehrfache Darstellungen statt: Einerseits die Selbstdarstellung (Pose, Mimik, Gestik, etc.) des menschlichen Körpers, die auch ohne mediale Abbildung stattfinden könnte; andererseits die Darstellung und Abbildung des darstellenden Körpers (Bohnsack und Przyborski 2015; Kanter 2015). Goffman spricht bezeichnet diese doppelte Darstellung im Kontext von Werbefotografie als „Hyperritualisierung" (Goffman 1987, S. 84): Soziale Verhältnisse, die sich im Zusammenleben und in Praktiken zeigen, werden in Werbefotografien weiter gesteigert und (stereo-)typisiert. Es wird also in der Werbung das ritualisiert, was im sozialen Zusammenleben bereits ritualisiert ist. Daran anschließend stellt sich die Frage, ob Hyperritualisierung nur ein Phänomen der Werbung sein kann oder vielleicht auch ein Phänomen von Fotografie, bzw. von fotografischen Körperbildern an sich ist: Im fotografischen Bild kann das hyper-stilisiert und verdichtet werden, was körperlich-sozial bereits stilisiert ist. Wenn wir nun auch in unserer Alltagskommunikation viel öfter visuell, in Fotografien, miteinander kommunizieren, scheint es naheliegend, dass auch in diesen Bildern das Potential liegt, soziale Verhältnisse weiter zu verdichten, zu hyperritualisieren, diese stilisiert sichtbar zu machen.

---

[49]   Teile dieses Unterkapitels finden sich in ähnlicher Form in Schreiber (2017).

Das Zeigen und Betrachten von Körperbildern war und ist genuines Thema feministisch orientierter (Kunst- und) Kulturwissenschaften (Silverman 1996; Schade und Wenk 2011; Rose 2012). Körper werden immer als geschlechtliche Körper gerahmt, mit jeder Thematisierung von Körper-Sein wird implizit und/oder explizit auch das Geschlechtlich-Sein thematisiert, das bedeutet immer noch mehrheitlich entweder Frau- oder Mann-Sein (Carnap o. J.). Körperbilder wurden vor allem in Form von massenmedial gezeigten Werbebildern früh zum Gegenstand sozialwissenschaftlicher Analysen (Goffman 1987) und sind immer noch Dauerbrenner, und das zu Recht: Gerade in diesem Bereich wird die Hartnäckigkeit von Stereotypen und hegemonialen Konventionen und Repertoires besonders deutlich (Schade und Wenk 2011; Silverman 1996; Hentschel 2001).

Die qualitative Analyse von Körperbildern wurde theoretisch und methodisch gerade in den letzten Jahren verfeinert (Bohnsack 2013a; Kanter 2016; Przyborski und Haller 2014; Lobinger 2012). Die Arbeiten von Breckner (2010), Przyborski (2015) und Kanter (2016) haben sich aus wissenssoziologischer Perspektive zentral mit der Frage der methodischen Umsetzung und Bedeutung der Analyse von Körperbildern beschäftigt. In soziologischen Kontexten gewinnen (Körper-)Bilder in biografisch interessierten Studien an Relevanz (Pohn-Lauggas 2016; Alpagu 2017).

Obwohl die Analyse der Körperbilder selbst aufschlussreicher, wichtiger Teil einer Analyse von Bildpraktiken sein kann, kann die Relevanz und konkrete Bedeutung von massenmedialen und privaten Bildern damit, wie bereits ausgeführt, nicht gefasst werden. Es stellt sich somit für die Kommunikationswissenschaft die Frage, wie Körperbilder medial eingebettet sind, wie sie diffundieren und bedeutsam werden. Bilder des eigenen Körpers und anderer Körper können, wie bereits oben erwähnt, die Erfahrung unseres eigenen Körpers auf unterschiedlichste Weise mitkonstituieren.

Soziologe Michael Müller plädiert daher dafür, empirisch-rekonstruktiv danach zu fragen,

> „in welcher Weise dieses Wahrnehmen, Reflektieren und Kontrollieren [des eigenen Körpers, MS] im konkreten Fall erfolgt, in welchem Sinn, mit welchen Sinnen und unter Zuhilfenahme welcher medialen Mittel das körperliche Dasein aufgefasst und ausgedeutet wird und welche symbolischen Möglichkeiten des Sich-selbst-Verstehens und Sich-selbst-Ausdrückens hierbei entdeckt und erfunden werden." (Müller 2011, S. 89)

Dieses Plädoyer deckt sich mit dem Erkenntnisinteresse der vorliegenden Arbeit – der Verbindung von Bildkommunikation und Bildhandeln, der symbolischen und materialen Ebene. Es stellt sich also auch die Frage nach der spezifischen Verfasstheit der „medialen Mittel", auf die gleich näher eingegangen werden wird (2.3). Ganz wesentlich sind an der Hervorbringung von Bildern nämlich auch die jeweils gebrauchte Technologie und konkrete Tools beteiligt, also Zeichenstifte, Kameralinsen, Pixel auf dem Bildschirm etc. (Philipps 2016).

Die Praxis des Körper-Zeigens und Körper-Sehens ist, wie alle Bildpraktiken, durch kollektives Wissen, Bildrepertoires und Sehkonventionen strukturiert (Didi-Huberman 2010; Goffman 1987; Baxandall 1972), die zwar sozial, historisch und kulturell kontingent, aber vielfach langlebig sind. Die oben schon erwähnte Interaktion zwischen mentalen und materialen Bildern ist virulent für die Subjektwerdung in bestimmten sozio-historischen Situationen. Eine sozialwissenschaftliche Analyse interessiert daher vor allem, dass die Gestaltung von Körperbildern immer Resultat sozial, historisch und kulturell spezifischer Praktiken ist (Kanter 2016, S. 15) und sie nimmt genau diese soziale Konstruktion und ikonische Gestaltung in den Blick (ebd. 27).

Zwei rezente rekonstruktive Forschungsarbeiten thematisieren genau diese Doppelheit der *sozialen und ikonischen Gestaltung* bzw. Konstruktion, an die die vorliegende Arbeit anschließt:

Kanter (2016) zeigt in ihrer Analyse zur sozialen Gestaltung von Pressebildern, dass Tageszeitungen durch das Veröffentlichen bestimmter (Ab-)Bilder auf ihre Auslegung von Welt, ihre soziale Ordnung verweisen. Diese Gestaltung bleibt jedoch verdeckt, durch den Abbildcharakter, der Fotos zugeschrieben wird, bleibt verborgen, dass die spezifische Perspektive auf einen (in dem Fall politischen) Körper auf den Vorstellungen von Gestaltenden basiert (ebd. 250ff). „Bildberichterstattung ist Konstruktion von Politik durch die Publikation von Bildern. Im Bildjournalismus wird eine Bildpolitik betrieben, die aufgrund der Selektivität der Gestaltung verdeckt bleibt." (ebd. 258). Bei Kanter stehen die Bilder selbst und die Praxis ihrer Herstellung in den Fokus. Sie zeigt, wie sich Deutungen von Welt in der Bildgestaltung nicht intentional, sondern implizit durchsetzen und dadurch „ikonische Macht" entfalten.

In ihrer Studie zur Relation kommerzieller und privater Bilder in unterschiedlichen Milieus kommt Przyborski (2015) zum Schluss, dass kommerzielle Bilder konstitutiv für den Alltag werden, indem sie Erwartungsstrukturen virtualer sozialer Identitäten artikulieren (Przyborski 2018, S. 289), also Vorstellungen, Imaginationen und Dilemmata thematisieren. Sowohl in privaten Bildern der Beforschten, als auch in kommerziellen Bildern, die diese autorisiert haben, treten somit habituelle Orientierungen und entsprechende Dilemmata auf korporiert-ikonische Weise hervor. In Bezug auf Geschlecht konstatiert sie, dass kommerzielle Bilder tendenziell eher zur Stabilisierung als zur Dynamisierung hegemonialer Geschlechterverhältnisse beitragen (ebd.).

Im Anschluss an beide Arbeiten fragt die vorliegende Studie danach, wie die soziale Gestaltung von Bildern und deren lebensweltliche Relevanz im

Kontext des medialen Wandels zu denken ist. Mit dem Aufkommen digitaler Fotografie wird virulent, dass wir *selbst* immer mehr Bilder unseres *eigenen* Körpers machen können bzw. verfügbar haben (Walker-Rettberg 2014; Van House et al. 2004; Pink 2011), und dass diese Bilder auch für nicht-professionell Fotografierende einfach bearbeitbar sind – eine Entwicklung, die im Selfie kulminiert (Frosh 2015; Tiidenberg und Gómez-Cruz 2015; Gómez-Cruz und Thornham 2015; Schreiber 2016b). Bilder des eigenen Körpers ermöglichen es,

> „die Expressivität des eigenen Körpers aus der (unterstellten) Außenperspektive Anderer wahrzunehmen und somit eben diesen Körper auch als gesellschaftlich-symbolisches Medium zu kontrollieren" (Müller 2011, S. 95).

Bilder und visuelle Kommunikation ermöglichen also eine soziale Spiegelung unseres Körpers[50]. Wenn Susan Sontag (Sontag 1977) sagt, „we learn to see ourselves photographically" (85), impliziert dies nicht nur eine *reflexive Haltung gegenüber dem eigenen Körper* („see ourselves"), wie ich ihn mit M. R. Müller konzeptioniert habe, sondern ein wesentliches weiteres Element ist die *Art und Weise der Medialität* („photographically"), in der diese reflexive Wahrnehmung stattfindet – etwa jene der digitalen Fotografie. Hat die vernetzte Kamera des Smartphones dafür gesorgt, dass der fleischliche Körper ein digitales Comeback feiert? Weg von virtuellen Welten und körperlosen Identitäten, hin zu authentischer Dokumentation? Gleichzeitig waren Körper und Bild noch nie so form- und bearbeitbar.

Wie in unterschiedlichen, meist historischen Analysen gezeigt wird (Walker-Rettberg 2014; Schneider 2000), hängen jeweils vorhandene mediale Technologien eng mit der Art und Weise von Körperdiskursen und damit auch mit möglichen (Selbst-)Wahrnehmungen zusammen. Somit stellt sich für die vorliegende Arbeit die Frage, in welchen medialen Bedingungen sich die digitalen Bildpraktiken der Beforschten abspielen. Das soll im folgenden Kapitel ausgelotet werden.

Zusammenfassung

In diesem Kapitel wurden jene theoretischen Grundlagen vorgestellt und diskutiert, die für die Konzeption von Bildern bzw. Visualität relevant sind.

---

[50] Der Begriff des Spiegels im Kontext von Eigen- und Fremd-Wahrnehmung ist zentraler Topos psychoanalytisch geprägter Auseinandersetzungen, meist im Anschluss an Lacan, vgl. dazu Blümle und von der Heiden (2005).

▪ Sozialität und Visualität stehen wie Körper und Bilder in einem komplexen Wechselverhältnis.

▪ Materiale, zweidimensionale Bilder werden im Anschluss an Warburg und Panofsky als Dokumente für soziale Zusammenhänge (z.b. die Habitus der produzierenden und abgebildeten Akteur_innen) verstanden.

▪ In Bildern findet Kommunikation statt, auf spezifisch bildliche Art und Weise. Wie in sprachlicher Kommunikation gibt es dabei bestimmte historisch-sozial gewachsene Modi der Verständigung, z.b. Perspektive, Bildausschnitt, szenische Choreografie, Schärfe/Unschärfe-Relation, etc.

Besonders interessieren in der vorliegenden Arbeit fotografische Körperbilder, diese haben als Gegenstand der Kommunikationswissenschaft vor allem in massenmedialen Werbe-Kontexten Tradition, geschlechtliche Typisierungen sind in diesem Kontext besonders hartnäckig.

2.3 Medien

In den vorigen Kapiteln wurden die relevanten theoretischen Begriffe im Kontext von Praktiken und Bildern diskutiert. Bildpraktiken wurden als hybride Kommunikationspraktiken definiert, die mit und in Bildern stattfinden. Dieses Kapitel fokussiert nun die Bedeutung der Medien in Bildpraktiken. Vor allem stellt sich die Frage, wie mediale Strukturen und Bedingungen wie Digitalität, Vernetzung, Mobilität und Konvergenz jene Bildpraktiken mitstrukturieren, in denen das Teilen, Zeigen und Wahrnehmen von digitalen, fotografischen Körperbildern stattfindet.

Nach einem kurzen Plädoyer für die ‚Rückkehr des Mediums' in die Kommunikationswissenschaft (2.3.1) werden die Spezifika digitaler Fotografie beleuchtet (2.3.2), womit das Feld der Bilder, die die vorliegende Arbeit fokussiert, eingegrenzt wird. In den darauf folgenden Abschnitten wird daran anschließend kurz der Forschungsstand zu Implikationen der Hardware Smartphone und der Apps als Software zusammengefasst (2.3.3) und schließlich die damit verbundenen theoretischen Konzepte vorgestellt (2.3.4).

2.3.1 Die Rückkehr des Mediums

„What has been long considered the medium, setting, stage, or context should thus be embraced and explored as an active participant in everyday interactions." (Markham 2013b)

Wie bereits in Kapitel 2.1.3 ausgeführt, liegt der vorliegenden Arbeit ein hybrides Verständnis von (Medien-)Praktiken zugrunde, das weder technik-deterministisch noch ausschließlich sozialkonstruktivistisch orientiert ist, vielmehr Soziales als immer von nicht-humanen, technischen Dingen durchdrungen versteht (Schäffer 2007a; Slunecko und Przyborski 2009; Latour 2002b). Gerade durch den medialen Wandel im Kontext digitaler vernetzter und mobiler Kommunikation hat sich gezeigt, dass Konzepte wie Produktion und Rezeption, Aneignung, Wirkung oder Nutzung für ein Verständnis von digitalen Medien-Praktiken oft zu kurz greifen. Es wird daher in der vorliegenden Arbeit weder danach gefragt, wie Menschen Medien nutzen, noch wie Medien auf Menschen wirken. Vielmehr interessiert, wie gemeinsame Handlungsprogramme von Menschen und Medien orientiert sind. Wie Zillien schlüssig herleitet, wurde die Relevanz medialer Strukturen in der Medienforschung theoretisch zwar schon früh, etwa von Innis und McLuhan, betont, es mangelte aber stets an der empirischen Umsetzung. Es sei auffallend,

> „dass empirische Analysen der Nutzung und Wirkung von Informations- und Kommunikationstechnologien im deutschsprachigen Raum oft merkwürdig *objektlos* sind. (...) Die Merkmale technologischer Artefakte werden (...) nur selten explizit in Untersuchungen mit einbezogen – wenn dies geschieht, erfolgt es meist unsystematisch und ohne theoretischen Rückbezug." (Zillien 2008, S. 162, Hervorhebung im Original)

Zillien schlägt – wie aktuell auch viele andere[51] – das Konzept der Affordanzen (auf das gleich noch näher eingegangen wird) als sinnvollen Ansatzpunkt für empirische Forschung zu digitaler Kommunikation vor. Die vorliegende Arbeit folgt zwar Latours Konzept des Hybridakteurs (vgl. Kapitel 2.1.3), jedoch ist das Grundanliegen, ein relationales Verständnis von Mensch und Technik zu etablieren, das gleiche.

Ziel der Arbeit ist es, *hybride Habitus* zu rekonstruieren. Latours Konzept ist dabei als Denkansatz zu verstehen, der ein dichotomes Verständnis humaner und nicht-humaner Akteure zu überwinden versucht. Damit werden auch zwei eigentlich genau gegenläufige ‚Trends' miteinander in Bezug gesetzt: Einerseits wurden in den letzten Jahren Software, Code und Algorithmen zunehmend populäre Gegenstände (kommunikations-) wissenschaftlicher Auseinandersetzung, vor allem im angloamerikanischen Bereich (van Dijck 2013a; Manovich 2002;

---

[51]   Vgl. exemplarisch Bucher und Helmond (2017); Lehmuskallio (2012); McVeigh-Schultz und Baym (2015); Prieto-Blanco (2016). Für eine umfassende und konzise theoretische Diskussion in Bezug auf die Relevanz von Affordanzen für die Kommunikationswissenschaft vgl. Katzenbach (2016).

Galloway 2012)[52]. Andererseits wird der Ruf nach non-media-centric media studies laut, für Forschung zu Medien und Kommunikation sei es wichtig, die vielfältigen sozialen Bezüge zu verstehen, mit denen Medienpraktiken verbunden
sind (Krajina et al. 2014; Weber 2015; Couldry 2004, 2012).

Dieses „Spannungsfeld aus der Konzentration auf die spezifische Materialität der Medien einerseits und der Bewegung hin zu einer nicht allein auf Medien
zentrierten Kommunikationswissenschaft andererseits" (Wimmer und Hartmann
2014, S. 22) gilt es produktiv zu nutzen, ohne dabei „medienvergessener Hand-
lungsfixierung und medienfixiertem (Technik-) Determinismus" (Pentzold et al.
2013, S. 85) aufzusitzen. Auf mehreren Ebenen gibt es also Plädoyers für die
Verbindung der materialen und der symbolischen Ebene, etwa auch mit der ,dou-
ble articulation' im Kontext des Domestizierungsansatzes (Livingstone 2007;
Hartmann 2006b). Immer wieder wird also für eine Überwindung des Entweder-
Oder und für ein relationales Verständnis von Medien und Sozialität plädiert.

Was bedeutet dies nun in Bezug auf den Forschungsgegenstand der digitalen Bildpraktiken mit dem Smartphone? Im vorigen Kapitel ging es schwerpunktmäßig um Bilder und die kommunikativen, visuellen Prozesse, die mit und
durch Bilder stattfinden, um die Eigenheiten und Spezifika in Prozessen von
Bildkommunikation. In diesem Kapitel rückt die digitale und fotografische Materialität bzw. die technische Medialität von Bildern in den Vordergrund. Diese
muss in Bezug auf den Gegenstand digitaler Bildpraktiken weiter differenziert
werden, nämlich in Hardware- und Software-Komponenten.

Das Teilen und Zeigen von Bildern war auch in analogen Zeiten von seiner
medialen Einbettung mitbestimmt, doch wird dieser Tatsache erst seit einer vermeintlichen Immaterialität digitaler Bilder vermehrt Aufmerksamkeit geschenkt
(Maynard 1997; Reißmann 2016; Lehmuskallio und Gómez-Cruz 2016). Digitale Bilder sind nicht wie analoge Bilder haptisch greifbar, sondern werden situ-
ativ materialisiert (Meier 2012). Da sie im Grunde aus Code bestehen, sind sie
auf Ausgabemedien – Hardware und Software – angewiesen, durch die sie sichtbar und überhaupt als Bild erkennbar gemacht werden.

---

[52]   „Internet Rules?" war auch das Thema der im Oktober 2016 stattfindenden Tagung der
       Association of Internet Researchers, kurz darauf ging es auch auf der im November 2016
       stattfindenden Tagung der DGPuK Fachgruppe Digitale Kommunikation im ersten Panel
       um Medienlogiken, Algorithmen und Prägekräfte.

2.3.2   Digitale Fotografie

„There is no original and copy, only versions" (Hand 2012, S. 69)

Die Frage, was nun ein Foto eigentlich ist, ist stark im Kontext jeweiliger tech-
nologischer und gesellschaftlicher Entwicklungen zu sehen. Kontrovers diskutiert wurde in der stark kulturwissenschaftlich orientierten Fototheorie zuletzt,
inwiefern digitale Technologien einen Bruch mit (analoger) Fotografie, wie man
sie bisher kannte, bedeuten. Ohne sich in ontologische Grundsatzdebatten zu ver-
lieren, werden in diesem Abschnitt einige für die sozialwissenschaftliche Auseinandersetzung mit Fotografie wesentliche Punkte zum Übergang von analogen
zu digitalen Technologien festgehalten, die auch im empirischen Teil der Arbeit
relevant werden:

Erstens ist digitale Fotografie genau wie analoge eine Praxis des „surface
markings created with light" (Maynard 1997, S. 34): Licht fällt durch eine Linse
und verweist „notwendigerweise" auf etwas, was sich vor dieser Linse befindet
(Müller 2014; Geimer 2009). Inwiefern das Verhältnis des Fotos zu dem, was
vor der Linse war, als Naturabdruck, Zeichen, Spur, Bild-Akt, Bild-Fetzen etc.
verstanden wird, ist wiederum eine konzeptionelle Frage[53]. In der vorliegenden
Arbeit interessiert vor allem, dass in privaten fotografischen Praktiken der *indexikale Charakter* von Bildern (d.h. der Zusammenhang von Zeichen und Objekt)
nicht hinterfragt wird, sondern in den Praktiken angenommen wird. Diese Art
von zugeschriebener Indexikalität hat sich im Kontext privater Fotografie auch
mit der Transformation von analoger zu digitaler Fotografie nicht massiv geändert[54], denn am Ende ist es wichtig, als was eine Ansammlung von Pixeln wahrgenommen wird:

> „If the ones and zeros did not add up to an image that massages the familiar
> and traditional habits of the human sensorium, it is unlikely that the digital
> revolution would have gained any traction at all. This is not to argue that, when
> it comes to images, there is nothing new under the sun. But whatever this news-
> ness is, it will not likely be well described by a binary history that separates
> the digital image from all that proceeded it." (Mitchell 2010, S. 45)

---

[53]   Lehmuskallio (2016) differenziert im Anschluss an Boehm zwischen „simulative, heuristic
and layered pictures". Die Differenzierung bezieht sich dabei vor allem auf die Art ihres
Verweischarakters: simulative Bilder ahmen einen Referenten nach, heuristische Bilder
haben keine gegenständliche, sondern abstrakte Referenten (z.B. Daten für eine
Visualisierung) und geschichtete Bilder vereinen beide genannten Arten, etwa in Form
von Augmented Reality (vgl. dazu auch Kapitel 4.4 zu Snapchat).

[54]   „Vernacular photography is a field where philosophical concern over the ontology of the
image carries little weight." (Keightley und Pickering 2014, S. 590)

Es geht also soziologisch betrachtet gar nicht darum, ob das, was auf dem Bild zu sehen ist, „wirklich" da war – sondern dass es aufgrund der Indexikalität, die der Fotografie zugeschrieben wird, als „wirklich da gewesen" konstruiert wird. Hand bezeichnet das als „practical ontological realism" (Hand 2012, S. 28, 88). Noch interessanter für die vorliegende Arbeit ist jedoch, *wie* dieses „Wirkliche" ästhetisch-stilistisch hervorgebracht wird. Denn zwischen dem, was sich vor der Linse befindet und dem, was auf einer Oberfläche sichtbar gemacht, geteilt und gezeigt wird, befinden sich zahlreiche Filter im metaphorischen und technischen Sinne – und gerade diese sind im Kontext der jeweils habituellen Ästhetik, die sichtbar gemacht wird, interessant und soziologisch aufschlussreich, und deswegen auch Gegenstand der empirischen Analyse der vorliegenden Arbeit.

Durch die Digitalisierung fotografischer Technologien wurde zweitens soziohistorisch gesehen deutlicher und transparenter gemacht, dass Fotografie nie objektiv sein kann, weder technisch, noch kulturell, und dass sie auch vor Manipulationen nicht gefeit ist (Mitchell 1992)[55]. Dies traf zwar auch schon auf analoge Fotografie zu, war aber dem Massenmarkt nicht so zugänglich. Digitale Technologien machten das Bild bearbeitbarer. Zuerst standen sie in relativ komplexen Bildbearbeitungsprogrammen auf dem Computer zur Verfügung, dann zunehmend simpler direkt auf der Digitalkamera, in der wiederum technische Funktionen analoger Fotografie (wie Blende, Format etc.) mit technischen Funktionen von Bildbearbeitungsprogrammen (Farbfilter, Rote-Augen-Korrektur etc.) konvergierten. Mittlerweile gibt es eine große Bandbreite an Smartphone-Apps zur Bildbearbeitung bzw. sind entsprechende Funktionen direkt in Social Media-Apps integriert (vgl. Kapitel 4).

Auf die Formbarkeit des digitalen Bildes weist auch Reißmann (Reißmann 2014a, S. 94) mit dem Begriff der *Plastizität*, der grundlegenden Formbarkeit von Körpern, hin: Er kommt zu dem Befund, dass sich etwa in jugendlichen Bildpraktiken eine Plastizität des digitalen fotografischen Abbildes zeigt, und zwar im Sinne einfacher Manipulation und Veränderbarkeit, ästhetischer Gestaltung des eigenen Abbilds. Nimmt man eine mögliche Wechselwirkung zwischen Bildkörper und Körperbild an (vgl. Kapitel 2.2.4), stellt sich die Frage, inwiefern eine Plastizität des Bildes auch als Plastizität des menschlichen Körpers wahrgenommen wird bzw. inwiefern digitale Fotografie Selbstreflexion fördert (Cobley und Haeffner 2009, S. 125; Schneider 2000) – dies wird in der Analyse des empirischen Materials sowie im Ergebniskapitel eingehender behandelt.

---

[55] Mitchell (1992, 8) betont hierbei die Verbindung des digitalen Bildes zu postmodernen Phänomenen, das digitale Bild stehe für "fragmentation, indeterminancy, and heterogenity and that emphasizes process or performance rather than the finished art object". Er versteht „the emergence of digital imaging as a welcome opportunity to expose the aporias in photography's construction of the visual world, to deconstruct the very ideas of photographic objectivitiy and closure" (ebd.)

Drittens interessant ist die Eigenschaft von Fotografie, *diachron* (Bredekamp 2006, S. 21) zu sein. Der Zeitpunkt der Aufnahme und der Zeitpunkt des Zeigen-Könnens sind nicht ident, jedoch sind sie immer näher aneinandergerückt. Mittlerweile sind Smartphone-User_innen etwa über Videotelefonie oder Facebook Live sogar jene „Live-Streaming-Technologien" zugänglich, die früher Sportevents oder politischen Großereignissen vorbehalten waren. Diese „eliminiation of the lag time between making and using images" (Van House 2011b, S. 130) und die Konvergenz von Kamera-Sucher und Bild-Display in einem Gerät haben das Fotografieren transformiert.

Zeitlichkeit im Sinne von Timing, aber auch im Sinne von Verbindung von Vergangenheit und Gegenwart hatte sowohl für private Fotografie als auch für interpersonale Kommunikation immer schon große Bedeutung (Gershon 2010; Hartmann 2017). Auch hier stellt sich für die vorliegende Arbeit die empirische Frage, wie Zeitlichkeit in Praktiken des Zeigens relevant wird, sowie hergestellt und verhandelt wird.

Die wahrscheinlich massivste Transformation privater Fotografie hängt viertens mit der bereits erwähnten *Konvergenz* von Fotografie mit Computertechnologien bzw. mit dem Mobiltelefon und letztendlich mit dem Smartphone zusammen, das eine „networked camera" (Lehmuskallio 2012) in sich trägt. Das Smartphone als Hardware wird in Kapitel 2.3 genauer betrachtet. Die Konvergenz der unterschiedlichen Technologien ist jedenfalls nicht als kausale Ursache für soziokulturelle Transformationen zu begreifen bzw. sind technische Innovationen auch nicht als Reaktionen auf soziale Praktiken zu verstehen: Was war zuerst da, die Front-Kamera beim Smartphone oder die Selfie-Kultur? Es interessieren keine Henne-Ei-Spekulationen, sondern vielmehr gilt es innerhalb dieser komplexen sozio-technischen Anordnungen (van Dijck 2008) Veränderungen, aber eben auch viele Kontinuitäten (Keightley und Pickering 2014) zu identifizieren. Daran wird im Kapitel 2.4 mit aktuellen empirischen Befunden angeschlossen, bevor die eigene qualitative Studie vorgestellt wird.

2.3.3   Digitale Medien – Hardware und Software

In Bezug auf *Hardware* interessiert in der vorliegenden Arbeit das Smartphone, dessen vernetzte und ubiquitäre Kamerafunktion mittlerweile vielfach digitale Fotokameras ersetzt hat (Donegan 2013; Payson 2013).

Die komplexe Mediengeschichte des Smartphones kann hier nur stark verkürzt wiedergegeben werde (vgl. die schematische Darstellung in Abbildung

2)[56]: Als Beginn der Durchdringung des Massenmarkts mit Smartphones wird die Einführung des iPhone 2007 gesehen (Hjorth, Burgess, et al. 2012). Die Verbreitung bzw. Ablösung von Mobiltelefonen ohne Internetzugriff ging rasant, parallel wurden auch die Betreibergebühren günstiger und zunehmend als Flatrate-Modell angeboten. Das Smartphone wird in Abgrenzung zum Mobiltelefon definiert als mobiles Gerät mit der Fähigkeit „to connect to online applications and services via 3G, 4G, and/or Wi-Fi networks. Using this definition, the ‚smart' element of the device refers to its ability to be reconfigured and repurposed by individual users through their choice of downloadable apps and content." (Watkins et al. 2012, S. 666)

Aktuell ist eine grundsätzliche Verschiebung der Internet-Nutzung hin zu mobilen Geräten feststellbar, das Smartphone überholt den Laptop als „wichtigstes Internetdevice" (Koch und Frees 2016), und die Nutzung von mobilen Geräten vor allem unterwegs steigt rasant in allen Altersgruppen[57].

Das Smartphone fungiert als besonders komplexes Gerät, in dem unterschiedlichste technologische Entwicklungen und Kommunikationssphären konvergieren (Krotz 2014; Koch und Frees 2016). Ein anfängliches Desinteresse von Seiten der (v.a. deutschsprachigen) Kommunikationswissenschaft an mobiler Kommunikation sehen Wimmer & Hartmann (2014, S. 19) auch darin begründet, dass das Smartphone zu Beginn vor allem für interpersonale Kommunikation genutzt wurde, welche im Gegensatz zu öffentlicher Kommunikation in unserer Disziplin traditionell unterbeleuchtet blieb. Dies habe sich aber mittlerweile zwangsläufig geändert – gerade durch Geräte wie das Smartphone diffundieren verschiedene Sphären:

„Whether as an artifact, a set of practices across material and inmaterial forms of personalization, or as a researcher's tool, mobile media has been an active participant in the dismantling of many boundaries such as public and private, work and leisure, here and there, online and offline, embodied and disembodied." (Goggin und Hjorth 2012, S. 1)

Die Verstrickung und das Ineinanderblenden von zwischenmenschlicher und massenmedialer Kommunikation macht deutlich: Die Differenzierung in

---

[56] Hier ist anzumerken, dass sich die hier genannten Entwicklungen und Eckdaten auf den westlichen, genauer deutschsprachigen Raum beziehen. Zu globalen Differenzen in Bezug auf Infrastruktur und Technologie vgl. Goggin (2011); D. Miller et al (2016).

[57] http://www.statistik.at/web_de/statistiken/energie_umwelt_innovation_mobilitaet/ informationsgesellschaft/105155.html, abgerufen 4.11.2016. Nach wie vor gibt es bei der mobilen Internetnutzung altersmäßige Unterschiede: Von jüngeren Nutzenden wird häufiger auch unterwegs das Internet genutzt, aber erst bei den über 64-jährigen liegt der Anteil unter 50%. Ein spannender und für anschließende Forschungen vielversprechender Ansatzpunkt in Bezug auf geschlechtsspezifische Technikaffinität ist, dass geschlechtsspezifische Unterschiede in der Nutzung immer geringer werden.

private und öffentliche Sphären ist im Kontext mobiler, digitaler Kommunikation eine zunehmend schwierige bzw. wenig hilfreiche Denkfigur. Das
Smartphone als "networked multimedia device that is always at hand as part of
one's everyday life" (Larsen and Sandbye, 2013: xxiv) bzw. „this century's
Swiss Army Knife" (Goggin und Hjorth 2012, S. 2) ist somit nicht nur Dreh- und
Angelpunkt von Transformationen privater Fotografie, sondern auch Indikator
und Motor der Mediatisierung unseres Alltags (Miller 2014, S. 218). Nicht nur
zwischenmenschliche Interaktionen und Nachrichten werden durch das Smartphone und die darin installierten Apps mediatisiert. Taschenlampe, Wasser-
waage, Stadtplan etc. machen es zu einem Multifunktionsgerät, und es stellt sich
eher die Frage, was es nicht kann (Krotz 2014). Eine wichtige Eigenschaft und
Differenz zu anderen Geräten (wie etwa Festnetztelefon oder Fernseher) ist, wie
bereits beim Mobiltelefon, dass das Smartphone einem Individuum als Besit-
zer_in und Nutzer_in zugeordnet ist – und auch von den Betreibern diverser Apps
zugeordnet werden kann (ebd.). Der physisch-geografische Aufenthaltsort des
Geräts und damit des_der Besitzer_in kann zudem einfach geortet werden. Damit
ergeben sich neue Möglichkeiten der Überwachung bzw. für die kommerzielle
Verwendung von Nutzungsdaten. Wie in der Definition oben bereits erwähnt,
bedeutet die ‚smarte' Individualisierung des Geräts aber auch, das die Besit-
zer_innen es entsprechend ihren Präferenzen und Möglichkeiten gestalten und
mit Apps ausstatten können.

Ein Gerät, mit dem mehr oder weniger parallel Zeitung gelesen werden und
mit dem Freund Schluss gemacht werden kann, während man das neue Beyoncé-
Album hört, erfordert tatsächlich neue theoretische und methodische Konzeptio-
nen von Medienpraktiken. Zu den vielfältigen und vor allem global sehr unterschiedlichen Implikationen des Smartphones als Hardware bzw. mobiler Kommunikation liegen bereits einige Studien vor (Hjorth, Burgess, et al. 2012;
Goggin 2013; Linke 2013; Höflich und Hartmann 2006; Wimmer und Hartmann
2014; Horst und Miller 2006). Ein Schwerpunkt dabei ist die Auseinandersetzung mit (mediatisierten Formen von) Präsenz, Absenz sowie Räumen und Orten
(Hjorth und Pink 2013; Licoppe 2004; van Doorn 2011; Ishii 2009; Hartmann
2013b; Madianou 2014).

Da die vorliegende Arbeit sich auf einer Mikroebene für konkrete Bilder
und visuelle Kommunikationsprozesse interessiert, fokussiere ich im weiteren
stark auf die Ebene der *Software*, der Programme, die im Teilen und Zeigen von
Bildern zum Einsatz kommen.

Für die Bezeichnung von Software, die am Smartphone installierbar ist,
wird der Begriff ‚App' als Kurzform von ‚Application software' verwendet. Im
deutschen Sprachraum hat sich der Begriff seit der Erfindung des iPhone und
dem dazugehörigen AppStore durchgesetzt. Für die empirische Analyse werden

nur jene Apps herangezogen, die auf dem Smartphone im Kontext von Bildpraktiken der Interviewten verwendet werden: WhatsApp, Facebook, Instagram und
Snapchat. Diese vier Apps fallen alle unter den Sammelbegriff Social Media
bzw. Soziale Medien (Schmidt und Taddicken 2017; Taddicken und Schmidt
2017). Dieser Begriff wird in der vorliegenden Arbeit möglichst vermieden, da
er sehr vage ist und zudem verschleiert, dass auch nicht-digitale Medien bereits
‚sozial' waren. Social Media wissenschaftlich zu systematisieren ist herausfordernd, weil die Angebote ständig verändert und erweitert werden, sodass Kategorisierungen meist innerhalb weniger Monate bereits wieder obsolet sind. Im
englischsprachigen Diskurs bürgert sich aktuell für digitale intermediäre Strukturen der Begriff ‚Plattformen' ein[58]. Gemeinsam ist den Begriffen, dass sie intermediäre Strukturen fassen, die in Form von Websites, Software oder Apps
Angebote für unterschiedlichste Formen digital mediatisierter, vernetzter zwi-
schenmenschlicher Kommunikation bereitstellen.

Früher wurde Software, die auf einem Endgerät genutzt wird, als physisches
Produkt in einem Laden gekauft, etwa das neue Windows-Betriebssystem für den
PC auf CD-ROM oder der Brockhaus auf dem Leder-USB-Stick (vgl. Kapitel
5.1). Heute wird Software für diverse Betriebssysteme fast ausschließlich online
vertrieben, meist in eigenen Stores (z.B. AppStore für Apple, Play Store für Android).

Jene Apps, die im empirischen Teil genauer analysiert werden, stehen kos-
tenfrei zum Download zur Verfügung und sind damit keine Produkte, die bezahlt
werden müssen, sondern sind vielmehr als Services zu verstehen. Services finan-
zieren sich nicht über den Verkauf der App an den Kunden, sondern über andere
Bezahlmodelle, vor allem Werbung in der App und den Verkauf kundenbezoge-
ner Daten. Letzteres führt zu zahlreicher Kritik in Bezug auf Datensicherheit,
besonders punkto Intransparenz von Seiten der Betreiber der Apps[59]. Als weiterer Begriff für Services hat sich der Begriff der ‚Plattform' durchgesetzt, damit
ist das Service allgemein zu verstehen, das in Form einer App auf unterschiedlichen mobilen und nicht-mobilen Betriebssystemen verwendet werden kann.
Plattformen befinden sich zudem üblicherweise in einem konstanten Entwicklungsprozess, auch genannt ‚perpetual beta', d.h. es gibt kein fertiges Produkt,
das man langfristig gleichbleibend behält. Die Software kann vom Betreiber lau-
fend durch Online-Verbindung minimal verändert werden, manchmal auch
gröber. Nicht alle Änderungen und Updates werden den User_innen kommuniziert und nicht für alle muss ihre Zustimmung eingeholt werden. Dies macht eine

---

[58]   Für eine aufschlussreiche Diskussion der metaphorisch-diskursiven Bedeutungen von
        ‚Plattform' vgl. Gillespie (2010).
[59]   Vgl. zu aktuellen Debatten netzpolitik.org

Analyse solcher Services für Forscher_innen besonders schwierig, da sie „constantly in flux" (Schrock 2015, S. 1233) sind.

Soziale Interaktion findet also immer innerhalb und mit den Möglichkeiten und Begrenzungen der jeweiligen Software statt – auch subversive Strategien müssen sich der vorhandenen Rahmenbedingungen bedienen[60], außer sie werden gehackt. Unterschiedliche Plattformen sind daher nicht zu verstehen als „neutral stages of self performance – they are the very tools for shaping identities" (van Dijck 2013a, S. 213). Software ist im hybriden und produktivem Sinne daher Teil sozio-visio-technischer Handlungen, sie erzeugt „both forces of empowerment and discipline, opportunities and threats" (Kitchin und Dodge 2011, S. 10).

Apps ko-konstituieren digitale Bildpraktiken – Praktiken des Editing, der Distribution, des Teilens und auch der Affirmation. Für Bildpraktiken relevant sind vor allem technische Möglichkeiten und Beschränkungen in Bezug auf Bildgröße, Kommentierung und ‚Liken' – sie eröffnen und beschränken medienpraktische und ästhetische Handlungsspielräume. Foto-Sharing-Apps wurden hierbei bisher grob in Bezug auf ihre push/pull logic (van House, 2009) und etwas präziser in Bezug auf ihren primären Modus des „publishing" (Instagram, Facebook) oder „messaging" (Snapchat, WhatsApp) differenziert (Villi, 2015), doch ein genauerer Blick auf Ähnlichkeiten und Differenzen unterschiedlicher Apps scheint aufschlussreich.

Nimmt man die Hybridität der nicht-humanen Handlungsprogramme ernst, stellt sich vor allem die methodologische Frage, ob und wie die Struktur einer bestimmten App empirisch miteinbezogen werden soll und kann. Dieser Frage widmet sich das Kapitel 3.3.4..

2.3.4 Remediation, Polymedia und Affordanzen

Für die vorliegende Arbeit haben sich im Kontext des Smartphones drei theoretische Stränge als relevant erwiesen:

▨   Konvergenz und Remediation,
▨   Polymedia und Medienrepertoires (Fokus humane Akteur_innen) und
▨   Materialität und Affordanzen (Fokus non-humane Akteure)

In Smartphone-Bildpraktiken *konvergieren* medienhistorisch gesehen vormals getrennte Praktiken bzw. auch Geräte: Private Fotografie mit einem Fotoapparat, interpersonale Kommunikation mit dem (Mobil-)Telefon und schließlich, als Querlieger: Social Media und vernetzte Computer. Diese werden (gemeinsam

---

[60]   Etwa indem das Symbol der Aubergine für kurze Zeit zur Markierung und Suchbegriff für sexuell explizite visuelle Inhalte auf Instagram wurde (Cambre 2016).

mit vielen anderen Praktiken und Geräten) im Smartphone auf unterschiedliche Art und Weise remediatisiert (Grusin und Bolter 2000). *Remediation* ist gerade in Bezug auf Fragen der Veränderungen und Kontinuitäten von Bildpraktiken ein hilfreiches und wichtiges Konzept:

> „No medium today, and certainly no single media event, seems to do its cultural work in isolation from other media, any more than it works in isolation from other social and economic forces. What is new about new media comes from the particular ways in which they refashion older media and the ways in which older media refashion themselves to answer the challenges of new media." (Grusin und Bolter 2000, S. 15)

Ganz klar strukturiert das Smartphone als Hardware die Produktion, Zirkulation und Rezeption von (digitalen) Bildern mit. Diese Praktiken haben bei analoger Fotografie mit unterschiedlichen Geräten bzw. Materialien stattgefunden. Im Smartphone fallen sie ineinander. Für die empirische Arbeit stellt sich somit die Frage, inwiefern Konvergenz und Remediation in den konkreten Praktiken der Beforschten relevant und wirksam werden bzw. wie sich die Phänomene in ihren habituellen Orientierungen bemerkbar machen. In der schematisch vereinfachten Darstellung in Abbildung 2 wird aus einer medien- bzw. technikhistorischen Perspektive deutlich, wie ehemals voneinander getrennte Technologien zunehmend konvergier(t)en und wie die Abstände zwischen Innovationen immer kleiner wurden (vgl. dazu auch das vorige Kapitel 2.3.3).

Während die ersten sozialen Netzwerke bzw. Plattformen wie Wikipedia und Facebook für browserbasierte Anwendung auf dem PC entwickelt wurden, wird Software zunehmend ‚mobile first' bzw. ‚mobile only' entwickelt. Als Beispiele für Apps, die auf der Konvergenz von mobilem, vernetzten Gerät und Kamera basieren, sind Instagram und Snapchat abgebildet (mehr dazu vgl. Kapitel 4).

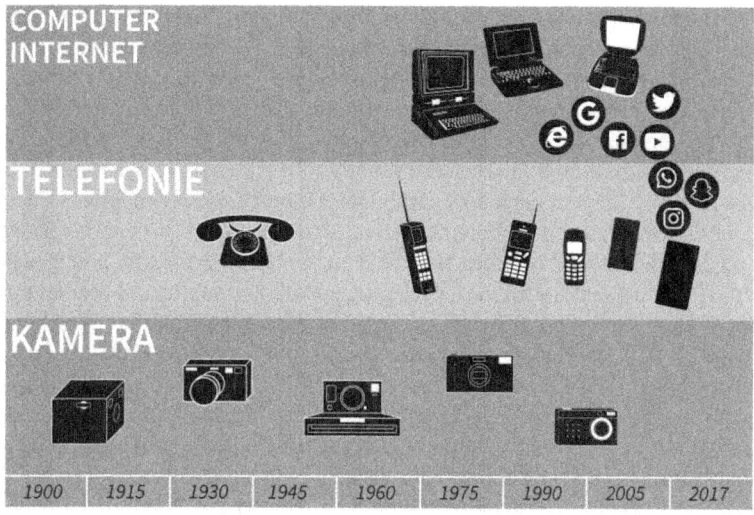

Abbildung 2: Konvergenzprozesse von Fotografie, Telefonie und Computer bzw. Internet.
(Eigene schematische Darstellung, Quellen Bilder: Wikimedia, Wikipedia). Ein Gerät
bzw. eine Technologie ist immer an dem Punkt im Zeitstrahl abgebildet, wo in etwa eine
Marktdurchdringung im deutschsprachigen Raum stattfindet. [61]

Die Relevanz technischer Infrastruktur für konkrete Kommunikationspraktiken steht auch im Mittelpunkt von Madianous Konzept der ‚*Polymedia'*. Ihr grundlegendes Interesse liegt darin, wie Menschen die Potentiale ihrer Medienumwelt im Kontext zwischenmenschlicher Beziehungen *ausschöpfen*: „as users exploit differences between media to express emotions and manage mediated relationships" (Madianou 2014, S. 667). Madianou geht es primär um den Ausdruck von Emotionen und das Management von Beziehungen. Smartphones werden als Polymedia konzeptioniert, in dem Sinne, dass sie unterschiedlichste Apps, Kanäle, Programme für diese Praktiken bieten. In ihrer Untersuchung zu „migrant mothers"[62] stehen ganz klar die komplexen Aushandlungen von Intimität, Nähe und Distanz, die in bestimmten medialen Umwelten wie etwa Skype und SMS stattfinden, im Fokus. Wenn es mit Madianou darum geht, Medienpraktiken auch als Navigieren zwischen verschiedenen Kommunikationsoptionen zu verstehen,

---

[61] Quellen: ARD/ZDF Onlinestudie (2016); Goggin und Hjorth (2012); Taddicken und Schmidt (2017) sowie Infografiken von Michaela Jahn

[62] Frauen, die zur Erwerbsarbeit von den Philippinen ausgewandert sind und nun durch digitale und/oder mobile Kommunikation Kontakt zu ihren Kindern halten.

die ein ‚media environment' bietet, würde ein besseres Verständnis dieser Medienumwelten dazu beitragen, auch diese Praktiken der Navigation besser zu verstehen. Madianou schreibt jedoch den ‚media environments' keine aktive Rolle zu bzw. integriert die Strukturen der Apps nicht empirisch.

In vielerlei Hinsicht ist der Polymedia-Ansatz dem Konzept der *Medienrepertoires* sehr ähnlich, bei dem es darum geht zu verstehen, wie Nutzer verschiedene Medien kombinieren (Hasebrink und Domeyer 2010). Der Medienbegriff bleibt jedoch vage und kann als Gattung, Gerät und Genre konzipiert sein.

In den Konzepten von Polymedia und Medienrepertoires wird das Spektrum der unterschiedlichen Praktiken vor allem aus der Perspektive der Nutzenden gedacht. Kulturwissenschaftliche Überlegungen zu Materialität und Medialität hingegen widmen sich vor allem *Objekten*: ihren dinglichen, taktilen Eigenschaften (Brown 2010) bzw. ihren Spezifika als Konsumobjekten (Rose 2003; Cobley und Haeffner 2009; Hartmann 2009) oder auch ihrer Herstellungsgeschichte (John 2015). Aus dieser Perspektive ist es wichtig festzuhalten, dass die Kamera des Smartphones den Gebrauch anderer Kameras zunehmend ersetzt (hat). Damit erfolgen sämtliche Bildpraktiken (Bild aufnehmen, suchen, zoomen, posten etc.) über die Berührung des Touch-Displays (Thielmann 2015) mit den Fingerspitzen. Im empirischen Teil wird deutlich werden, dass die Hand-Habung, die ja auch zutiefst körperlich habitualisiert ist, wesentlicher Aspekt digitaler Bildpraktiken ist.

In diesem Kontext wird die Idee der *Affordanzen*, ursprünglich ein wahrnehmungspsychologisches Konzept (Gibson 1977; Norman 1999), relevant. Mit Affordanz wurde das gefasst, was ein Objekt einem Menschen anbietet, also z.B. bietet ein Stuhl das Darauf-Sitzen an. Der Ansatz erfährt seit einiger Zeit in unterschiedlichen Formen in der Forschung zu digitalen Medien eine Art Konjunktur (Zillien 2008; Hutchby 2014). Wie in der vorliegenden Arbeit ist das zentrale Anliegen, das entweder-oder zwischen technik-deterministischen und sozialkonstruktivistischen Ansätzen zu überwinden. Auf die ‚Gebrauchseigenschaften' eines Dinges und die ‚Handlungsmöglichkeiten' menschlicher Akteur_innen wird in den unterschiedlichen Spielarten von Affordanz-Konzepten unterschiedlich stark bzw. gleichberechtigt eingegangen[63]. Zillien plädiert aus mediensoziologischer Perspektive für ein relationales Verständnis:

> „Die (technologischen) Merkmale von Medien beeinflussen das Handeln der Nutzer, welches gleichzeitig Einfluss auf die Medientechnologien nimmt (z.B. Softwareeinstellungen, Gebrauchsnormen, interpretative Schemata). Die wechselseitige Bezugnahme von Mediennutzer und technologischem Artefakt

---

[63]   Vgl. zusammenfassend Hutchby (2001, 2014), Katzenbach (2016) und Zillien (2008).

findet demnach als fortlaufender Prozess statt, der jedoch in seinem Verlauf
weder determiniert noch völlig offen ist." (Zillien 2008, S. 177)

Was genau eine Affordanz aber eigentlich sein kann, bzw. auf welcher Ebene
sich diese bewegt, wie abstrakt oder konkret sie sein mag, bleibt oft vage. So
leitet zum Beispiel Schrock theoretisch vier „affordances of mobile media" her,
die als Analyse der Implikationen von Hardware zwar schlüssig scheinen, wenn
auch wenig überraschend oder konkret: portability, availability, locatability und
multimediality (Schrock 2015).

Forschungen zu *Affordanzen von Software* sind oft etwas präziser, so gehören die Affordanzen von Social Media („social network sites as networked
publics") von boyd –persistence, replicability, scalability, searchability (Boyd
2011)[64] – mittlerweile zum Kanon der noch jungen Forschung zu digitaler Kommunikation. Sie geht jedoch nicht im Detail auf ihren Affordanz-Begriff ein.

Sehr differenziert (und daher auch für die vorliegende Arbeit inspirierend)
widmen sich McVeigh-Schultz & Baym den Affordanzen der Pärchen-App
‚Couple' (McVeigh-Schultz und Baym 2015). Sie erörtern die Frage, wie „vernacular affordances" aus der Sicht von User_innen konzipiert werden, und zwar
nicht im Sinne von „perception", also wie sie wahrgenommen werden, sondern
„sense-making" – wie Affordanzen in Praktiken bedeutsam werden. Die Au-
tor_innen differenzieren dabei unterschiedliche „levels" von „vernacular affordances", etwa „infrastructure" (Strom, Empfang), „media ecology" (z.B.
Couple vs. Facebook) und „interface features" (man kann zeichnen, Nachrichten
schicken etc.). Weiters plädieren sie dafür, dass die Komplexität dieser unterschiedlichen Levels auch empirisch und theoretisch Niederschlag finden sollte.

Das Konzept der Affordanzen ist für die vorliegende Arbeit vor allem in
Hinblick auf die Analyse von Software und darauf bezogenen Praktiken inspirierend. Als Analyse-Rahmen halte ich mich jedoch weiter an ein Verständnis von
digitalen Bildpraktiken als hybride Praktiken. Dieses scheint für den vorliegenden Forschungsgegenstand differenzierter als ältere Affordanz-Konzepte, und
gleichzeitig etwas großzügiger bzw. gröber als die zuletzt beschriebene Analyse
(McVeigh-Schultz und Baym 2015).

Weiters hat sich das von Schäffer bereits erprobte Vokabular in der Interpretation der Interview- und Bilddaten als hilfreiches Erkenntniswerkzeug erwiesen. Letztendlich geht es in der vorliegenden Studie nicht um konkrete Mikro-
funktionen oder -angebote, wie sie etwa für Usability-Studien relevant wären,
sondern um grundlegende (quasi-)habituelle Muster. Das Ziel der empirischen

---

[64]   Sie identifiziert weiters „dynamics of social networking": invisible audiences, collapsed
       contexts, and the blurring of public and private.

Analysen (Kapitel 4 und 5) ist es, deren hybride Habitus und (Nicht-)Passungen zu rekonstruieren.
Gemeinsam scheint den in diesem Abschnitt diskutierten theoretischen Konzepten jedenfalls, dass sie flexibel an den Forschungsgegenstand angepasst werden können und je nach Fragestellung als detaillierte oder grobe Denk- und Analysemodelle für digitale Praktiken im Kontext von Hardware und Software herangezogen werden können – besonders im Kontext konkreter, empirisch-qualitativer Studien.

Zusammenfassung

In diesem Kapitel wurden jene theoretischen Ansätze und empirischen Befunde vorgestellt, die für die Konzeption der Ebene der medialen Einbettung relevant sind:

- Die analytische und empirische Integration von technischen Gegebenheiten wird in der Kommunikationswissenschaft zwar gefordert, jedoch selten fundiert umgesetzt.

- Für digitale, fotografische Bildpraktiken ist es relevant, dass digitalen Fotos ein indexikaler Charakter zugeschrieben wird, sie leicht formbar und diachron, sowie durch ihre Digitalität auf vielfache Weise mit anderen Ein- und Ausgabemedien verbunden sind.

- Die Konvergenz und Remediation von ehemals getrennten Geräten und Technologien (Telefon, Fotografie, Internet) wird im Smartphone als Hardware besonders virulent, es ist *this century's swiss army knife*

- Auch Software wird als strukturierendes Element in digitalen Medienpraktiken begriffen, Nutzeroberflächen und Default-Einstellungen eröffnen und begrenzen Handlungsspielräume. Besonders interessiert dabei die Nutzung und das (Nicht-) Ausschöpfen von diversen Handlungsmöglichkeiten.

3   Methodischer Zugang und Forschungsprozess

> "Now for the evidence," said the King, "and then the sentence."
> "No!" said the Queen, "first the sentence, and then the evidence!"
> "Nonsense!" cried Alice, so loudly that everybody jumped, "the idea of having the sentence first!"
> (Alice in Wonderland)[65]

In den vorangehenden Kapiteln wurden die relevanten theoretischen Konzepte Praktiken (2.1), Bilder (2.2) und Medien (2.3) im Detail diskutiert. Wie bereits in der Einleitung skizziert, konvergieren diese drei Dimensionen im Forschungsgegenstand der vorliegenden Arbeit, den digitalen, fotografischen Bildpraktiken: Diese werden als *Praktiken der Kommunikation in und mit digitalen (fotografischen) Bildern* gefasst, die innerhalb *bestimmter medialer Bedingungen* der Hardware Smartphone und diverser Software-Applikationen stattfinden. Das method(olog)ische Vorgehen wurde entlang der theoretischen Perspektiven entwickelt und systematisiert.

Die methodologische Perspektive, aus der Erhebung, Analyse und Interpretation digitaler Bildpraktiken stattgefunden haben, wurde bereits im Abschnitt zur praxeologischen Wissenssoziologie (Kapitel 2.1) transparent gemacht. In diesem Kapitel wird nun die method(olog)ische Umsetzung im Forschungsprozess dargelegt (3.1), sowie das Forschungsdesign (3.2) und die konkreten Erhebungs- und Analyseschritte beschrieben (3.3).

Basierend auf den theoretischen Implikationen, die in Kapitel 2 dargelegt wurden, können die bereits in der Einleitung genannten forschungsleitenden Fragen weiter zugespitzt werden:

1.   Welche impliziten, habituellen Orientierungen strukturieren digitale Bildpraktiken des Teilens und Zeigens?
     ▓ Inwiefern dokumentieren sich diese Orientierungen in Praktiken und Bildern?

---

[65] Liest man „Evidence" als Erhebung und „Sentence" als Interpretation, stellt sich die vorliegende Arbeit auf Alices Seite: Die Arbeit folgt weder einer rein deduktiven Logik wie die Queen, noch einer induktiven wie der King. Die methodischen Bedingungen der Forschung müssen in einem zirkulären Vorgehen immer wieder geprüft und hinterfragt werden.

▓   Welche Unterschiede und Gemeinsamkeiten zwischen den erhobenen
      Fällen lassen sich rekonstruieren?
2.   Wie wird in den Bildern selbst kommuniziert, werden spezifische Ästheti-
      ken und/oder visuelle Konventionen sichtbar?
▓   Was und wie wird auf korporierter, was auf bildlicher Ebene gezeigt?
3.   Welche Rolle spielt in den Bildpraktiken die mediale Einbettung der Bilder,
      besonders das sichtbare Interface, Default-Einstellungen und die Upload-
      Dramaturgie der jeweils involvierten Software?
▓   Wie werden die Handlungsspielräume unterschiedlicher Apps ausge-
      schöpft oder auch nicht?

3.1   Einleitung und Positionierung

3.1.1 Rekonstruktive Sozialforschung und Dokumentarische Methode

Die Dokumentarische Methode ist die methodische Umsetzung der praxeologischen Wissenssoziologie bzw. ist die praxeologische Wissenssoziologie die theoretische Fundierung der Dokumentarischen Methode. Ich verstehe letztere als
Basis für das methodische Vorgehen in meiner Arbeit, sie ist Ankerpunkt und
grundlegendes Paradigma meiner Erhebung und Auswertung. Die Dokumentarische Methode wurde in den 1980er Jahren ursprünglich vor allem im Kontext
des Gruppendiskussionsverfahrens in der Jugend- und Migrationsforschung entwickelt, findet mittlerweile Anwendung in vielen Disziplinen und wurde zuletzt
vor allem in Hinblick auf die Analyse visueller Medien weiterentwickelt. Weg-
weisend und anschlussfähig für die vorliegende Arbeit sind besonders jene Studien, die methodologische Grundlagen der rekonstruktiven Sozialforschung im
Kontext von Medien- und Bildpraktiken ausloten und diskutieren, nämlich
(Przyborski 2018; Przyborski und Wohlrab-Sahr 2014; Kanter 2016; Bohnsack
et al. 2015a; Hampl 2013).
    Wie in Kapitel 2.1.2 bereits genauer ausgeführt, ist es zentrales Anliegen
der Methode, in der Analyse das implizite, handlungleitende Wissen zu rekonstruieren, das die Praktiken der Beforschten strukturiert. Dieses äußert sich in
ihrem Tun, und in ihren sprachlichen und bildlichen Objektivationen. Von den
Forschenden werden daher Beobachtungsprotokolle, Interviews und Bilder zur
Analyse herangezogen. Die sprachlichen und bildlichen Äußerungen der Beforschten werden in einem feinanalytischen Verfahren interpretiert, das auf jeweilige text- und bildspezifische Standards der Kommunikation achtet und zu-
rückgreift (siehe Kapitel 3.3). In der Struktur dieser Objektivationen zeigen sich
jene Orientierungen, die in den jeweiligen Fällen handlungsleitend sind.

Wesentliches Element ist die komparative Analyse der Fälle, durch die jeweilige Spezifika, Unterschiede und Gemeinsamkeiten im empirischen Vergleich herausgearbeitet werden können. Die Methode versteht sich als theoriegenerierendes Verfahren, deren Theoriebildung meist in Form von Typenbildungen stattfindet. Die vorliegende Arbeit geht hier einen etwas anderen Weg, der im Folgenden ausgeführt wird.

Die Dokumentarische Methode gehört zwar nicht zum methodischen Kanon der Kommunikationswissenschaften (Lobinger 2012), zeigt sich aber im Kontext aktueller theoretischer Ansätze wie Mediatisierung, non-media-centric media studies und Medienpraktiken (vgl. Kapitel 2.1.1) nicht nur als sinnvoll und gegenstandsangemessen, sie zielt zudem genau auf jene Aspekte ab, die in aktuellen kommunikationstheoretischen Auseinandersetzungen als essentielle Aspekte skizziert werden:

- Medienpraktiken als Alltagspraktiken zu denken und dabei die Relevanzsetzungen der Beforschten zuzulassen und hervorzubringen,
- die habituelle Verfasstheit alltäglicher (korporierter) Praktiken in den Blick zu nehmen sowie
- die Rolle, die Hardware und Software in Praktiken spielen, ernst zu nehmen, bzw. deren Relationierung zum Gegenstand der Analyse zu machen.

Im Forschungsprozess haben sich in Bezug auf den Gegenstand digitaler Bildpraktiken spezifische Herausforderungen gestellt, die die Erweiterung bzw. Vertiefung gängiger method(olog)ischer Vorgehensweisen verlangt haben, die im Folgenden ebenfalls transparent gemacht werden sollen.

Diese Weiterentwicklung bzw. Adaptierung des Vorgehens im Laufe des Forschungsprozesses und in enger Verbindung mit dem (theoretischen) Erkenntnisinteresse und dem Forschungsgegenstand ist für qualitative Verfahren nicht nur üblich, sondern wichtiges Qualitätsmerkmal (Przyborski und Wohlrab-Sahr 2014; Hirschauer 2008). Der Forschungsprozess (und mein damit einhergehender Entwicklungsprozess als Forscherin) werden daher im Folgenden kurz skizziert.

3.1.2 Position der Forschenden: Von Standortgebundenheit zu Ko-Konstruktion

Die Reflexion der Standortgebundenheit der Forschenden ist wesentlicher Teil qualitativer Verfahren. Erhebung und Interpretation erfolgen immer aus einer bestimmten Perspektive, die transparent gemacht werden muss, und nie suspendiert werden kann bzw. soll – Subjektivität wird im Gegensatz zu quantitativpositivistischen Verfahren nicht als Manko, sondern als Tatsache begriffen und als Standortgebundenheit konzeptioniert. Im konkreten Vorgehen gelten die Gütekriterien der intersubjektiven Überprüfbarkeit, und vor allem das Ziel, Interpretationen durch empirische Vergleichshorizonte valide zu machen (Przyborski und Wohlrab-Sahr 2014, S. 302 ff.).

Zentrales Anliegen rekonstruktiver Verfahren ist es, dass die Beforschten ihr eigenes Relevanzsystem entfalten können. Daher orientiert man sich in der Interviewführung daran, die Kommunikation möglichst von den Beforschten strukturieren zu lassen (z.B. offene Fragen, selbstläufiges Erzählen). Bei einem Interview soll etwa ein Rahmen geschafft werden, der dem Alltag der Beforschten nahe ist und dafür sorgt, dass sie sich ‚wohlfühlen'. Dies ist aus meiner Sicht auch eine notwendige Haltung der Wertschätzung und des Respekts – schließlich dringt man in die Privatsphäre der Teilnehmenden ein, die Zeit zur Verfügung stellen.

Aber auch wenn ich mich (wie bei der Gruppe Teen, vgl. Kapitel 5.4) am Kinderzimmerboden sitzend mit 13-Jährigen unterhalte und deren Lieblingschips mitgebracht habe, bin ich da, weil ich Forscherin bin und Fragen stellen will, die aus der Sicht der Jugendlichen erstmal recht unsinnig sind – was sich auch im Unwillen niederschlägt, für diese seltsame Erwachsene etwas so Selbstverständliches wie digitale Bildpraktiken verbalisieren zu müssen. Wie sich in den Falldarstellungen zeigen wird, spielen Standortgebundenheit und Ko-Konstruktion in der vorliegenden Arbeit vor allem auch in Hinblick auf Generationenverhältnisse und Differenzerfahrungen eine Rolle: Ich werde von meinen Interviewpartner_innen in Bezug auf das von mir proponierte Thema ja auch als Repräsentantin einer bestimmten, eher medienkompetenten Generation wahrgenommen.

Neuere Ansätze etablieren deshalb auch ein Verständnis von Forschung und Interpretation als Prozess der Ko-Konstruktion von Daten (Dausien 2004). In der Reflexion der „Entstehungs"-Bedingungen der Daten stehen die Forschenden selbst als fragende, dokumentierende, festhaltende, beobachtende Ko-Konstrukteure der jeweiligen Daten (Interviews, Bilder etc.) quasi genauso unter reflexiver Beobachtung wie die Teilnehmenden.

Noch weiter geht Stefan Hirschauers Kritik, doch von der „betulich anmutenden Treue zu den Teilnehmerkonstruktionen" (Hirschauer 2008, S. 166) abzurücken. Diesem Aufruf will ich folgen, indem das Verhältnis von Empirie und Theorie viel enger und dialogischer[66] gedacht werden soll, als viele qualitative

---

[66]   „Erforderlich ist ferner Mobilität – nicht behäbige Reflexionen auf den eigenen (systemisch gedachten) Beobachtungsstandort, sondern umfassende Mobilität: in Forschungsfeldern, im Datenmaterial, zwischen Material, Literatur und Fragestellung, zwischen Informanten und Kollegenkreis – eine soziale und verbale Bewandertheit. Und

Verfahren dies tun: Nämlich indem die Theoriegeladenheit der Beobachtung transparent gemacht wird (vgl. Inhalt des Kapitel 2) und Daten auch als Dialogpartner der Theorie verstanden werden. Die Art und Weise, wie ich in der vorliegenden Arbeit Theorie und Empirie miteinander verbinde bzw. in Dialog bringe, hat jedoch wiederum sehr viel mit meinem eigenen Forschungs- und Entwicklungsprozess zu tun – dieser soll daher im folgenden Abschnitt transparent gemacht werden:

Ihren Anfang hat diese Arbeit im Projekt "Iconic Communication" (ICONI-COM)[67] genommen, dessen Ziel und Aufgabe es war, die Methode der dokumentarischen Bildinterpretation weiterzuentwickeln und zu erproben. Meine methodische Sozialisation und mein methodisches Training hat schon während der Diplomarbeit (Schreiber 2006) auch im Kontext dieses methodischen Zugangs stattgefunden, der eben auch einige grundlagentheoretische Annahmen impliziert, die mit anderen kommunikations- und sozialwissenschaftlichen Theorien, die zur Konzeption eines Forschungsgegenstandes verwendet werden, jeweils mehr oder weniger kompatibel sind.

Während meiner Mitarbeit im Projekt ICONICOM habe ich begonnen, mein Dissertationsthema zu entwickeln, und so waren Fragestellung und Forschungsdesign zu Beginn auch noch sehr stark am Projekt orientiert. Wie sich Interview und Bild sinnvoll verbinden lassen, hat das Projekt eindrucksvoll vorgezeigt (Przyborski 2015). Mit ersten Erhebungen und Auseinandersetzungen wurden die medialen Bedingungen der Bildkommunikation für mich immer spannender. Die Relevanz der Dimension der Medialität deutete sich im empirischen Material an und es stellte sich für mich die Frage, wie ich dem methodisch gerecht werden kann. Es wurde klar, dass ich eigenes Material erheben muss, da das im Projekt erhobene Material nicht ausreichend aussagekräftig für die Frage war, die mich umtrieb.

Meine Anstellung im Projekt endete, und auch die Arbeit an der Dissertation musste pausieren. 2013 startete das DOC-team Projekt ‚Bildpraktiken', durch das die vorliegende Arbeit finanziert wurde. Die intensive interdisziplinäre Arbeit und Diskussion mit meinen Team-Kolleginnen Rosa John

---

schließlich braucht es Theorie, aber eben nicht die eine Optik, die auf einen Schlag für theoretische Ladung sorgt und unbeirrbar genau das herausfindet, was zuvor hineinerfunden wurde, sondern variable konzeptuelle tools, die in der Auseinandersetzung mit den Daten investiert, verbraucht und bei Abnutzung weggeworfen werden – ein gleichzeitiges Einarbeiten und Herausarbeiten von Konzepten in und aus empirischem Material. Theorien haben Erfahrungen erst dann wirklich gemacht, wenn sie selbst verändert aus ihnen hervorgehen." (Hirschauer 2008, S. 176).

[67]   "Iconic Communication", PI: Aglaja Przyborski, gefördert vom FWF, Projektnummer V156. (Przyborski/Slunecko 2012; Przyborski 2015); Ich war von 2010-2011 im Projekt als wissenschaftliche Mitarbeiterin tätig.

(Filmwissenschaft) und Hanna Brinkmann (Kunstgeschichte) begann bereits davor in der Antragsphase. Das bedeutete für uns einerseits das Kennenlernen und die Auseinandersetzung mit den jeweils anderen Disziplinen im Team, aber auch die Lektüre und Diskussion zahlreicher transdisziplinärer Grundlagentexte im Feld der Bildwissenschaft und Visual Studies, die die vorliegende Arbeit ebenfalls stark prägen. Die gemeinsame Grundlage in diesem Kontext boten schließlich die „Studien zur visuellen Kultur" (Schade und Wenk 2011) als kulturwissenschaftlich gerahmter Blick auf die komplexen Bedingungen von Bildpraktiken (vgl. dazu auch Kapitel 2.2).

Weitere wichtige Denkanstöße kamen im Laufe der Arbeit aus zwei sehr unterschiedlichen Ecken, zum einen kultur- bzw. medienwissenschaftliche Reflexionen zu Medialität und Ikonizität (Heßler und Mersch 2009; Finke und Halawa 2012; Krämer 1998) und zum anderen pragmatisch und methodologisch orientierte Arbeiten zu Forschung in Online-Kontexten (Hine 2015; Markham und Baym 2009; Pink et al. 2015). Auch auf method(olog)ischer Ebene spiegelt sich hier also wieder, was bereits in der theoretischen Einführung deutlich wurde: die Verbindung (deutschsprachiger) konzeptuell-begrifflicher Ansätze mit (englischsprachigen) pragmatisch-ethnografischen Zugängen[68]. Das bedeutete, ein zeitgemäßes Verständnis von digitaler Kommunikation unter den Bedingungen der Konvergenz, Mobilität etc. mit dem feinanalytischen Blick auf Bilder als Medien der Kommunikation und den spezifischen Medialität(en) der Daten zusammenzubringen. Bei dieser Systematisierung der unterschiedlichen theoretischen und empirischen Ebenen (vgl. Kapitel 1) half schließlich Beltings Modell von Medium-Körper-Bild, besonders auch durch dessen Diskussion in Lehmuskallios Arbeit zu „networked cameras" (Lehmuskallio 2012). In diesem Modell sind genau jene Relationen mitgedacht, die sich in meinem empirischen Material als relevant zeigten. Daher habe ich in einem nächsten Schritt die Methoden-Triangulation, die ich von Anfang an verfolgt habe, theoretisch untermauert, um nachvollziehbar zu machen, welche empirischen Daten welche theoretische Ebene bedienen und welche Fragen beantworten können. Dieses Forschungsdesign wird nun vorgestellt.

---

[68] Zudem sind beide Einflüsse auch eng mit meiner eigenen Mobilität im Rahmen von Auslandsaufenthalten am Graduiertenkolleg ‚Sichtbarkeit und Sichtbarmachung' (Universität Potsdam) und am ‚Digital Ethnography Research Center' (RMIT University Melbourne) verbunden, die durch ein Marietta-Blau-Stipendium des Österreichischen Akademischen Austauschdienstes gefördert wurden.

3.2 Forschungsdesign

3.2.1 Triangulation und Remix

Ziel der vorliegenden Arbeit war es, jene habituellen Orientierungen zu rekonstruieren, die digitale Bildpraktiken strukturieren. Diese impliziten Strukturen zeigen sich in unterschiedlichen Datensorten: Interviews, Bildern und online-ethnografischen Dokumenten. Es werden damit Erlebnisse, Erfahrungen und Praktiken des Teilens und Zeigens von Bildern auf dem Smartphone erfasst (Interpretation Interviews), die Bilder selbst, in denen sich korporierte Praktiken und ikonisches Wissen dokumentieren (Interpretation Bilder), sowie die Medien und Technologien, in welche diese Praktiken eingebettet sind (Analyse der Interfaces und Upload-Dramaturgien).

Übertragen in kommunikationswissenschaftliche Systematisierungen bedeutet das, dass im vorliegenden Forschungsdesign die materiale mit der symbolischen Dimension (Livingstone 2007) bzw. Produktanalyse mit Rezeptionsanalyse (Müller und Geise 2015) verbunden werden. Sowohl die Ebene der Bildkommunikation als auch die Ebene des Bildhandelns (Reißmann 2014a; Lobinger 2015) wird relevant. Obwohl die Interdependenzen dieser beiden Ebenen ganz klar betont werden, wird eine forschungspraktische Umsetzung als herausfordernd erachtet (Müller und Geise 2015, S. 87; Lobinger 2015, S. 41). Die vorliegende Studie versucht mit der Verbindung und Relationierung der verschiedenen Ebenen einen ersten Beitrag zu leisten. Im Rahmen einer Dissertation ist das natürlich mit gewissen Einschränkungen, etwa der geringen Fallzahl, verbunden.

Das Phänomen der digitalen Bildpraktiken hinterlässt unterschiedlichste Arten von Spuren und Daten, die gesammelt werden, um der Vielschichtigkeit und Relationalität auf den Grund zu gehen. Die folgende Tabelle bietet einen systematischen Überblick darüber, wie die drei theoretischen Ebenen (und die damit verbundenen Analysefoki) mit den jeweiligen Erhebungsinstrumenten und den mit diesen Erhebungsinstrumenten generierten Daten zusammenhängen.

Tabelle 2: Dimensionen des Forschungsdesigns

Analysefokus	Erhebung	Vorliegende Daten
Praktiken (Sozialität)		
Praktiken des Teilens und Zeigens, medienbiografische Erfahrungen	Interviews bzw. Gruppendiskussion (Przyborski und Wohlrab-Sahr 2014)	Transkripte der Tonaufnahmen
	(online-)ethnografische Beobachtung (Hartmann 2006; Ardévol und Gómez-Cruz 2013)	
(Körperlicher) Umgang mit Materialität der Geräte (Hardware) und Medialität der Apps (Software) und der darin eingebetteten Bilder		Beobachtungsnotizen, Screenshots
Bilder (Visualität)		
Bilder als ikonische Dokumente von/ für Bildpraktiken, Körperbilder	Selektion und Autorisation der Bilder durch Beforschte nach Aufforderung durch Forscherin (Przyborski und Wohlrab-Sahr 2014; Tinkler 2013; Rose 2012)	Fotos, Screenshots
Medien (Materialität)		
Mediale Bedingungen, Architektur der Software	App-Analyse und online-ethnografische Beobachtung	Screenshots, Software-Mapping

Eine Triangulation von Methoden bedeutet die klare Identifikation, Konzeption und Relation unterschiedlicher Erhebungs- und Analyseinstrumente (Hoffmann 2015), üblicherweise innerhalb eines methodologischen Paradigmas. Einer solchen Klarheit stand im Forschungsprozess vielfach die Komplexität[69] des zu untersuchenden Phänomens gegenüber: Was tun, wenn ich Gruppendiskussionen machen will, aber die Interviewpartner_innen sich lieber alleine treffen? Wenn manche Teilnehmenden Facebook haben, andere nicht? Wie damit umgehen, dass mir ganz unterschiedliche Bilder zur Verfügung gestellt werden? Die unterschiedlichen Apps geistern ebenfalls als Akteure herum, wie kann ich diese stärker miteinbeziehen?

In der Bewältigung dieser Herausforderungen waren jene Ansätze hilfreich, die diese Komplexität nicht als Problem begreifen, sondern als Tatsache – wie etwa Adele Clarkes ,Situational Analysis' oder Annette Markhams ,Remix Methods'. Methoden werden in diesen Ansätzen grundlegend als „flexible, heuristic strategies" (Clarke 2003, S. 559) verstanden, die Forscherin als „not only analyst and bricoleur but also a cartographer of sorts" (ebd. 571) – und gerade Forschung in Online-Kontexten kann durchaus ziemlich „messy" sein (Postill und Pink 2012; Markham 2016). Es wird gefordert, kreative, kontext-sensitive Strategien (Markham 2013a) sowie geistige und praktische Mobilität mit und am empirischen Material (Hirschauer 2008) zu entwickeln. Das bedeutet keinesfalls Beliebigkeit, vielmehr ist die_der Forschende noch mehr gefordert, das eigene Vorgehen zu plausibilisieren, weil ein einfaches Vorgehen nach festgelegter Schablone nicht möglich ist bzw. nicht dem Phänomen entspricht. In Bezug auf die untersuchten Fälle hat sich die Auswahlstrategie etwa von einem Sampling zu einem Mapping verschoben, wie im folgenden Abschnitt dargestellt wird.

3.2.2 Von Sampling zu Mapping

Ursprünglicher Ausgangspunkt meiner Überlegungen zum Sampling war die Annahme sogenannter „generationsspezifischer Medienpraxiskulturen" (Pietraß und Schäffer 2011), die ich auch bereits in meiner Diplomarbeit in Hinblick auf Medien und Sexualität untersucht habe (Schreiber 2006). Ausgegangen bin ich also von einem Sampling nach zuvor festgelegten Kriterien (Przyborski und Wohlrab-Sahr 2014, S. 177 ff.), nämlich der Generationszugehörigkeit. Mein Anliegen hierbei war zu zeigen, dass es zwar Unterschiede, aber auch sehr viele Gemeinsamkeiten in digitalen Bildpraktiken gibt. Ich wollte zeigen, dass eine

---

[69] „There is complexity if things relate but don't add up, if events occur but not within the processes of linear time, and if phenomena share a space but cannot be mapped in terms of a single set of three-dimensional coordinates." (Mol und Law 2002, S. 1)

binäre Gegenüberstellung von ‚digital natives' und ‚digital immigrants' nicht
sinnvoll wäre, da die Bedingungen sehr vielfältig sein können. Letztendlich hat
sich im Laufe des Forschungsprozesses gezeigt, dass eine generationale Kontras-
tierung im Kontext meiner Fragestellung und daher für das Sampling nicht
grundlegend ist. Ein Sampling hat in qualitativen Verfahren den Sinn „die Strukturiertheit des Phänomens und das Spektrum seiner Ausprägungen" (Przyborski
und Wohlrab-Sahr 2014, S. 180) zu erfassen – nur waren die Ausprägungen, die
mich interessierten, nicht die beiden Generationen, sondern eigentlich die Handlungsdimensionen und Bedingungen von digitalen Bildpraktiken[70].

Diese haben sich aber erst nach und nach in der Interpretation des Materials
abgezeichnet. Die Kontrastierungen und komparativen Analysen, die innerhalb
der bereits erhobenen Fälle Sinn machten, waren dann etwa Bildvergleiche[71] o-
der Gegenüberstellungen von Orientierungen zu bestimmten Themen. Schließlich hat sich auch gezeigt, dass Software strukturierende Kraft entfalten kann und
daher in die Analyse miteinbezogen werden sollte.

Gerade bei qualitativem Arbeiten in den Sozialwissenschaften müssen Strategien zum Umgang mit dem Fragmentarischen jedes Materials entwickelt werden. Manche arbeiten quasi-repräsentativ, andere kontrastieren maximal und minimal, bis es zu einer ‚Sättigung' kommt (neues Material bringt keine neues Ana-
lyseaspekte), wieder andere untersuchen unterschiedliche Fälle in ihrer jeweiligen Spezifik und abstrahieren aus den Beobachtungen allgemeine Befunde. Die
vorliegende Arbeit konzentriert sich stark auf Theoriebildung und verfolgt nicht
die Annahme, dass die erhobenen Fälle symptomatisch für irgendeine Art kollektiver Zusammenhänge stehen. Vielmehr sollen mögliche Handlungsdimensionen und Bedingungen digitaler Bildpraktiken ausgelotet werden.

Hilfreich für die theoretische Abstraktion der empirischen Ergebnisse waren
daher Strategien des Mapping, wie sie vor allem Adele Clarke im Kontext der
Grounded Theory entwickelt hat: „(...) maps center on elucidating complexities
– the key elements and conditions that characterize the situation of concern in
the research project broadly conceived." (Clarke 2003, S. 554)

Konkret haben mir Mappings dabei geholfen, die generierten Interpretationen zu systematisieren und theoretische Zusammenhänge zu erkennen. Ich habe
sie verwendet, um Falldarstellungen zu verdichten, Apps zu analysieren aber
auch um historische Zusammenhänge zu visualisieren, wie Abbildung 2 in Kapitel 2.3.4 zeigt. Retrospektiv ist es nun wenig überraschend, dass mir ein stark

---

[70]   Für diesen Hinweis und die damit verbundene Diskussion danke ich Prof. Annette
       Markham, die als Paul-Lazarsfeld Gastprofessorin an der Universität Wien im Juni 2016
       ein Doktorand_innenseminar abhielt.
[71]   Etwa Fannys (5.1) und Annas (5.4.) Selfies.

‚visuell denkendes' Verfahren wie Mapping geholfen hat, das Phänomen Bildpraktiken zu greifen und zu abstrahieren.

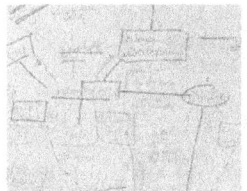

Abbildung 3: Mappings unterschiedlicher Art aus dem Forschungsprozess

Es wurden insgesamt acht Fälle erhoben, von denen vier zur genaueren Analyse in der vorliegenden Dissertation ausgewählt wurden, es handelte sich also um ein „Sample im Sample" (Fritzsche 2003, S. 84). Der Großteil existierender qualitativer Studien zu digitalen (Bild-)Praktiken[72] bezieht sich auf Jugendliche, die Varianz innerhalb dieser Altersgruppe ist bereits gut erforscht. Es wurden drei ‚ältere' Fälle zur genaueren Analyse herangezogen, da diese tendenziell unterrepräsentiert bzw. noch wenig qualitativ erforscht sind (Schorb et al. 2009; Schäffer 2007b). In Abbildung 4 sind die Lebensalter der Interviewten und auch der Forscherin in Relation zu medientechnologischen Entwicklungen verortet. Auf die Bedingungen des Aufwachsens mit bestimmten Medien wird in der Analyse in Kapitel 5.5 genauer eingegangen.

---

[72] Vgl. Kapitel 1 sowie Autenrieth (2014); Boyd (2014); Hepp et al (2014); Hugger (2014); Reißmann (2015).

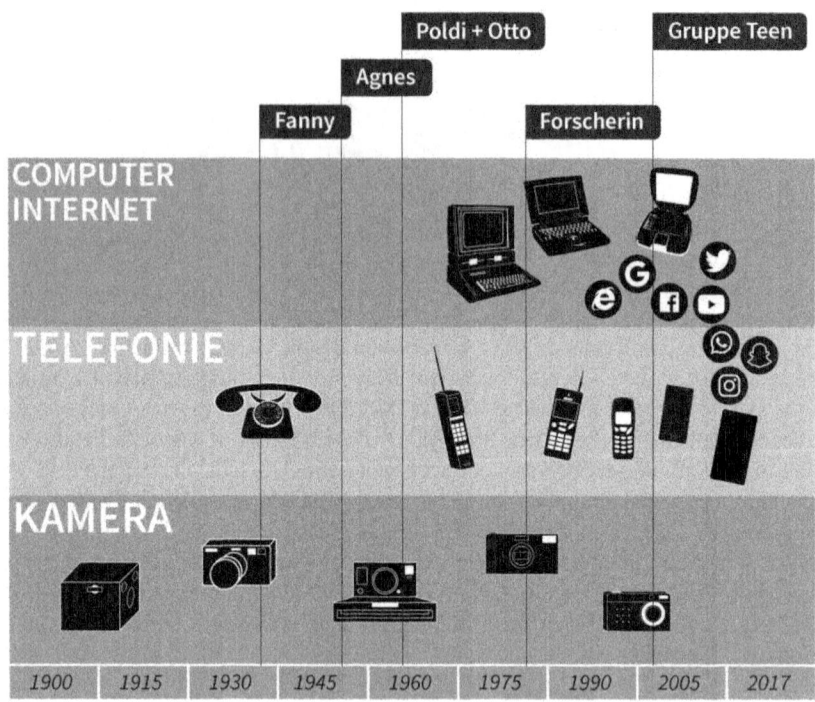

Abbildung 4: Medienhistorische Timeline in Relation zum Alter der Interviewten

Ein ‚Fall' umfasst sämtliche Datensorten, die in Bezug auf die interviewte Gruppe oder Einzelperson erhoben wurden. Ausgewählt wurden jene Fälle, von denen umfassendes Material vorlag und die das Smartphone regelmäßig zum Teilen und Zeigen von Bildern verwenden. Zwei weitere Fälle, die als Vergleichsfolie dienen, wurden in (Schreiber 2016a) bearbeitet. Aufgrund der stark theoriegenerierenden Ausrichtung der Arbeit hat es sich letztendlich als sinnvoll erwiesen, mit einer sehr genauen, tiefgehenden und umfassenden Analyse von wenigen Fällen zu arbeiten.

In der Tabelle sind die vier Fälle kurz im Überblick dargestellt. Im Laufe der Auswertung hat sich gezeigt, dass die Form des Interviews jeweils dem sozialen Setting entsprach, das eben auch in Hinblick auf kommunikative Orientierungen von den jeweils Interviewten präferiert war. Wie in der Spalte zu Diskursmodi sichtbar ist, waren die Modi der Interviews recht unterschiedlich in

Bezug auf ihre Erzählstruktur, aber auch darin, wie der Interviewerin performativ begegnet wurde. Die erhobenen Daten sind dementsprechend auch recht unterschiedlich gelagert, aber fruchtbar in Bezug auf die Fragestellung der Arbeit. Der Materialbestand zu jedem Fall sowie die Autorisation und Auswahl des Materials ist zu Beginn jeden Falles in Kapitel 5 dargestellt.

Tabelle 3: Überblick Analysierte Fälle

Codename, Geschlecht, Alter	Interviewform	Performative Struktur der Interviews, Diskursmodi [73]
Fanny, 78 Jahre	Einzelinterview	Teilweise biografisch-prozessual, teilweise eher Expertinneninterview in Opposition zu Interviewerin
Agnes, 68 Jahre	Einzelinterview	Biografisch-prozessual
Poldi und Otto, beide 62	Paarinterview	Divergent-konvergent
Anna, Bele, Clara, 13, 14, 15 Jahre	Gruppendiskussionen	Univok-parallel

Wie bereits ausgeführt, sind für die vorliegende Studie auch nicht-humane Akteure relevant: In die App-Analyse wurden vier Apps miteinbezogen – WhatsApp, Facebook, Instagram, Snapchat. Diese vier Apps haben sich nicht nur in den Interviews als relevant dokumentiert (die Erhebungen haben 2015 stattgefunden), sondern sind laut einer aktuellen Studie von MindTake Research (2016) bezogen auf den österreichischen Markt auch die meistgenutzten „Social Media Networks auf dem Handy":

---

[73] Zur diskursiven und performativen Struktur von Interviews bzw. Gruppendiskussionen vgl. (Przyborski 2004; Przyborski und Wohlrab-Sahr 2014, S. 298 ff.).

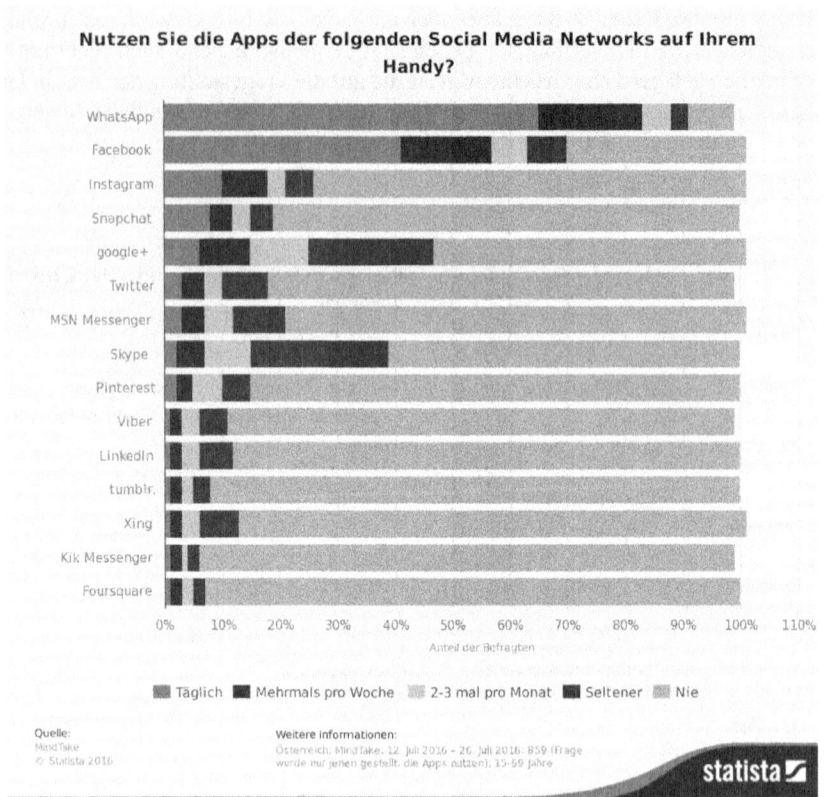

Abbildung 5: Nutzung von ‚Social Media Networks' auf dem Handy

3.3 Erhebung und Auswertung

3.3.1 Vorgehen bei der Erhebung

Ausgangspunkt der Erhebung waren narrative Interviews bzw. Gruppendiskussionen mit den Teilnehmenden, das Zustandekommen und die Interviewsituation sind jeweils zu Beginn der Falldarstellungen im Detail beschrieben.

Die Interviews begannen mit der Aufforderung, über das Teilen und Zeigen von Bildern mit dem Smartphone zu sprechen. Im Laufe des Interviews begannen mir einige Interviewte von sich aus (bereits vor dem Interview vorhandene) Bilder zu zeigen, die sie geteilt oder gezeigt hatten. Falls das nicht passierte, forderte ich sie nach einer Phase selbstläufigen Erzählens dazu auf. Während des

Interviews beobachtete ich die Umgangsweise mit Hardware und Software im Geschehen selbst, es wurden Bilder gezeigt und auch über diese Bilder gesprochen. Am Ende des Gesprächs bat ich die Interviewten darum, mir die besprochenen Bilder auch zu Verfügung zu stellen. Das geschah noch während oder am Ende des Interviews meist per WhatsApp. Weiters frage ich sie, ob ich ihren Social Media-Präsenzen etwa auf Facebook und Instagram ‚folgen' darf[74]. Aus den online-ethnografischen Beobachtungen entstand weiteres Datenmaterial.

Die Interviews wurden digital aufgezeichnet und im Anschluss transkribiert (Transkriptionssystem im Anhang). Dass die digitalen Bildpraktiken der vier Fälle sehr unterschiedlich sind, spiegelt sich daher bereits darin wieder, dass teilweise mehr oder weniger Bilder oder manchmal auch keine Screenshots zur Verfügung stehen. Die jeweils spezifische Material-Assemblage ist zu Beginn jedes Falles dargestellt.

3.3.2 Vorgehen bei der Interpretation

Zur Interpretation lagen dann schließlich diverse Materialsorten vor, die jeweils dokumentarisch interpretiert wurden. Die Trennung in zwei Analyseebenen (vgl. Kapitel 2.1.2) ist dabei wesentliches Arbeitsprinzip sowohl bei sprachlichen, bildlichen als auch bei multimodalen Dokumenten. Beispielinterpretationen von Text und Bild finden sich in Schreiber 2015b, Bohnsack, Michel & Przyborski 2015, Pryborski & Wohlrab-Sahr 2014. Beispielinterpretationen von Online-Dokumenten finden sich in Schreiber und Kramer 2016.

In der *Textinterpretation* wird in einem ersten Schritt der wörtliche, thematische Sinngehalt im Rahmen der formulierenden Interpretation paraphrasierend formuliert. Im zweiten Schritt, der reflektierenden Interpretation, wird rekonstruiert, *wie* dieser thematische Sinngehalt bearbeitet wird. Hilfreich dabei ist das Wissen um die Standards der sprachlichen Kommunikation, wie etwa Modi der Diskursorganisation und Identifikation von Textsorten (Przyborski 2004; Przyborski und Wohlrab-Sahr 2014). Die Interpretation erfolgt sequentiell. In Gruppendiskussionen liegt der Fokus auf den kollektiv generierten Sinngehalten und es ist von Interesse, inwiefern diese geteilt werden oder auch nicht. In Einzelinterviews kommen hingegen biografische Strukturen stärker zu Geltung. Ziel der Analyse ist unabhängig von der Form der Erhebung die Formulierung von Orientierungen bzw. Orientierungsmustern[75]. Die Orientierungen lassen sich

---

[74]   Bestimmte Accounts sind nur durch Autorisation der Account-Besitzer_innen sichtbar (Instagram) bzw. durch „anfreunden" der registrierten User_innen (Facebook).
[75]   In anderen qualitativen Verfahren wird hier von Deutungs- oder Handlungsmustern, oder von latenten Sinnstrukturen gesprochen.

durch die Identifikation negativer und positiver Gegenhorizonte verorten, sowie durch ihre Enaktierungspotentiale – das bedeutet, wie stehen die Chancen, diese Orientierungen im Alltag umzusetzen?

Das Vorgehen in der *Bildinterpretation* basiert auf Panofskys Ikonografie-Ikonologie-Modell, in dem Stil und Ästhetik als Vehikel für implizites Wissen verstanden werden (vgl. dazu auch Kapitel 2.2.2 bzw. 2.2.3). Auf der vorikono-grafischen Ebene wird das *Was*, also das Erkennen von Handlungen, Dingen, Situationen auf basaler Ebene beschrieben, auf der ikonografischen Ebene werden diese Elemente in kulturelles, kommunikativ-generalisiertes Kontextwissen eingeordnet – diese beiden ersten Schritte entsprechen der formulierenden Interpretation.

Auf der ikonologischen Ebene (die der reflektierenden Text-Interpretation entspricht) geht es um das *Wie*, die Interpretation des Wesenssinns, des Habitus der Abbildenden und Abgebildeten. Dies kann ein geteilter Habitus sein (etwa wenn Mitglieder einer Peergroup einander fotografieren, vgl. Kapitel 5.4) oder auch nicht (etwa in der Reportagefotografie). Die komplexe Relation dieser beiden am Bild beteiligten Entitäten kann ebenso Thema der Analyse werden (Bohnsack 2008, S. 249 ff.; Kanter 2015). Teil der ikonologischen Interpretation ist die Rekonstruktion der Gesamtkomposition, bei der auf Max Imdahls Auseinandersetzung (Imdahl 1980; Przyborski und Slunecko 2012) mit dem genuin Bildlichen im Bild, der Ikonik, zurückgegriffen wird[76] – er hat sich mit jenen Elementen auseinandergesetzt, die als Standards der visuellen Kommunikation verstanden werden können, und spezifisch durch Anschauung zugänglich sind. Diese sind

- die perspektivische Projektion, die die „Weltsicht" der Bildproduzierenden anzeigt
- die szenische Choreografie, die Anordnung der Menschen und Dinge zueinander, die natürlich sozialwissenschaftlich höchst relevant ist
- die planimetrische Komposition, die formale Konstruktion des Bildes in der Fläche;

Zentral geht es darum, durch die Rekonstruktion der formalen Komposition die Einzelelemente im Ensemble mit den anderen Elementen zu interpretieren. Das Einzeichnen der Kompositionslinien kann dabei helfen, Fokussierungen und Verdichtungen im Bild deutlich zu machen bzw. Relationen von Dingen zu

---

[76] Das bedeutet nicht die Annahme geheimer Zeichen, die sich nur von Wissenden entschlüsseln lassen – vielmehr: „the composition of visual signs in an image is a result of social practices of image production and interpretation. The use of images [...] and the ways realities are represented in an image are thus inherently social" (Burri 2012, S. 50).

erkennen[77]. Ein weiterer hilfreicher, mitunter spielerischer Modus um die Interpretation zu schärfen sind Kompositionsvariationen (experimentelles Verändern der Komposition z.b. durch Verschieben/Abdecken von Bildelementen) und die komparative Analyse in Hinblick auf bestimmte Aspekte (Schaffen empirischer Vergleichshorizonte, also Bilder, die einen „Kontrast in der Gemeinsamkeit" aufweisen). Diese Komparatistik ist in der Kunstgeschichte altbewährt und wurde in Hinblick auf Körperbilder von Kanter (Kanter 2016), bzw. von Müller (Müller 2012) als „Figurative Hermeneutik" weiterentwickelt.

Wie bereits erwähnt, wurde das Repertoire auf die *Interpretation multimodaler Online-Dokumente* erweitert, ebenso auf medien bzw. online-ethnografische Tiefenbohrungen (Hine 2015; Markham und Baym 2009; Ardèvol und Gómez-Cruz 2013; Hartmann 2006a). Auch hier wurden wieder zwei Analyseebenen getrennt, im Fokus standen Erkenntnisse in Bezug auf die strukturierenden Eigenschaften medialer Umgebungen (Schirmer et al. 2015). Online-Dokumente sind daher nicht nur Dokumente für den Habitus der Kommunizierenden, sondern auch Dokumente für den Habitus der jeweiligen Plattformen, auf denen die Kommunikation stattfindet. Habe ich also einen Screenshot von Instagram, erfahre ich dadurch nicht nur etwas über die Person, die ein Bild postet, sondern auch etwas über die Kommentierenden und über Instagram selbst. Was das Schritt für Schritt für das interpretative Vorgehen bedeutet, haben wir in (Schreiber und Kramer 2016) methodologisch ausgearbeitet und exemplarisch gezeigt. Dass die grundlegende Struktur (bzw. der Quasi-Habitus, vgl. Kapitel 2.1.3) der Software zum Interpretationsgegenstand wird, ist ein neues und eher experimentelles Verfahren. Daher wird diese Form der Analyse im folgenden Abschnitt etwas ausführlicher beschrieben.

Grundlegend ist anzumerken, dass Interpretationen im Kontext rekonstruktiver Sozialforschung immer in und mit Interpretationsgruppen diskutiert werden. Die *Plausibilisierung der eigenen Interpretationen in „Forschungswerkstätten"* ist essentieller Bestandteil qualitativen Forschens[78].

In Hinblick auf *Forschungsethik* gibt es große Unterschiede zwischen angloamerikanischen und deutschen Forschungstraditionen. Im angloamerikanischen Kontext ist ethisches Vorgehen in qualitativer Forschung sehr genau institutionell geregelt und Forscher_innen müssen ihre Designs und Umsetzungen vorlegen und prüfen lassen. Im deutschsprachigen sozialwissenschaftlichen Kontext liegt das Vorgehen üblicherweise vor allem in der individuellen Verantwortung der Forschenden. Ich habe mich in meinem Vorgehen an den

---

[77] Vgl. Beispielinterpretation Bohnsack et al (2015a); Przyborski und Slunecko (2012); Przyborski und Wohlrab-Sahr (2014a).

[78] Die vielen Kolleginnen und Kollegen, denen ich diesbezüglich wertvolle Hinweise und Diskussionen verdanke, sind in der Danksagung genannt.

existierenden Erfahrungswerten und etablierten Vorgangsweisen der qualitativen Forschung (Przyborski und Wohlrab-Sahr 2014, S. 42 ff.) sowie den Ethik-Richtlinien der Association of Internet Researchers[79] orientiert. Die Teilnehmenden haben einer Verwendung ihrer anonymisierten Daten zugestimmt (Formular sh. Anhang). Für die Anonymisierung visuellen Materials gibt es noch keine eindeutigen Richtlinien oder etablierten Vorgangsweisen. Nach Diskussionen mit Kolleg_innen habe ich mich für das Verpixeln der Gesichter entschieden, da es die Anonymität wahrt, aber gleichzeitig das Bild in seiner spezifischen Komposition, Farbe etc. nicht komplett entstellt. Ästhetik und visuelle Kommunikation sind essentielle Aspekte des Forschungsgegenstands, daher ist es wichtig, die erhobenen Bilder in der vorliegenden Publikation zu zeigen – zudem kann nur so dem Phänomen an sich gerecht werden sowie die darauf bezogenen Interpretationen transparent werden.

Vorgehen bei der App-Analyse

Die strukturierende Relevanz der Apps für Bildpraktiken hat sich auf Basis erster Analysen empirischen Materials rekonstruktiv erschlossen. Eine eigenständige Analyse der Software war also nicht von Anfang an Teil des Forschungsdesigns, wurde aber im Sinne eines zirkulären Vorgehens als sinnvoll erachtet und daher in das Forschungsdesign integriert.

Die Frage, wie genau die Apps selbst nun auch analytisch einzubeziehen sind, war nicht unmittelbar oder einfach zu beantworten. Da es kaum Arbeiten gibt, die Software in die empirische Analyse miteinbeziehen (und vor allem keine qualitativ-rekonstruktiven), ist das hier gewählte Vorgehen als methodologische Exploration zu verstehen und soll hier entsprechend reflektiert werden:

Die „objective qualities" (Schrock 2015, S. 1230) einer Technologie zu erfassen ist aus rekonstruktiver Sicht nicht möglich, aber auch nicht notwendig. Die Standortgebundenheit der Forschenden geht immer mit einer bestimmten Perspektive auf den Forschungsgegenstand, die transparent gemacht werden sollte, einher. Aktuell liegen vor allem Arbeiten vor, die fragen, wie Software oder Algorithmen von Menschen angeeignet oder wahrgenommen werden (McVeigh-Schultz und Baym 2015) und welche ‚algorithmic imaginaries' (Bucher und Helmond 2017) oder diskursive Konstruktionen in Bezug auf Software, Affordanzen und Plattformen existieren (Gillespie 2010; Galloway 2012; Deuze 2006).

---

[79] „Ethical Decision-Making and Internet Research. Recommendations from the AoIR Ethics Working Committee (Version 2.0)". Abrufbar unter http://www.aoir.org/reports/ethics2.pdf; Hilfreich waren auch die Richtlinien der Europäischen Kommission für FP7-Projekte, „Ethics for Researchers" (European Commission 2013).

Auch in der vorliegenden Arbeit interessieren primär die Praktiken der Teilnehmenden und ihre habituellen, impliziten Handlungsorientierungen. Durch Interviews und Bildinterpretationen lässt sich die Bedeutung, die bestimmte Hardware und Software für die Beforschten hat, rekonstruieren. Nimmt man jedoch die Denkfigur eines ‚hybriden Habitus' (vgl. Kapitel 2.1.3) ernst, bzw. soll danach gefragt werden, wie die mediale Umgebung in Praktiken eine Rolle spielt, scheint es sinnvoll, diese mediale Umgebung und ihre expliziten und impliziten Strukturen in die empirische Analyse miteinzubeziehen.

Zum Zwecke der Interpretation und Analyse ist es daher naheliegend, die verschiedenen an Bildpraktiken beteiligten Akteur_innen analytisch-theoretisch und auch konzeptionell-methodisch zu trennen, um sie dann wieder in Bezug zueinander zu setzen. (Pentzold et al. 2013; Schirmer et al. 2015; Schreiber und Kramer 2016). Die ko-konstitutive Rolle, die Hardware und Software in Medienpraktiken spielen kann, kann nicht ignoriert werden. Mit Latour (vgl. Kapitel 2.1.3): Der ‚Quasi-Habitus' der Software muss rekonstruiert werden, um ihr nicht-humanes Handlungsprogramm besser zu verstehen. Auf eine komplette Analyse der jeweiligen Software wird aber verzichtet, da diese auch nicht in allen Teilen für das Erkenntnisinteresse relevant ist. In der vorliegenden Arbeit interessieren nur jene Funktionen und Elemente einer Software, die mit dem Teilen und Zeigen von Bildern zusammenhängen. Besonders deutlich treten die Quasi-Habitus der Plattformen hervor, wenn man sie komparativ analysiert (Madianou 2014; McVeigh-Schultz und Baym 2015).

Doch wo ansetzen? Hilfreich für eine methodische Konzeption war van Dijcks Modell: In ihrer instruktiven Analyse von ‚Cultures of Connectivity' differenziert sie sechs Dimensionen, die für die Analyse von Social Media relevant werden: „User, Technology, Content, Ownership, Governance, Business Model" (van Dijck 2013a, S. 28). Für die vorliegende Arbeit sind, wie bereits mehrfach ausgeführt, besonders die Dimensionen ‚User', ‚Technology' und ‚Content' von Bedeutung. Zur Analyse der technologischen Dimension differenziert van Dijck noch einmal fünf Elemente: „(meta)data, algorithms, protocols, interfaces, defaults" (van Dijck 2013a, S. 30 ff). Metadaten, Algorithmen und Protokolle sind ohne technisches Know-How kaum zugänglich und werden auch von den Betreiber_innen gerne verborgen. Das sichtbare Interface[80] sowie Default-Einstellungen[81] können jedoch auch von den User_innen und damit von der Forscherin gesehen und rekonstruktiv analysiert werden: Technische Features wie Buttons, Scroll Bars und Icons, aber auch regulatorische Features (wie z.B., ob bzw.

---

[80] Interface bedeutet die Benutzeroberfläche, auf der die User_innen üblicherweise durch Wischen und Tippen mit den Fingern mit der App interagieren.

[81] Die von der App vorab gesetzten Standard-Einstellungen, z.B. in Bezug auf Benachrichtigungstöne, Sichtbarkeit etc.

welche Art von Profil oder Registrierung man braucht, um eine App nutzen zu können) moderieren die Verbindung von User_innen und Content. Die Default-Einstellungen können dabei ebenfalls als Dokumente für die habituelle Struktur der App interpretiert werden. Das Interface und die Default-Einstellungen sind somit zwei konkrete Ansatzpunkte für eine empirische Analyse.

Empirisch kann auf diese beiden Ebenen einerseits durch Screenshots von Bildern der Teilnehmenden (in ihrer spezifischen Software-Einbettung) zugegriffen werden, andererseits durch systematisches Mapping der Struktur bzw. der Dramaturgie der Software in Bezug auf den Upload von Bildern. Um digitale Bildpraktiken besser zu verstehen, wurden daher die einzelnen Schritte des Hochladens von Bildern rekonstruiert, also quasi eine *„Upload-Dramaturgie"* nachgezeichnet. Auch hier wurde das Grundprinzip der Dokumentarischen Methode umgesetzt, Deskription und Interpretation analytisch zu trennen: Bei der Deskription habe ich mich an in Programmier-Kontexten etablierten Prozessdiagrammen orientiert, die vor allem mögliche Navigationen innerhalb einer App nachzeichnen sollen. Die einzelnen Schritte der Menüführung der Apps wurden jeweils farblich kodiert, um sichtbar zu machen, wo und wie im Upload-Prozess bestimmte Entscheidungen und Interaktionen stattfinden (vgl. Abbildungen in Kapitel 4).

Die Interpretation der Prozessdiagramme fand wiederum stark komparativ statt, durch die Analyse von Gemeinsamkeiten und Unterschieden wurden die jeweiligen Spezifika der Apps deutlich. Weiters werden die Entstehungsgeschichte und grundlegende Struktur jeder App sowie aktuelle Nutzer_innenzahlen einleitend beschrieben. Zur Interpretation der Interfaces werden zusätzlich Screenshots herangezogen. In Kombination mit der Beschreibung der Upload-Dramaturgie wird die Analyse schließlich verdichtet und die jeweiligen strukturellen Spezifika der App zusammengefasst.

3.3.3 Falldarstellungen und komparative Analyse

In den *Falldarstellungen* werden die Interpretationen, die zu den unterschiedlichen Daten eines Falles existieren, zusammengeführt und verdichtet. Zentrale Frage dabei ist, welche handlungsleitenden Orientierungen in Bezug auf das Teilen und Zeigen von Bildern mit und am Smartphone rekonstruiert werden konnten. Im Vordergrund steht dabei die Suche nach Homologien, also jenen Orientierungen, die sich auf ähnliche oder gleiche Art und Weise in sprachlichen, visuellen und multimodalen Dokumenten finden. Es sei hier angemerkt, dass sich andere (vor allem biografisch orientierte) Studien auch explizit auf die Suche nach Leerstellen und Brüchen oder Konflikten machen (Breckner 2014; Pohn-

Lauggas 2016), diese sind für das vorliegende Erkenntnisinteresse nicht primär relevant. In der Falldarstellung werden also die Interpretationen sämtlicher Daten verdichtet, die für eine Person oder Gruppe erhoben wurden. Im Anschluss an die Falldarstellungen erfolgt die komparative Analyse: Hier werden die Spezifika der einzelnen Fälle nocheinmal in einer Überblickstabelle zusammengefasst und in Hinblick auf die zentralen Fragestellungen der Arbeit verglichen (Kapitel 5.5). Wie bereits in Kapitel 3.2 ausgeführt, werden die erhobenen Fälle in der vorliegenden Arbeit nicht als quasi-repräsentativ für kollektive Zusammenhänge verstanden. Es ist daher nicht, wie in vergleichbaren rekonstruktiven Studien (Hoffmann 2013; Amling 2015; Kanter 2016), das Ziel der vorliegenden Arbeit gewesen eine Typologie zu erstellen. Ebenso wenig ist es Ziel gewesen, Motive oder Funktionen für digitale Bildpraktiken zu erklären (vgl. dazu zusammenführen Kapitel 6.1). Vielmehr ging es darum, auf Basis der komparativen Analyse empirische Phänomene mit theoretischen Ansätzen in Dialog zu bringen, um darauf aufbauend theoretische Transformationen zu argumentieren. Im Sinne einer Situational Analysis sollen also unterschiedliche Bedingungen und Kräfte, die im Kontext von digitalen Bildpraktiken relevant werden, rekonstruiert werden. Letztendlich konnten auf Basis der komparativen Analysen der Fälle sowie der Apps und im Rückgriff auf die Theorie drei Spannungsfelder bzw. Dimensionen rekonstruiert werden, in denen sich digitale Bildpraktiken bewegen. Diese werden in Kapitel 6 ausgeführt.

4 App-Analyse

In diesem Kapitel werden die medialen Strukturen der nicht-humanen Software-Akteure analysiert. Eine eigene Analyse der Plattformen war ursprünglich nicht im Forschungsdesign vorgesehen (vgl. Kapitel 3.2), die strukturierende Relevanz der Software für digitale Bildpraktiken hat sich aber auf Basis der Interviews rekonstruktiv erschlossen und wurde deshalb schließlich als eigene Materialdimension eingeführt. Die grundlegenden theoretischen und methodologischen Implikationen wurden in Kapitel 2.3 diskutiert. Das diesbezügliche konkrete methodische Vorgehen wurde selbst entwickelt und in Kapitel 3.3.4 bereits genau erläutert[82].

Die Tabelle zeigt einen Überblick, welche Apps von den Interviewten genutzt wurden.

Tabelle 4: Überblick App-Verwendung

	WhatsApp	Facebook	Instagram	Snapchat
Gruppe Teen	x	$(x)^{83}$	x	x
Poldi & Otto	x			
Agnes	x			
Fanny	x	x		

---

[82] Für Unterstützung und anregende Diskussionen zur Visualisierung der App-Analysen in Form von Prozessdiagrammen gilt mein herzlicher Dank meinem Bruder Martin Schreiber und seiner IT-Expertise.
[83] Beim ersten Interview wurde Facebook noch sporadisch genutzt, beim zweiten hatten sich alle Mädchen bereits abgemeldet.

© Springer Fachmedien Wiesbaden GmbH, ein Teil von Springer Nature 2020
M. Schreiber, *Digitale Bildpraktiken*, https://doi.org/10.1007/978-3-658-30788-2_4

Die vier Apps werden zuerst in Hinblick auf ihre Entwicklung und aktuelle Nutzer_innenzahlen vorgestellt. Interface und Default-Einstellungen[84] in Bezug auf Bildpraktiken werden beschrieben und analysiert, schließlich werden die wichtigsten strukturellen Spezifika in Bezug auf digitale Bildpraktiken zusammengefasst. Diese sind im Anschluss an Latour (Kapitel 2.1.3) als non-humanes Handlungsprogramm bzw. als Quasi-Habitus der App zu verstehen. Es handelt sich also lediglich um ein Angebot bzw. eine Struktur der Software. Wie diese genutzt wird, ergibt sich letztendlich erst aus dem gemeinsamen Handeln mit den humanen Akteur_innen. Dem Habitus der humanen Akteur_innen und den daraus hervorgehenden hybriden Bildpraktiken widmen sich die Falldarstellungen in Kapitel 5, bzw. final zusammenfassend das Kapitel 6. In der komparativen Analyse der Apps (Kapitel 4.5) wird vor allem die Upload-Dramaturgie schematisch verglichen. Darin treten Gemeinsamkeiten und Unterschiede der Apps besonders deutlich hervor.

Die Analyse wurde in mehreren Schritten durchgeführt und im November 2016 nachgebessert. Daher bezieht sich die Analyse letztendlich auf die Versionen der Apps, die zu diesem Zeitpunkt für das Betriebssystem Android[85] zur Verfügung standen, und nicht genau auf jene Versionen, die von den Interviewten auch genutzt wurden (der Großteil der Interviews wurde 2015 durchgeführt). Da es jedoch primär darum geht, eine grobe Grundstruktur, einen Quasi-Habitus der Software zu rekonstruieren, und da diverse Entwicklungsschritte auch in der Analyse mitreflektiert wurden, ist das Vorgehen für die vorliegende Fragestellung sinnvoll und angemessen.

4.1 WhatsApp

WhatsApp wurde 2009 gegründet[86] und als internetbasierter Messaging Dienst für Smartphones entwickelt. Der Messaging-Dienst wird als hauptverantwortlich für die weitgehende Ablösung von SMS gesehen. Es fallen zwar die normalen Kosten für mobile Datennutzung an, aber in Zeiten von Flatrate-Angeboten und Wifi-Hotspots ist das für die meisten User_innen vernachlässigbar. 2014 wurde WhatsApp von Facebook aufgekauft. Nachdem die Nutzungsbedingungen geändert wurden, gab es von Seiten der User_innen größere Sicherheitsbedenken.

---

[84]   Die Begriffe sowie deren methodologische Herleitung sind in Kapitel 3.3.4 erläutert.
[85]   Die Apps wurden in der Form, wie sie auf meinem damaligen Smartphone (Samsung Galaxy 4) angezeigt wurden, analysiert.
[86]   Daten in diesem Abschnitt stammen von https://www.whatsapp.com/about/ und https://de.wikipedia.org/wiki/WhatsApp, aufgerufen am 3. 3. 2017.

Einige haben den neuen Bedingungen nicht zugestimmt bzw. sind auf alternative Services wie Signal oder Threema ausgewichen, die die Privatsphäre der Nutzer vermeintlich mehr respektieren[87]. Seit 2015 ist via WhatsApp auch internetbasiertes Telefonieren möglich und seit Mai 2016 gibt es auch eine Desktop-Software, mit der WhatsApp am Computer genutzt werden kann. Für Österreich gibt es keine genauen Nutzungsdaten vom Unternehmen selbst, laut (MindTake Research 2015) nutzen 65% der User, die grundsätzlich Apps nutzen, auch WhatsApp, über 80% der 15-29 jährigen und etwa 70% der 50-69jährigen.

Interface, Funktionen und Dramaturgie der App

Die Installation und Benutzerkennung bei WhatsApp funktionieren über die Telefonnummer. WhatsApp wird automatisch mit dem eigenen Telefonbuch synchronisiert, somit scheinen all jene Kontakte als WhatsApp-Kontakte auf, von denen man die Telefonnummer hat. Der Messaging-Dienst erlaubt die Kommunikation zu zweit oder in Gruppen bis zu 256 User_innen. Startet man die App, werden die Chat-Konversationen in der Reihenfolge ihrer Aktualität angezeigt, die Konversation mit dem aktuellsten Beitrag ganz oben.

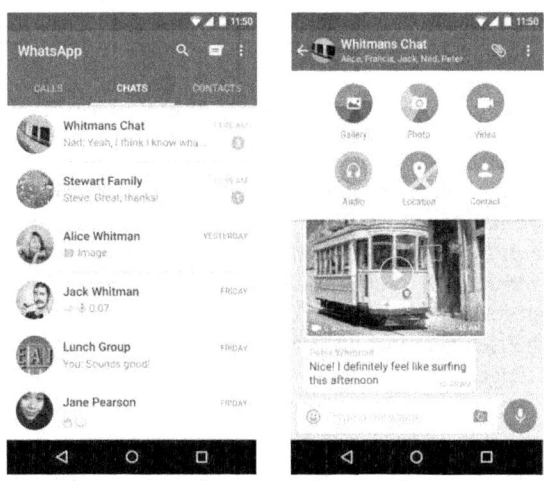

Abbildung 6 & 7: Facebook Screenshots Menü Bilder (Quelle: Screenshots M.S.)

---

[87] https://www.heise.de/newsticker/meldung/Facebook-kauft-WhatsApp-2118920.html, aufgerufen am 3. 3. 2017.

Wie in der Abbildung 6 zu sehen ist, zeigt das Chatmenü eine Liste mit Konver-
sationspartnern: Links das Profilbild des Users oder der Gruppe, rechts ist der
Name des Users oder der Gruppe, darunter der Anfangstext der letzten Nachricht.
Die grüne Zahl markiert ungelesene Nachrichten.

Befindet man sich in einer Konversation (Abbildung 6 rechts), wird der aktuellste Beitrag unten angezeigt, alle anderen Beiträge rücken weiter nach oben,
können aber durch Scrollen bzw. Aufrufen von älteren Nachrichten sichtbar gemacht werden. Neben Text können Emojis, Bilder, Videos, Sprachnachrichten,
Dateien etc. gesendet werden. Konversationen folgen (auch abhängig von einer
stabilen Netzverbindung) einer Echtzeit-Chat-Logik. Seit Ende 2014 wurde zudem eine Funktion eingeführt, in der angezeigt wird, ob eigene Nachrichten bereits zugestellt (zwei graue Häkchen) bzw. gesehen wurden (zwei blaue Häkchen. Diese (allerdings optionale) Funktion wurde medial als Revolution für Be-
ziehungsdynamiken gesehen[88]. Es ist sichtbar, wenn jemand sich aktiv entscheidet, nicht zu antworten. Die Ausrede, die Nachricht nicht gesehen zu haben,
funktioniert nicht mehr. So gilt auch in diesem Kontext Watzlawicks Axiom –
man kann nicht nicht kommunizieren[89].

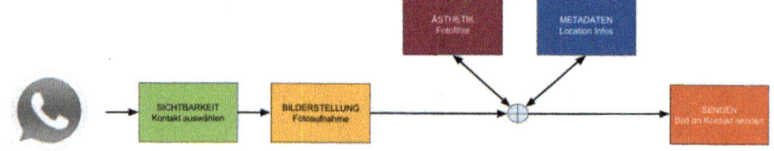

*Abbildung 8: WhatsApp Upload-Dramaturgie (alle Prozessdiagramme sind eigene
Darstellungen)*

In Bezug auf Bildpraktiken und besonders die Upload-Dramaturgie (vgl. Abbildung 7), also die Art und Weise, wie Bilder gezeigt werden können, zeigt sich
Folgendes: Die erste Entscheidung, die getroffen werden muss, ist, mit wem
kommuniziert werden soll (*Sichtbarkeit*). Neben der Liste der Chats gibt es noch
den Reiter „Anrufe" und „Kontakte"[90]. Die „Kontakte" sind wie im Telefonad-
ressbuch alphabetisch geordnet und haben aber kleine Profilbildchen und optionale Statusmeldungen.

---

[88] https://www.buzzfeed.com/imaansheikh/why-whatsapp-why, aufgerufen am 3. 3. 2017.
      http://www.spiegel.de/netzwelt/apps/whatsapp-blaue-haken-zeigen-an-wenn-
      nachricht-gelesen-wurde-a-1001311.html, aufgerufen am 3. 3. 2017.
[89] Im Kontext digitaler Kommunikation haben dies u.a. Gershon 2011 (Liebesbeziehungen)
      und Madianou 2014 (migrierte Mütter) erforscht.
[90] Im Februar 2017 ist außerdem als neue Funktion hinzugekommen, dass User_innen auch
      einen Status anzeigen können, der (wie bei Snapchat) 24 Stunden online ist.

Die Kamera ist zudem eine optionale Kommunikationsform direkt im Chat: Statt eine Nachricht zu schreiben, kann man auf das Kamerasymbol klicken (sh. Abbildung 6, neben „Type a Message") und der Display wird zum Kameradisplay. Nun kann man entweder ein Einzelbild aufnehmen oder, indem man den Finger länger auf dem „Auslöser" lässt, ein Video aufnehmen. *Optional* gibt es die Möglichkeit, die erstellten Bilder zu bearbeiten, die diesbezüglichen Funktionen sind im Vergleich zu etwa Instagram oder Snapchat jedoch eingeschränkt. Das gemachte oder gewählte Bild wird somit dann direkt gesendet (*Senden*).

Wichtige strukturelle Eigenschaften in Bezug auf digitale Bildpraktiken

▨ Reziproke Echtzeit-Kommunikation mit optionaler Sichtbarkeits-Kontrolle
▨ Differenzierung der Konversationspartner_innen bzw. Gruppen ist in der Menüführung und Upload-Dramaturgie zentraler Entscheidungs- und Navigationspunkt
▨ Systematisierung der Konversationen nach Aktualität
▨ Multimedialität erlaubt vielfältige Kommunikationsformen

4.2 Facebook[91]

Facebook wurde 2004 in den USA nach dem Vorbild von US-College-Jahrbüchern entwickelt und ist damit sowohl die älteste der hier beschriebenen Plattformen, als auch die längstdienende, populärste und weitverbreiteste. Facebook ist auch der Prototyp einer „Social Networking Site", die anfangs nur über den Browser zugänglich war. Genauere Ausführungen zur Geschichte, Entwicklung etc. von Facebook finden sich bei (van Dijck 2013a; Kneidinger 2010; Miller 2012). Die User_innen sind relativ gleichmäßig über Altersgruppen verteilt, mit (im Vergleich zu den anderen Apps) auffallend wenigen jüngeren User_innen. In Österreich hat Facebook 3,7 Mio User_innen, etwas mehr Männer als Frauen, Großteil der User_innen ist 20 bis 49 Jahre alt, mit den im Vergleich „ältesten" Nutzer_innen (Social Media Radar Austria 2015)

---

[91] Falls nicht anders angegeben, stammen die Daten und Zahlen von http://newsroom.fb.com/company-info/, 3. 3. 2017

Interface, Funktionen und Dramaturgie der App

Facebook bietet vielfältige Funktionen und Dynamiken, die in den oben genannten Studien ausführlich expliziert und analysiert sind. Ein für Bildpraktiken wichtiger Punkt aus bisherigen Analysen ist die narrative, biografisierende Form, in der die Profile dargestellt werden (van Dijck 2013b). Im Folgenden sollen allerdings schwerpunktmäßig jene Elemente erläutert werden, die für das Teilen und Zeigen von Bildern relevant sind. Außerdem wird der Fokus auf die Facebook-App gelegt, die aber strukturell in Bezug auf Bilderuploads mit der Browserversion fast ident ist. Die Beschreibungen beziehen sich auf die Default-Einstellungen der App[92].

Jede_r User_in hat eine Profilseite. Auf dieser Seite werden alle Postings und Äußerungen, die man selbst kreiert, weitergeleitet oder geteilt hat, oder auf denen man markiert wurde, chronologisch (das Aktuellste ganz oben) angezeigt. Die Profilseite ist für die User_innen sichtbar, mit denen man befreundet ist. Befreunden kann man sich nur mit User_innen, die ebenfalls ein Profil haben. Alle Bilder, die User_innen in ihrem Profil hochgeladen haben, werden als Alben angezeigt, vgl. Abbildung 8: Die Alben sind in der App in „Fotos von dir" (in denen man von anderen User_innen markiert wurde), „Uploads" (selbst hochgeladene Bilder) und „Alben" (bereits organisierte Alben) sortiert. Grundsätzlich wird also eine analoge Alben-Logik remediatisiert (Walser und Neumann-Braun 2013).

---

[92] Facebook kann auf mobilen Geräten auch über den Browser genutzt werden, allerdings mit teilweise beschränkten Funktionen.

Abbildung 9, 10 & 11: Facebook Screenshots Menü Bilder (Quelle: Screenshots M.S.)

Öffnet man die App, wird man gefragt, „Was machst du gerade?" (Die genaue Formulierung hat sich im Laufe der Zeit auch geändert). Man kann auf diese Frage mit Text, Foto oder Video antworten und in der Antwort andere User_innen, Orte, und mittlerweile auch Gefühle angeben. Integriert man Links in seine Antwort, werden diese automatisch in Vorschaubildchen umgewandelt.

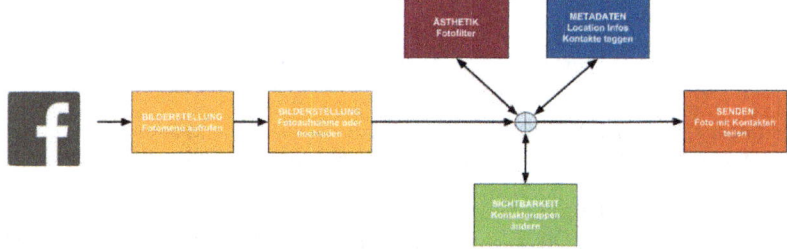

Abbildung 12: Facebook Upload-Dramaturgie

In Abbildung 9 wird die Upload-Dramaturgie von Facebook schematisch rekonstruiert. Im Folgenden soll diese kurz ausbuchstabiert werden: Lädt man ein Bild hoch, kann man nach dem Klick auf das Kamerasymbol in der Statusmeldung ein Bild aus der Galerie auswählen oder nach nochmaligem Klick auch ein Foto aufnehmen (*Bilderstellung*). Außerdem werden im Feld zur Statusmeldung bereits kleine Vorschaubilder angezeigt von den letzten Fotos, die man mit dem Smartphone aufgenommen bzw. empfangen hat. Lädt man ein Bild hoch, wird es direkt in die Statusmeldung eingefügt, und es besteht die Möglichkeit sofort auf „posten" zu klicken (*Senden*).

Optional besteht die Möglichkeit, mehr Informationen hinzuzufügen (*Ästhetik* und *Metadaten*): Über dem Bild erscheint ein Feld mit der Aufforderung „Sag etwas über dieses Foto", unter dem Bild die Frage „Mit wem warst du hier". Klickt man auf das Bild, werden folgende Optionen des Bearbeitens angeboten: Filter, Markieren, Zuschneiden, Text und Sticker.

Neben dem Button „Posten" befindet sich ein drop-down-Menü, in dem jene Gruppe an Freunden ausgewählt werden kann, die dieses Posting sehen soll (*Sichtbarkeit*). Einige Gruppen sind von Facebook voreingestellt, andere können benutzerdefiniert sein. Es ist aber immer schon eine Default-Einstellung vorausgewählt. Um diesen Default zu ändern, muss die_der User_in in den Privatsphäre-Einstellungen vornehmen, die auf der Seite nicht ganz einfach zu finden sind.

Seit Dezember 2015 können auch Videos live auf Facebook gestreamt werden – das Feature nennt sich „live" – und 360° Bilder gepostet werden – beide Funktionen wurden jedoch in den Bildpraktiken der Interviewten (noch) nicht relevant.

Wird ein Bild (oder etwas anderes) gepostet, gibt es die Möglichkeit, mit einem Symbol oder Kommentar darauf zu reagieren. Lange gab es dazu lediglich die Möglichkeit auf „gefällt mir" zu klicken, seit Februar 2016 gibt es sechs verschiedene Optionen:

Abbildung 13: Facebook Reaktionen auf Postings (Quelle: https://newsroom.fb.com/news/2016/02/reactions-now-available-globally/, aufgerufen am 3.3.2017

Laut den Entwicklern ermöglicht dies eine „wider range of emotions" in der Reaktion auf Beiträge[93]. Die Kommentare zu einem Posting können wiederum selbst nicht nur Text und Emojis beinhalten, sondern auch Bilder. Auf Kommentare kann wiederum geantwortet werden, worauf eine forumsähnliche hierarchische Ordnung der Kommentare entsteht. Diese erlauben bis zu 8000 Zeichen.

Der Facebook-Messenger war ursprünglich Teil der Facebook-App, dann wurde er herausgelöst und musste extra als eigene App installiert werden. Mittlerweile sind Messenger-Nachrichten in der mobilen Website-Version nicht mehr abrufbar, will man also den Messenger auf dem Smartphone verwenden,

---

[93]   https://m.facebook.com/story.php?story_fbid=10102670721833831&id=4, aufgerufen am 3. 3. 2017.

muss die eigene App installiert werden[94]. Wie WhatsApp bietet der Messenger nicht nur sämtliche Konversationsfunktionen, sondern auch die Anreicherung der Chatkonversationen mit GIFs, Emojis etc., mittlerweile auch Voice-over-IP und Videochat. Die Messaging-Funktionen sind im Grunde ähnlich jenen von WhatsApp strukturiert. Die möglichen Kommunikationspartner sind jedoch die Facebook-Freunde und nicht jene Personen, deren Telefonnummer man hat. Wichtige strukturelle Eigenschaften in Bezug auf digitale Bildpraktiken Persönliches Profil mit chronologisch-biografischer Lebenslauflogik Bildkommunikation optional, nicht default Tendenziell für größere Publics gedacht Anordnung der Bilder in Alben ist Remediation des Fotoalbums Facebook Messenger: Abgekoppelte Messaging-App ähnelt WhatsApp, aber bietet mehr Emojis und Reaction Gifs.

4.3 Instagram[95]

Instagram wurde 2010 als App für iOS gelauncht, 2012 für Android – 2011 hatte Instagram bereits 10 Millionen User_innen, 2012 80 Millionen. 2012 wurde das Unternehmen von Facebook übernommen, zum aufsehenerregenden Preis von 1 Milliarde Dollar. Instagram war lange die populärste Bilder-App, mittlerweile holt Snapchat schnell auf, vor allem in den USA. Die User_innen- und Uploadzahlen wachsen, aktuell gibt es weltweit rund 500 Millionen monatlich aktive User_innen und 95 Millionen Foto- und Videouploads pro Tag[96]. In Österreich nutzen etwa 860.000 User_innen Instagram, geringfügig mehr Frauen als Männer, der Großteil ist zwischen 13 und 29 Jahre alt[97].
Interface, Funktionen und Dramaturgie der App
Die App war von Anfang an für die Nutzung durch ein mobiles Endgerät mit Kamera konzipiert und optimiert, mittlerweile ist auch das Betrachten von Bildern via Browser möglich, aber das Hochladen nur mit einem mobilen Gerät. Die Installation der App erfolgt über den AppStore bzw. Play Store, anschließend muss man sich als User_in mit einem Profilnamen und E-Mail-Adresse registrieren, bzw. ist dies mittlerweile auch über Facebook-Login möglich. Als User_in kann man Accounts anderer User_innen abonnieren, die abonnierten Accounts werden dann im Feed angezeigt. User_innen, die ihre Accounts auf „privat"

---

[94]   http://derstandard.at/2000038236517/Facebook-zwingt-Nutzern-nun-noch-mehr-die-Messenger-App-auf, aufgerufen am 3. 3. 2017.
[95]   Teile dieses Unterkapitels finden sich in ähnlicher Form in Schreiber und Kramer (2016).
[96]   instagram.com/press, 31.10. 2016
[97]   Socialmediaradar.at/instagram, 31.10.2016

geschaltet haben, können bestimmen, wer ihre Fotos sehen darf. Die Sichtbarkeit ist aber „public by default".

Fotos stehen ganz klar im Mittelpunkt von Instagram: Jede_r User_in hat ein Profil, das eine Galerie der hochgeladenen Bilder anzeigt. Das User_innen-Profil ist auf wenige Informationen reduziert (ein Userbild und 150 Zeichen Text).

Startet man die App, werden die Bilder jener User_innen, die man abonniert hat, angezeigt. An der oberen Kante befindet sich seit August 2016 ein schmaler Streifen mit den „Stories", darunter vertikal untereinander angeordnet die Bilder, großteils chronologisch – der Algorithmus wurde diesbezüglich im Juni 2016 geringfügig geändert[98].

Abbildung 14, 15, 16 & 17: Instagram Screenshots - Feed, Account, Filter, Tools (Quelle: https://en.instagram-brand.com/assets/screenshots, 3. 3. 2017)

Im Vergleich zu anderen Social Media Plattformen, wie etwa Facebook, gibt es bei Instagram deutlich weniger verschiedene Handlungsoptionen: Im Grunde können nur einzelne Bilder hochgeladen werden, bzw. Elemente, die in Bilddateiformat abgespeichert wurden (beliebt sind z.B. auch Zitate oder Sinnsprüche). Wird ein Bild hochgeladen, besteht die Möglichkeit, dieses gleichzeitig auf weiteren Plattformen wie Facebook oder Twitter sichtbar zu machen, also die Bilder gleichzeitig auch auf den Accounts dieser Plattformen anzuzeigen.

Seit Dezember 2013 gibt es die Funktion „Instagram Direct", hier können eigene Bilder oder die von anderen User_innen direkt an andere User_innen in einer Messaging-Funktion gesendet werden. Bilder konnten bis Herbst 2015

---

[98]   https://www.theguardian.com/technology/2016/jun/07/new-algorithm-driven-instagram-feed-rolled-out-to-the-dismay-of-users, 3. 3. 2017.

ausschließlich in quadratischem Format, das an Polaroidfotos erinnert, hochgeladen werden, mittlerweile sind auch Hoch- und Querformate möglich.

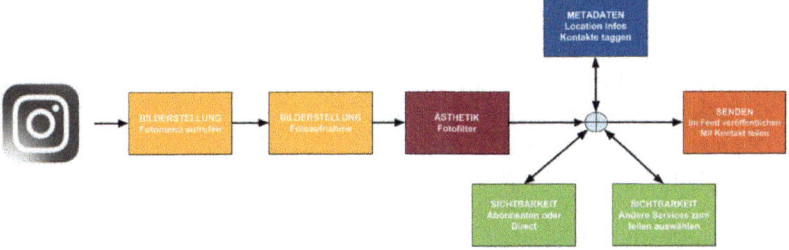

Abbildung 18: Instagram Upload-Dramaturgie

Nachdem Bilder erstellt wurden oder von der Galerie hineingeladen wurden, kommt man immer in das Menü *Ästhetik*: Hier können Filter über die Bilder gelegt werden, bzw. verändern diese Kontrast, Farbigkeit, Sättigung in unterschiedlicher Art und Weise. Besonders in frühen Versionen der App charakterisierte die Filter eine starke Retroästhetik (Jurgenson 2011), die die Smartphonefotos wie Fotografien aus früheren Jahrzehnten erscheinen lässt. Auch wenn man keine Bearbeitung wählt, muss man durch das Filtermenü hindurch, um das Bild zu *senden*. Optional besteht die Möglichkeit *Metadaten* und Bildtext hinzuzufügen, sowie die *Sichtbarkeit* zu ändern: Etwa indem das Bild per Instagram Direct an bestimmte Instagram-Abonnennt_innen gesendet wird bzw. indem die Sichtbarkeit des Bildes auf anderen Services (Facebook, Twitter) ausgewählt wird.

Jede hochgeladene Fotografie wird im Feed der Abonnent_innen mit Profilbild, den Usernamen und einer Zeitangabe gerahmt, optional kann ein Bildtext hinzugefügt werden, gerne werden Hashtags verwendet[99]. Bilder können durch den Klick auf ein Herzsymbol 'geliked' werden. Positive Evaluationen werden also quantifizierbar und vergleichbar.

Vermutlich als Reaktion auf den Erfolg von Snapchat hat Instagram im August 2016 „Stories" eingeführt[100]: Kurze Videoclips oder Bilder im Slideshowformat können in diesem Format geteilt werden und sind dann 24h online. Texte, Emojis etc. können ebenfalls zu den Bildern hinzugefügt werden.

---

[99] Hashtags sind Verlinkungen bzw. Kategorisierungen – durch Klick auf ein Hashtag erscheinen alle Bilder, die damit markiert wurden; Eine detaillierte Betrachtung dieses für digitale Kontexte spezifische Kommunikationsformat sprengt hier den Rahmen, vgl. u.a. Varnhagen et al (2010); Highfield und Leaver (2015); Highfield (2016).

[100] http://blog.instagram.com/post/148348940287/160802-stories, 3. 3. 2017

Wichtigste strukturelle Eigenheiten in Bezug auf digitale Bildpraktiken

- Visuelle Kommunikation als primärer Modus der App
- Bearbeitung der Ästhetik standardmäßiger Schritt in der Upload-Dramaturgie
- Chronologische Struktur des Accounts erfordert ständige Aktualisierung bzw. macht prozessualen Verlauf sichtbar
- Sichtbarkeits-Einstellungen nur voll oder gar nicht sichtbar, bzw. Instagram Direct als Messaging-Nebenschauplatz
- Quantifizierung der Likes und Möglichkeit des Kommentierens
- Format des Profils ident für Stars, Marken, normale User_innen

4.4 Snapchat

Snapchat ist die jüngste der hier vorgestellten Apps und die einzige, die nicht Facebook gehört bzw. die Ankaufversuche bisher abgewehrt hat. 2011 wurde Snapchat als mobile App (ohne Desktop-Entsprechung) entwickelt. Bilder, die gesendet und empfangen wurden, verschwinden, sobald sie für eine vom Sender festgelegte Zeit (maximal 10 Sekunden) betrachtet werden konnten. Dieses Spezifikum brachte der App zu Beginn den Beinamen „Sexting-App" ein. Die eigene Ästhetik[101] und der Run junger User_innen auf die App hat medial für großes Aufsehen gesorgt.

Snapchat hat sich mittlerweile zu einem komplexen Multimedia-Unternehmen entwickelt, dass sich aktiv-aggressiv im Markt der digitalen visuellen Kommunikation platziert[102]. Die Entwickler_inen der App haben in sehr kurzer Zeit sehr viele Features und Zusatzfunktionen erprobt bzw. implementiert, z.B. Zahlfunktion innerhalb der App, kollaborative Timelines, Livestreaming von Events, News-Broadcasting von etablierten Medienunternehmen wie BBC, National Geographic etc. . Kommunikativ und funktional will Snapchat eine Alternative zu alten Modi der Fotografie bieten, aber scheinbar auch zu anderen Plattformen, die eine konventionelle Ästhetik forcieren: „Snapchat isn't about capturing the traditional Kodak moment. It's about communicating with the full range of human emotion – not just what appears to be pretty or perfect."[103]

---

[101] „cult of the barfing rainbow" https://backchannel.com/how-snapchats-sponsored-lenses-became-a-money-printing-machine-a1e45b0a82b#.45i4ygcw2, 3. 3. 2017.
[102] http://orf.at/stories/2349096/2349095/;
http://www.spiegel.de/netzwelt/web/snapchat-wie-es-mit-der-hype-app-2016-weitergeht-a-1076681.html, 3. 3. 2017.
[103] https://www.snap.com/en-US/news/post/lets-chat/, 3. 3. 2017.

Interface, Funktionen und Dramaturgie der App

Die Benutzerkennung folgt über einen Usernamen („Snap ID"), E-Mailadresse und Telefonnummer. Man kann sich gegenseitig als „Freund" hinzufügen oder auch nur einseitig.

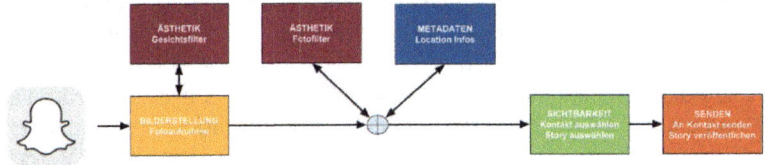

Abbildung 19: Abbildung 19: Snapchat Upload-Dramaturgie

Das erste Interface beim Starten der App ist das Display der Frontkamera, im Default-Fall sieht man also sein eigenes Gesicht und wird quasi dazu animiert, unmittelbar ein Selfie zu machen. Erst nach dem Snappen eines Fotos oder Videos wird entschieden, wem dieses geschickt wird. Befindet man sich allerdings schon in der Konversation mit jemand anderem, kann hier direkt weiter über Bilder, Text etc. kommuniziert werden.

Es gibt vier Menü-Interfaces: das Kameradisplay, Chats, 'Stories' und 'Discover'. Die Haupt-Navigation zwischen diesen erfolgt (im Gegensatz zu fast allen anderen Apps) nicht vertikal über Menüpunkte an der oberen oder unteren Kante, sondern durch horizontales Wischen.

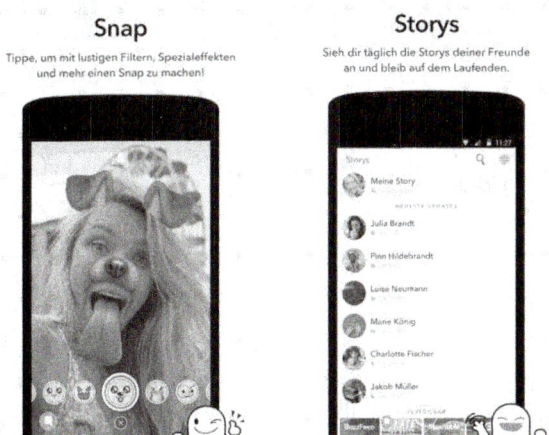

Abbildung 20 & 21: Snapchat Screenshots - Kamera mit Lenses, Userliste

Der Austausch von Bildern auf Snapchat folgt, wie der Name schon sagt, einer Bild-Chat-Logik. Am Anfang wurden lediglich statische Bilder ausgetauscht, die bearbeitet werden konnten. Fotos, die mit der Smartphone-Kamera gemacht wurden, dienten dabei als Leinwand bzw. Hintergrund für kurze Texte, Zeichnungen, Emojis etc. Nach einer vom Sender definierten Betrachtungszeit von maximal zehn Sekunden verschwanden sie wieder. Mittlerweile können auch kurze (maximal 10-sekündige) Videos gesendet werden, und die Möglichkeiten der Bearbeitung wurden schier endlos erweitert.

Die Editing-Funktionen sind aber nicht, wie etwa bei Instagram oder Facebook an herkömmlichen Bildbearbeitungsprogrammen orientiert, sondern erinnern eher an Stickeralben oder Scrapbooks (Good 2013): Ein großer Vorrat an unterschiedlichen Emojis und auch Bitmojis (Erstellen eigener Avatare) steht zur Verfügung.

Abbildung 22, 23 & 24: Snapchat Screenshots - Stickerauswahl und Bitmojis (Quelle: Screenshots der Auto-rin)

Seit September 2015 bietet die App auch „Selfie Lenses", bei der Gesichter gescannt werden und mit Filtern verändert werden (sh. Abbildung 14) – auch hier sind die Möglichkeiten schier endlos, einige Filter sind langlebiger, andere thematisch nur für kurze Zeit verfügbar (z.b. Halloween, aber auch als Werbefilter für Filme, etwa ‚Finding Dorie'). Ein weiteres Feature sind Geofilter, die es durch GPS ermöglichen ein Logo des aktuellen Standortes zum Bild hinzuzufügen, dies kann ein mehr oder weniger präziser Ort sein (z.b. Berlin, Charlottenburg, Technische Universität) aber auch ein Event, bei dem man sich befindet (z.b. Festival). Sowohl Fotos als auch Videos werden in der App als ‚Snaps' bezeichnet.

Mittlerweile gibt es auch eine Text- und Videochatfunktion. Messaging bzw. interpersonale Kommunikation ist also nicht mehr nur auf Bildbasis möglich. Auch „Memories", eine Art Album, in der Snaps längerfristig abgespeichert werden können, wurde eingeführt - wobei ein Abspeichern der Snaps in der normalen Galerie des Telefons auch zuvor möglich war.

In der Funktion „MyStory" werden Snaps in chronologischer Reihenfolge 24 Stunden gespeichert, was stärker narrativ orientierte Formate bzw. Storytelling ermöglicht.

Wichtigste strukturelle Eigenheiten in Bezug auf digitale Bildpraktiken

- Visuelle Kommunikation als Hauptmodus, Bilder als Leinwände für Text und Sticker
- Fokus auf Selfies bzw. Portraits, breite Palette an „Lenses", hochformatiges Design des Interface
- Flüchtigkeit der Bilder durch automatische Löschung
- Psychedelisch-kindliche Scrapbook-Ästhetik mit zahlreichen Stickern und Gestaltungsmöglichkeiten
- Tagebuchähnliche narrative Struktur bei Stories

4.5 Komparative Analyse und Zwischenfazit

In diesem Abschnitt werden nun die Analysen der einzelnen Apps zusammengeführt und verglichen. Besonders fokussiert werden die jeweiligen Upload-Dramaturgien, in der die Default-Einstellungen und Interfaces angeordnet sind.

Wie bereits Villi aufgezeigt hat, lassen sich Modi der „Visual Mobile Communication" grob in Modi des „Publishing" und „Messaging" differenzieren (Villi 2013, 2015). Er verweist damit auf zwei tendenziell unterschiedliche Kommunikationslogiken: Einerseits eine eher an Selbstrepräsentation und Impression Management orientierte Logik, die z.B. auf Facebook und Instagram vorherrschend ist. Beide Apps haben allerdings auch Messaging-Services. Diese folgen, so wie auch WhatsApp und Snapchat, einer reziproken Konversationslogik.

Im Überblick der Upload-Dramaturgien der Apps wird deutlich, dass die Auswahl, für wen etwas sichtbar gemacht wird (Grünes Feld *Sichtbarkeit*), bei WhatsApp und Snapchat ein zwingender Schritt ist, bei Instagram und Facebook jedoch optional. Die Sichtbarkeit eines Bildes bei letzteren ist also in den Default-Einstellungen quasi vergraben, während bei ersteren darüber bei jedem Upload aufs Neue entschieden wird. Das ist ein zentraler struktureller

Unterschied, der digitale Bildpraktiken ganz wesentlich differenziert, wie sich in Kapitel 5 weiter zeigen wird.

Ein weiterer Unterschied ist, dass die Auseinandersetzung mit **Ästhetik** (dunkelrotes Feld) den User_innen bei Instagram und (etwas weniger) bei Snapchat quasi aufgedrängt wird, während sie bei WhatsApp und Facebook eine Nebenrolle spielt.

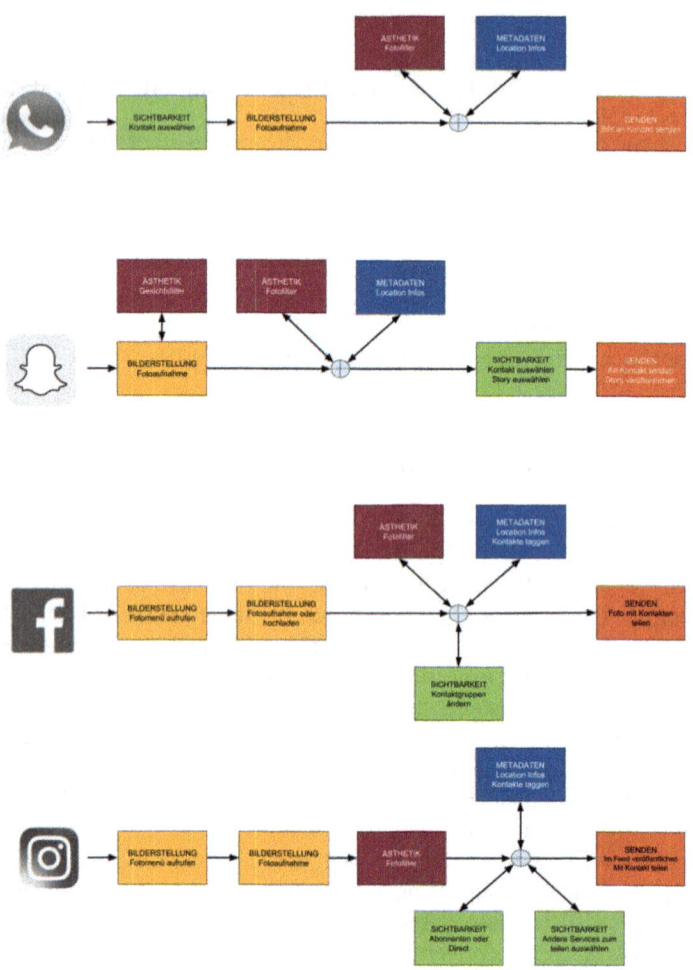

Abbildung 25: Überblick Upload-Dramaturgien

In WhatsApp hat das Bild in erster Linie die Rolle eines Konversationselementes, mit beschränkten Möglichkeiten der Bearbeitung, die App remediatisiert in seiner Logik SMS, aber auch Chats. Bei Snapchat ist das Foto eher eine Art Leinwand, der Untergrund für die Kommunikation – es ist zwar eingebettet in eine Chat-Logik, aber dass diese primär bildbasiert ist, ist der wesentliche Unterschied zu den anderen Apps.

Instagram und Facebook folgen der Logik von Profilen und Newsfeeds, und einer mehr oder weniger chronologischen bzw. biografischen Timeline. Es wird eher eine Ausstellungs- und Homepagelogik remediatisiert, das Bild auf Instagram ist gleichsam ein gerahmtes Gemälde, auf Facebook ist es eher ein Moment in der biografischen Timeline.

Eine reziproke Konversations-Logik braucht keine Like-Symbole, da die implizite Reziprozität sowieso vorsieht, dass irgendeine Art von Antwort kommt. Beiträge in halböffentlichen Plattformen haben grundsätzlich das Potential von vielen gesehen zu werden, aber um zu zeigen, dass etwas gesehen wurde, muss auf Like oder Herz geklickt werden – sonst ist es für das Gegenüber nicht ersichtlich. Diese Feinheiten und Politiken des Sehens und (Nicht-)Reagierens können Schmiermittel und Zündstoff für zwischenmenschliche Beziehungen sein[104].

Inwiefern die unterschiedlichen Strukturen und Dramaturgien in den konkreten digitalen Bildpraktiken meiner Interviewten relevant werden, wird das folgende Kapitel zeigen.

---

[104] Dies wird an einigen Stellen in Kapitel 5 sichtbar, aber z.B. auch bei Baym (2010); Gershon (2010, 2011); Madianou (2014); McVeigh-Schultz und Baym (2015); Prieto-Blanco (2016).

5 Empirische Falldarstellungen

Die Struktur der einzelnen Falldarstellungen folgt immer dem gleichen Aufbau: Einleitend werden die Interviewsituation und der Zugang zur interviewten Person bzw. zu den interviewten Personen beschrieben und ein Überblick über den Materialbestand gegeben, der für die Interpretationen herangezogen wurde. Dann werden die zentralen Orientierungsmuster des Falles vorgestellt. Schließlich werden diese in Hinblick auf die Fragestellung und komparative Analyse zusammenfassend verdichtet.

- Kürzere Zitate aus den Transkripten der Interviews sind in den Text integriert, längere Zitate abgesetzt. Die Zahlen in Klammern bedeuten die Zeilennummern der Transkripte der Interviews.
- „Doppelte Anführungszeichen" markieren Zitate aus den Transkripten, ,einfache Anführungszeichen' markieren Hervorhebungen.

Im Anhang befindet sich die Erläuterung des Transkriptionssystems.

5.1 Falldarstellung Fanny

5.1.1 Einleitende Fallbeschreibung

Fanny, weiblich, 78 Jahre alt

- war bzw. ist in der Filmbranche tätig
- nutzt Facebook und WhatsApp

Zugang und Interviewsituation

Der Kontakt zu Fanny wurde über eine Bekannte hergestellt, die einmal Fannys Nachbarin gewesen war. Die Bekannte beschrieb mir Fanny als für ihr Alter

© Springer Fachmedien Wiesbaden GmbH, ein Teil von Springer Nature 2020
M. Schreiber, *Digitale Bildpraktiken*, https://doi.org/10.1007/978-3-658-30788-2_5

außergewöhnlich aktiv in Hinblick auf die Nutzung neuer Medien, und überhaupt als „cool".

Der Interviewtermin kam einfach zustande und wir trafen uns in einem gut situierten, typischen Wiener Kaffeehaus – bei ihr zu Hause war das Interview nicht möglich, da ihr Mann erkrankt war und zu dieser Zeit 24 Stunden am Tag betreut wurde.

Eigentlich waren wir – auf ihren Vorschlag hin - im Raucherraum verabredet, doch diesen gab es nicht mehr, und Fanny steuerte auf einen schmalen Marmortisch mit weißem Tischtuch zu. Es war Mittagszeit und wir bestellten etwas zu essen, sie wirkte vertraut mit Raum und Speisekarte bzw. auch mit der Tätigkeit, auswärts zu essen und mit ‚fremden' Menschen zu sprechen.

Der Verlauf des Gesprächs war eher fetzenartig und anekdotisch, zu einem biografischen Verlauf oder einer flüssigen Erzählung kam es nicht; Ihre Zeit und ihr Parkschein waren begrenzt (sie erwähnt, dass sie Parkscheine mit einer App zahle), und sie müsse zurück zu ihrem Mann. Sie hatte ein iPhone dabei, auf dem sie mir im Laufe des Interviews Bilder zeigte, und auch ein iPad, auf dem sie mir ebenfalls etwas zeigte.

Am Ende des Interviews zahlte sie die Rechnung, mit der Begründung, dass sie ja „eine Firma" habe. Dann gingen wir gemeinsam zu ihrem Auto. Sie war ganz entsetzt, dass ich keinen Führerschein habe, motivierte mich, ihn zu machen – „man ist freier". Am Weg sprachen wir über Männer/Frauen-Unterschiede, sie erzählte mir, dass eine Pflegerin ihres Mannes eine Zicke gewesen war und sie jetzt einen Mann als Pfleger haben. Sie fände Männer einfacher. Das Auto war groß, rot und recht modern.

Materialbestand zu diesem Fall, Autorisation und Auswahl

Erhebung und Autorisation	Analysematerial
Interview 4. 3. 2015, 48 Minuten	Transkript
Online-Ethnografie Facebook Beim Interview habe ich Fanny gefragt, ob ich sie auf Facebook befreunden darf, sie hat zugestimmt. Da sie mir beim Interview nur das Bild von mir zur Verfügung gestellt hatte (sh. unten), habe ich dies vor allem als Möglichkeit genutzt, ihre digitalen Bildpraktiken auf visueller Ebene kennenzulernen.	Screenshots

Die Screenshots wurden jedoch keiner detaillierten Analyse unterzogen, bis auf zwei ausgewählte Bilder:	
Das Bild „Sessel" war kurz nach dem Interview bis dato ihr Profilbild auf Facebook	Screenshot des Bildes (plus Kommentare)
Das Bild „Hund" wurde von mir zur Interpretation ausgewählt, da Fanny im Interview erwähnt hatte, dass sie oft Bilder von ihren Hunden mache.	Screenshot des Bildes plus Kommentare
Fanny hat während des Interviews ein Bild von mir gemacht, als ich sie gebeten habe, mir ein Bild zur Verfügung zu stellen, das sie auf WhatsApp geteilt hat. Das Bild wurde keiner detaillierten Analyse unterzogen.	Bild

5.1.2 „Was ist das Grundlegende, was Sie interessiert?"[105] – Ringen um Expertise

Gleich zu Beginn des Interviews zeigt sich, dass der Diskurs – mehr als in anderen Interviews in dieser Arbeit – ein Interaktionsprodukt von Fanny und der Interviewerin ist.

> Y: k also sie können mir gern einfach auch erzä:hlen, wasmich grundlegend in
> der Arbeit auch interessiert is einfach-
> F: Was ist das Grundlegende was sie interessiert?
> (1-3)[106]

Fanny gibt im Interview den Takt vor[107]: Sie hat den Ort gewählt, begrenzt die Zeit. Am Ende wird durch das ‚Presse'-Schild am Auto noch einmal klar markiert, wer hier eigentlich wirklich autorisiert und auch erfahren darin ist, jemand anderen zu interviewen: Fanny war (und ist immer noch ein wenig) journalistisch

---

[105] Die Zitate in den Überschriften sind immer Originalzitate der Interviewten. Wenn diese im Fließtext zitiert werden, sind sie mit Anführungszeichen markiert. Längere Zitate sind eingerückt und in kleinerer Schrift gesetzt. Die Zahlenangaben unter den Transkriptauszügen sind die Zeilennummern in den Transkripten.

[106] F ist Fanny, Y ist die Interviewerin. Eine Erklärung des Transkriptionssystems ist im Anhang zu finden.

[107] Dies ist natürlich für ein qualitatives Interview erstrebenswert und keineswegs wertend gemeint. Es scheint lediglich auch in Hinblick auf die anderen Interviews bemerkenswert, in denen die älteren Interviewten eher eine hilfbereite Interviewhaltung an den Tag legten.

tätig. Für sie ist der Beruf zudem nicht nur ein Job, sondern vielmehr eine Berufung, eine Haltung, wie sich im Laufe des Interviews deutlich gezeigt hat.

Mit der Frage, was denn das Grundlegende wäre, was die Interviewerin interessiere, übernimmt Fanny kurzfristig die Rolle der Interviewerin – eine Rolle, die ihr vertraut ist. Fannys Medienpraxis ist stark von ihrer Berufstätigkeit gerahmt, die schöpferisch-kreativ, und gleichzeitig journalistisch war bzw. ist; gemeinsam mit ihrem Mann, aber auch alleine, hat sie „unendlich" (21) viele Filme und Sendungen produziert.

Es treffen also zwei Frauen aufeinander, unterschiedlich alt, aber beide mit dem Anspruch bzw. der Rolle, (auf unterschiedliche Art und Weise) Medienexpertinnen zu sein. Während des Interviews kommt kein wirklicher Erzählfluss zustande, vielmehr ist es unterbrochen von einem oftmaligen Ringen um Expertise bzw. Rollenklarheit, um ein Aushandeln des Verhältnisses: Die Fragen der Forscherin-Interviewerin werden teilweise in oppositionellen Diskursmodi als irrelevant markiert.

Das Aushandeln bleibt während des relativ kurzen Interviews ohne Ergebnis. Es gibt keine Einigkeit darüber, wer jetzt wem ein Interview gibt bzw. wer Expertin wofür ist. Teilweise mutiert das Interivew eher zu einem Gespräch unter Expertinnen, in der unterschiedliche Orientierungen einander gegenüber stehen.

Fanny präsentiert sich als Expertin für Vergangenes, aber auch als mutig, furchtlos und neugierig in Bezug auf Gegenwärtiges. Sie gefällt sich in der Rolle der jungen Alten, die Rolle der Interviewerin ist unklar und schwankt zwischen Enkelin und Expertin, aber die Interviewerin unterstützt die Inszenierung von Fanny durch Anerkennung ihrer Besonderheit. Dort wo Fanny ins Reden kommt, zeigt sich, dass sie wenig Interesse hat, das Gewöhnliche und Alltägliche zu erzählen, sondern lieber Witziges und Außergewöhnliches - das verweist möglicherweise auch auf eine beruflich-journalistische Orientierung, dernach nur Besonderes erzählenswert ist. Zudem ist Fanny auch daran orientiert, gesehen und anerkannt zu werden (worauf weiter unten näher eingegangen wird).

Auf performativer Ebene, also in der Art und Weise der Gesprächsführung, zeigt sich jedenfalls, dass sie Publikum braucht, sie will das Interview, bzw. sie will auch gerne in Diskussion treten. Das wiederholt sich auch auf thematischer und diskursiver Ebene, wie im Folgenden ausgeführt wird.

5.1.3   *„Wirklich lustig wars dann mit der Polaroid" – Kongruenz*
           technologischer Möglichkeiten und habitueller Orientierungen

Fanny interessiert es, über früher zu sprechen, der Beginn der Erzählung über
ihre Praxis mit dem Smartphone und Fotos ist jedoch biografisch-chronologisch
nicht ganz so einfach zu verorten, und so gibt es dazu auch mehrere Anfänge im
Interview. Spannenderweise werden an diesen Anfängen auch jeweils unterschiedliche ‚medientechnischen Stränge' sichtbar, die mittlerweile tatsächlich im
Smartphone konvergiert sind: Computer, Mobiltelefon und Fotografie.

Fanny verortet einen möglichen „Anfang" dort, wo „das Digitale" (68) beginnt. Ihre erste Begegnung mit dem Digitalen fand im Jahr 1986 in Form eines
Schreibcomputers (15) bzw. -automaten im Büro statt, also im Rahmen ihrer Berufstätigkeit. Die Schulung für den Schreibautomat die gemeinsam mit der Sek-
retärin stattgefunden hat (238) ist vorerst zweckrational für die Tätigkeit in der
„Filmproduktion" gerahmt. In der Erzählung wird die hierarchisch höhergestellte
Position deutlich, die Fanny in dieser Firma innehatte bzw. hat; das wiederholt
sich noch an mehreren Stellen, an denen sie von „meine Mitarbeiter" spricht.

Ein zweiter möglicher Anfang, nämlich private Fotografie, wird von der Interviewerin proponiert, stellt sich aber für Fanny als irrelevant heraus:

> Y: Und – wie alt waren sie wie sie dann zum ersten <u>Mal</u> oder so angefangen
>   haben selber zu fotografieren, circa
> F: Würd sagen so 16 17 mit der Mama ihrer Kamera, ja das war so eine
>   Box
> Y: Mhmm. Mit diesem
> F: Ja. Aber dann wirklich lustig wars mit der Polaroid.
> (56-58)

Für Fanny wird es dann interessant, wo es „wirklich lustig" wird, und das war
erst mit der Polaroid-Kamera. Dies ist gleichzeitig ein weiterer Anfang, der Fannys heutiges Handeln mit Smartphone und Fotos speist. Es dokumentiert sich,
dass ihr Interesse bzw. ihre Freude an Fotos dann groß ist, wenn etwas einfach
und schnell verfügbar und sichtbar wird. Diese rasche Verfügbarkeit bietet heute
das Smartphone, bot aber auch schon Polaroid – „dass mas gleich entwickelt hat,
dass mas gleich gesehen hat" (60) war für Fanny der Spaß; sie und ihr Mann
haben „*wahnsinnig* viel mit der Polaroid fotografiert" (68-69).

Ökonomisches Kapital ist – besonders zu jener Zeit – ganz klar Voraussetzung für den Besitz bestimmter Geräte, und der Besitz von Fotoapparaten war
mit wesentlich mehr finanziellem Aufwand verbunden als heutzutage. Doch
Fanny macht klar, dass Geld in diesem Kontext, nämlich für sie als erfolgreiche
Unternehmerin, wohl keine Rolle spielte: „Na ich hab sie gekauft, aber ich hab

ja eine Fernsehproduktion gehabt, also das war schon drinnen, die Fotoapparate"
(52-53).

Sie gehörte also zur technischen Avantgarde. Dies gilt auch für den Besitz
eines Mobiltelefons, sie war eine „der *ersten*, die ein Handy hatten" (82), und
schildert in einer kurzen Anekdote auch die kurzfristige Irritation des Alltags
durch die Mobilität des Telefons: Aus Schock über das plötzliche Läuten des
Telefons im Auto hat sie einmal einen Unfall gebaut. Zweimal wird das Interview von Anrufen unterbrochen und jedes Mal dokumentiert sich in den kurzen
Gesprächen, dass Fanny den Sinn und Zweck des Geräts vollkommen in ihren
Alltag integriert hat, erreichbar und trotzdem mobil im Sinne von unterwegs zu
sein ist für sie wichtig[108].

In Bezug auf Fotografie differenziert Fanny weiters zwei unterschiedliche
Praktiken, nämlich fotografiert zu werden und selber zu fotografieren, also Motiv
oder Produzentin zu sein. Mit der Rolle des Motivs, des Modells, ist sie noch
früher vertraut gewesen:

> F: Ja. Also ich hab angefangen, eigentlich, ich hab in- als Jugendliche nicht
>   soviel fotografiert, da war ich eher Modell, muss ich zugeben, da ham
>   mich die anderen fotografiert.
> (42-43)

Dies ist in Hinblick auf die – weiter unten folgenden – Bildinterpretationen spannend, da beide Bilder Selfies sind, also Bilder, in denen die Rollen der Produzentin und Abgebildeten zusammenfallen. Wie sich in den Bildinterpretationen zeigen wird, ist diese Doppelrolle für Fanny noch gewöhnungsbedürftig. Ein Verschwimmen von Produzentin und Rezipientin deutet sich aber bereits in den Polaroids an, zumindest ist der Wechsel zwischen den Rollen rascher möglich, als
bei herkömmlicher analoger Fotografie und ein gemeinsames Betrachten der Fotos kann kurz nach der Aufnahme stattfinden.

In Fannys Erzählungen von den ersten Begegnungen mit den mittlerweile
historischen Technologien deutet sich an, dass sie es genießt Avantgarde zu sein,
es wichtig ist, dass etwas Spaß macht und ein Bild schnell sichtbar wird. Diese
Orientierungen sind für Fanny auch in Bezug auf ihre aktuelle Handlungspraxis
mit Smartphone und Fotografie, immer noch und grundlegend relevant. Ihre habituellen Muster sind konvergiert – so wie die Technologien im Smartphone.

---

[108]   Für die komparative Analyse ist es interessant Folgendes anzumerken: Die
        unterschiedlichen Historien der Technologien Fotografie, Computer und Handy
        konvergieren eher spät in Fannys Leben – bei den jüngeren Interviewten sind sie von
        Anfang an verschränkt/ in einem Gerät vereint. Mit einem konvergentem Gerät
        aufzuwachsen bedeutet mit der Verschränkung von Fotografie und Kommunikation
        aufzuwachsen; das ist bei anderen nicht so.

5.1.4 „Schon sehr @mutig@ " – Neu-Gier als treibende Kraft

Fanny zeigt sich in Bezug auf ihre Medienkompetenz als außergewöhnlich, bzw. weiß sie auch, dass sie als außergewöhnlich wahrgenommen wird und kokettiert durchaus damit: „hab ich eigentlich mit einer neuen Sache angefangen mit 75. Schon sehr @mutig@" (24-25). Sie präsentiert sich selbst explizit als außergewöhnlich und inszeniert sich als Medienprofi. Im Vergleich zu anderen älteren (bzw. auch jüngeren) Interviewten wird im Interview ein großer Technikenthusiasmus und auch eine Neu-Gier (im wahrsten Sinn des Wortes) sichtbar. Fanny weist das vermeintliche Vorurteil, dass ältere Menschen weniger medienkompetent seien, zurück. Trotzdem macht sie gleichzeitig deutlich, dass sie besonders und die Ausnahme ist, und bestätigt eigentlich damit das Vorurteil wiederum. Sie lässt einerseits den Altersunterschied nicht als Differenzgrund bezüglich Medienkompetenz gelten, andererseits nimmt sie diesen aber selbst wahr. Und schließlich stellt sich die Frage, inwiefern der von ihr vorgebrachte Technikenthusiasmus auch tatsächlich handlungspraktisch fundiert ist – denn es zeigen sich in Hinblick auf die konkrete Handlungspraxis mit digitalen Technologien einige Ambivalenzen:

> Y: Ja? Also wars eigentlich mehr würden sie sagen <u>privat</u> motiviert oder würden sie sagen schon auch weil von der Arbeit her das gut oder notwendig oder praktisch ist oder war oder
>
> F: ((mit vollem Mund)) Da ich in so einem Job war, ((runtergschluckt)) hauptsächlich mit computerversessenen jungen Männern zusammen war ((Mhm)) Die alle Spezialisten sind (mhm) und mir alles gezeigt haben (mhm) wird ich also wahrscheinlich nicht anerkannt gewesen, wenn ich es nicht gekonnt hätte. Also es war schon eine gewisse Berechnung von mir dabei, (3)
>
> Y: Und sind sie dann auf die zugangen und ham gefragt könnts ihr mir da, oder wie war das, sind die hergekommen und ham ihnen das angeboten
>
> F: Nein eh, sie ham zu mir gesagt, willst du dir nicht ein <u>iphone kaufen</u>. Du musst unbedingt ein <u>iphone</u> haben. Oder du musst unbedingt und ja, in <u>ipad</u> hat mir meine Familie die ziemlich groß ist, und von sehr vielen jungen Menschen, zum 75ten Geburtstag geschenkt (3-isst) Und ich glaub nicht dass man heu- in der jetzigen Zeit irgendein Erfolgreichseinkann in <u>irgendeiner</u> Sparte ohne dass man ein bissl die Technik beherrscht
>
> (167-179)

Wie in diesem Ausschnitt deutlich wird, bleibt unklar, inwiefern die Auseinandersetzung mit Technik intrinsisch oder extrinsisch motiviert war. Am Resultat, an der Handlungspraxis, ändert das nichts. Doch gerade in Bezug auf Geschlechterrollen und Technik ist die Fremd- oder Selbstbestimmung im Umgang mit Technik oft stark normativ orientiert. Fanny präsentiert sich stolz als technikkompetente ältere Frau inmitten von „computerversessenen jungen Männern" – ein Umfeld, das ihr einerseits Unterstützung bietet, andererseits wäre sie ohne grundlegende Technikkompetenz nicht „anerkannt" gewesen. Sie sagt, dass von ihrer Seite aus „gewisse Berechnung" dabei war, sie verortet ihr diesbezügliches Handeln also als strategisch. Sie ist daran orientiert, in ihrer Position als Chefin, Journalistin und Frau anerkannt und erfolgreich zu bleiben. Einen vermeintlichen Kontrollverlust vermeidet sie durch die Auseinandersetzung mit, oder zumindest den Erwerb von, neuen Technologien.

Ein Verständnis der tieferen technischen Strukturen ist für sie irrelevant: Wenn es kompliziert wird, kann sie abgeben – denn sie hat Mitarbeiter. Sie ist Nutzerin, die Oberfläche muss rasch und einfach funktionieren, was etwa auch an ihrer Vorliebe für Polaroid deutlich wird.

Fannys Aussagen zu ihrer Wahrnehmung von Medienwandel scheinen stark bildungs- und innovationsorientiert. Fast mahnend führt sie aus, „Fotos sind der *Spaß*" (186), in Hinblick auf die Nutzung digitaler Technologien gebe es jedoch aus ihrer Sicht noch eine andere Ebene, also den Ernst. Dazu gehören Internet-Banking und E-Mail, „wenn man das in der jetzigen Zeit nicht beherrscht, ist es bled" (187). Sie führt aus, dass man ja Nachteile davon hätte, nicht informiert zu sein, denn dadurch wäre man „indoktriniert" (193). Durch das Internet habe man anderen Zugang zu Informationen und könne sich ein besseres Bild machen. Es dokumentiert sich hier eine sehr medieneuphorische, bildungs- und demokratieorientierte Position: Fannys Bild des Internets ist das eines endlosen, dynamischen Wissensspeichers, und Wissen sieht sie als (?) die Voraussetzung für selbstständige, kritische Meinungen. Zugang zu und ‚Beherrschung' von Technik werden quasi als Wege zu Informationsvielfalt gesehen, aber auch als Mittel, auf dem Laufenden zu bleiben: „*wenn ich nicht googeln kann*, fehlt mir jetzt, dann bleib ich am Stand vom Brockhaus stehen (.)" (199).

Der negative Horizont in diesem Kontext ist das Fernsehen, durch Fernsehkonsum hätte man „die Meinung von den Medienmachern" (192)[109]. Fanny stellt sich einerseits als sehr kritisch jenen gegenüber dar, die es nicht interessiert, an digitalen Medien teilzuhaben. An einer anderen Stelle zeigt sie aber auch Verständnis für jene, bei denen ein Handy nicht in das Lebensschema passt. Es dokumentiert sich gesamt eine (möglicherweise milieutypische) Orientierung an Bildung und Wissen sowie Innovation.

Fanny erzählt, dass einer ihrer Mitarbeiter sein Informatik-Studium nicht beenden werde was auch damit zu tun habe, dass 12jährige Kinder bereits auf dem Stand seien, den er jetzt habe. Die Interviewerin stimmt zu und meint, dass

---

[109] Fannys Interneteuphorie scheint im Vergleich zu der Gruppe der Teenager fast altmodisch, diese sehen die Macht der kommerziellen Anbieter von Plattformen wie Facebook ebenfalls kritisch.

die Technik sich schnell verändere. Hier widerspricht Fanny der Interviewerin bzw. eigentlich sich selbst und meint „ich glaub nicht, dass sich die Technik so stark verändert" (367 ff.). Darauf bringt die Interviewerin ein Beispiel, indem sie ausführt, dass „schon ein Unterschied" da wäre, nämlich der Wechsel von der Bedienung des Mobiltelefons mit Tasten hin zur Bedienung mit dem Touchscreen. Hier wiederum meint Fanny, ihr selbst wäre das gar nicht aufgefallen. Die Interviewerin beendet das Thema rituell. Es bleibt unklar, worauf Fanny eigentlich hinauswollte, vielleicht hat sie Freude an einer Diskussion, oder sie markiert ihren inhaltlichen Expertinnenstatus.

Es bleibt auch gesamt vage, was, im Gegensatz zu ihrer normativen Position dazu, Fannys handlungspraktischer Umgang mit Medienwandel ist. Relevant ist jedenfalls, dass sie einen Wandel über einen langen Zeitraum hinweg miterleben konnte, im Gegensatz etwa zu der Gruppe der Teenager (Kapitel 5.5). Die habituellen Kontinuitäten treten in der biografischen Vogelperspektive jedenfalls deutlicher hervor, Brüche oder Konflikte kommen in der von ihr erzählten Medienbiografie nicht vor.

Über die Technikkompetenz hinaus zeigt sich, dass Fanny die Besonderheit, als Frau in den 60er, 70er, 80er Jahren in leitender und kreativer Position berufstätig zu sein, selbst bewusst ist, sie streicht sie gerne und oft heraus und spielt bzw. kokettiert auch damit, wenn sie etablierte Geschlechterrollen gleichzeitig mit Altersrollen umdreht.

Im folgenden Abschnitt z.B. wird verdichtet deutlich, wie Fanny Spaß daran hat, jemandem etwas voraus zu haben: Sie erläutert, wie einer ihrer Mitarbeiter auf ein Programm aufmerksam wurde, mit dem sie herumspielte. Bei diesem Programm werden Gesichter verzerrt. Dass er das Programm nicht kannte, obwohl er männlich, 26 und Computertechniker war, freut und belustigt sie.

F: Aber er war so, ich hab mich gespielt damit, er hats gesehen, der ist 26 und Computertechniker
Y: °hats nicht gsehn°
F: und @er hat das noch nie gesehen@ und jetzt hat er mir-.
Y: Und das ham sie mim Tablet gmacht oder
F: Na mit Handy, na mit, nein das hab ich da drin. Das Programm. (.) Ich borgs ihnen @(.)@
Y: @Jaa@ (.)
F: <u>Sehr</u> lustig
(148-155)

Gleichzeitig dokumentiert sich hier, dass sie „das Programm" wie ein materiales, abgegrenztes Ding begreift. Sie hat ein Programm „da drin" und will es der Interviewerin borgen. Auf jeden Fall macht das Programm Spaß, und es zeigt sich, dass Fanny zu vielen Programmen und Technologien einen spielerischen Zugang hat. Besonders befriedigend ist für sie jedoch offensichtlich, wenn im Spiel auch andere involviert sind – was wiederum mit der Orientierung zusammenhängt, die ich im Folgenden ausarbeite.

5.1.4.1 „das Handy das niemals läutet" – Einsamkeit als negativer Horizont

Fanny wirft im Laufe des Interviews unvermittelt ein, dass „das ärgste" sei ein Handy zu haben, „das niemals läutet" (313 ff.). Als negativer Horizont dokumentiert sich „die große Einsamkeit" die das nie läutende Handy symbolisiert. Dies wäre ein Problem für „sehr viele alte Leute". Hier deutet sich an, dass Einsamkeit durchaus auch etwas ist, vor dem Fanny Angst hat. Zieht man den Umstand in Betracht, dass ihr Mann schwer erkrankt ist, ist auch nachvollziehbar, dass diese Angst vermutlich auch mit einer Auseinandersetzung mit dem möglichen Sterben ihres Partners zusammenhängt. Deutlich wird die Auseinandersetzung mit dem Topos der Einsamkeit bzw. dem Vermeiden der Einsamkeit auch auf korporiert-ikonischer Ebene im Bild ,Hund' (sh. weiter unten). Fanny elaboriert das Thema im Interview nicht weiter sondern spricht dann wieder über etwas ganz anderes. Dass Dilemmata oder Ambiguitäten, die sich in Interviews latent andeuten, eher in Bildern zum Vorschein kommen, wurde auch schon in anderen Studien festgestellt (Przyborski 2018).

Gemeinsam statt einsam – Bild ,Freundinnen'

Fanny und ihre Hündin befinden sich bei Tageslicht im Herbst oder Frühjahr im Wald. Während der Hund mehr oder weniger alterslos, doch gepflegt ist und sich nicht weiter an der Kamera interessiert zeigt, ist Fanny, auf die Herstellung des Bildes fokussiert, sichtlich schon älter, aber ebenfalls sehr gepflegt und junggeblieben. Sie blickt lächelnd in die Kamera, ihre Frisur ist leicht zerzaust, ihr Gesicht ist faltig, die Haut hängt herab, an einigen Stellen sind Altersflecken sichtbar. Ihre Kleidung ist nicht unbedingt nur funktional, sondern auch bunt, schick, jung geblieben. Die Hündin befindet sich leicht hinter der Frau versetzt, aber ihre Körper berühren einander. Sie befinden sich auf Augenhöhe, der Hund liegt auf einer Holzfläche, die sich etwa auf Brusthöhe der Frau befindet, sie sitzt auf etwas. Frau und Hund nehmen etwas mehr als die untere Bildhälfte ein, das Bild ist hochformatig.

Die soziale Situation ist ein Waldspaziergang mit Hund, keine aus dem Alltag herausgehobene Situation wie Urlaub oder ein besonderer Anlass, vielmehr

Routine und damit auch die Betonung des gemeinsamen Alltags – Frau und Hund leben zusammen, verbringen ihr Leben zusammen.

Abbildung 26: Abbildung 26: Bild ‚Hund'; Gesicht verpixelt und Planimetrie einge-zeichnet (rechts) von MS.

Perspektivische Projektion und Planimetrie fallen zusammen (das hat Kanter 2016 grundsätzlich in Bezug auf Körperbilder ausgearbeitet), wie in den meisten Selfies mit zwei Abgebildeten mit einer X-förmigen planimetrischen Komposition (vgl. (Schreiber 2015b). Die Planimetrie markiert die Parallelität der beiden abgebildeten Wesen, sie sind auf Augenhöhe, der Hund ist jedoch etwas mehr in die Mitte gerückt, wendet sich aber von den Betrachtenden ab (gestrichelte Linie) und ist gesamt kleiner als Fanny, sie lehnt sich leicht zurück, passt so mit dem Hund ins Bild.

Im Bild dokumentiert sich ein Zusammensein der beiden trotz ihrer Unterschiedlichkeit – sie sind Weggefährten. Dem Hund wird viel Raum gegeben, die Frau hat teil am (bewegten) Leben und am Lebendigen, die beiden sind gemeinsam draußen unterwegs und haben entspannt und trotzdem agil Spaß.

Wenn das Zusammensein der beiden Abgebildeten thematisiert wird, wird gleichzeitig das Nicht-alleine-Sein thematisiert. Hier ist es ein Zusammensein mit einem Haustier. Der Hund ist ein wichtiger Weggefährte in Fannys Leben, er ist ihr Begleiter im Alltag und sie sieht sich mit ihm auf Augenhöhe. Auch im Interview hat sich dokumentiert, dass Fannys Hunde für sie wichtig sind und ein häufiges Fotomotiv darstellen. Während sich das Thema Einsamkeit im Interview nur kurz andeutet, wird es hier in seiner korporierten Negation sichtbar: das Zusammensein mit einem Hund als Sichtbarmachung der Nicht-Einsamkeit. Trotzdem bleibt die Frage, inwiefern das Zusammensein mit dem Hund einem menschlichen Kontakt gleichwertig sein kann[110].

Der positive Horizont, der der Einsamkeit gegenüber steht ist jener des Gesehen-Werdens und Verbunden-Seins. Für Fanny muss menschlicher Kontakt nicht notwendigerweise physisch präsent stattfinden – sie schöpft hier die Möglichkeiten mediatisierter Kommunikation aus. Wie Gesehen-Werden durch ihre Facebook-Kontakte ausagiert wird, soll im folgenden Abschnitt anhand jener Kommentare gezeigt werden, die sich direkt auf das eben interpretierte Bild beziehen.

5.1.4.2   „weiß, was die alle essen"– Konnektivität und An-Gesehen-Sein als positiver Horizont

Im Kontext von Social Media können Bilder als Propositionen innerhalb von Interaktionen verstanden werden – sie entsprechen einem ersten (visuellen) Diskursschritt, in dem eine oder mehrere Propositionen aufgeworfen werden, die dann in rahmender oder anschließender sprachlicher oder wiederum visueller Kommunikation weiter elaboriert werden (können) (Schreiber und Kramer 2016).

So auch im vorliegenden Fall: Der Social-Media-Kontext verweist auf die „conversational practice" (Frosh 2003; Gómez-Cruz und Thornham 2015), die ein Selfie sein kann – bereits das Bildgenre an sich ist aufs Betrachtet- und Kommentiert-Werden gerichtet, und die Software bietet dann auch die Möglichkeit, dies zu tun.

Versteht man das Bild ‚Freundinnen' also nun als Proposition eines Diskurses, ist die Orientierung, die darin aufgeworfen wird, ‚wir sind gleichwertig und zusammen unterwegs'. Diese Proposition wird in der Bildunterschrift weiter elaboriert, diese abstrahiert die Beziehung der beiden Abgebildeten noch weiter, es gibt kein konkretes ‚Ich und x' oder ‚Name und Name', das Bild steht sozusagen für eine abstrakte Idee von „2 alte Freundinnen" (der Text der Bildunterschrift), ein Motiv, ein allgemeines Verhältnis bzw. den Zustand, wie zwei alte Freundinnen eben so aussehen können. Darin dokumentiert sich eine Distanzierung, ein

---

[110]   Hundebesitzer würden dies nicht anzweifeln

Blick von außen. Das Bild hat 55 Likes, das scheint, in Relation zu den eigenen
Facebook-Erfahrungen, relativ viel.

Abbildung 27: Screenshot Kommentare zu Bild ‚Hund'; Namen verpixelt von M.S.

Zehn Kommentare wurden innerhalb kurzer Zeit nach dem Upload verfasst. Einige validieren bzw. erkennen das Freundinnenpaar eher liebevoll-verniedli-
chend an (1, 2, 3, 6, 10). In Kommentar 5 wird das Bild mit einem Emoticon-
Äquivalent kommentiert, das zwei Tiere zeigt, die sich freundschaftlich (ohne
Augen- und Lippenkontakt) umarmen. Es dokumentiert sich ein verdichtetes co-
michaftes Herausstellen bestimmter Aspekte der im Bild gezeigten verkörperten
Beziehung.

    In Kommentar 7 wird das von Fanny proponierte Thema Lebensalter auf-
genommen, in der Negierung „sehen doch beide noch topfit aus" wird aber auch
die Möglichkeit des Nicht-fit- und Altseins impliziert, dabei „doch" eigentlich
betont, dass es auch anders sein könnte. Die Parallelität wird mit „beide"

validiert, der Kommentar bleibt aber auch bei der distanzierten Außenperspektive, in dem er formuliert „sehen beide", und nicht „du/ihr seht". Im Gegensatz dazu stehen die Kommentare 8 und 9, in denen Fanny direkt adressiert wird: einmal sie einzeln durch „Ach du liebe", wobei „du liebe" hier fast etwas bemitleidendes, kümmernd-herablassendes hat. Einmal werden beide Abgebildeten adressiert – „you are both lovely" – und es wird englischsprachig auf ein zukünftiges Zusammentreffen an einem Ort in Italien verwiesen.

Aber die proponierte Gleichartigkeit der im Bild sichtbaren Wesen wird nicht uneingeschränkt validiert, z.b. in Kommentar 4: „Ein Herz und eine Leine" – hier wird das Ungleichgewicht, die Ambivalenz der Parallelität thematisiert, der Hund kann keine „Seele" haben, aber sehr wohl eine „Leine" und ist damit immer zu jemandem gehörig bzw. in Relation zum Mensch zu sehen. Mit dem ausgeschriebenen Lachen („hahahaha") wird angezeigt, ‚nimm mich nicht allzu ernst' jedoch dokumentiert sich auch Unsicherheit und es wird Ironie/Provokation markiert.

In der Social-Media-Einbettung dokumentiert sich, dass Fanny auf Facebook einen großen und diversen (in Bezug auf Alter und Geschlecht) Freundeskreis hat. Das proponierte parallele Beisammensein von Frau und Hündin wird Großteiles bestärkend validiert – mitunter deuten sich leichte Ambivalenzen an („Ach", „noch topfit"), bzw. wird in Kommentar 4 das Paar nicht als parallel, sondern in abhängiger bzw. angeleinter Relation gesehen.

Die vom Bild aufgeworfene Proposition ist also ambivalent. Fanny und der Hund sind gemeinsam und nicht einsam unterwegs, sie haben draußen Spaß. Der Bildtext elaboriert bzw. fokussiert die Komponente des Gemeinsam- und Gleichwertig-Seins. „2 alte Freundinnen" kokettiert mit dem Alter.

Die Likes und Kommentare sind im phatischen Sinne Zeichen dafür, dass etwas gesehen wurde; aber die Art und Weise, *wie* etwas validiert bzw. weiter und anders gerahmt wird, ist jeweils interessant. Großteils wird das abgebildete Paar als Paar validiert, aber die Ambivalenzen in Bezug auf Alter und Gleichwertigkeit der abgebildeten Wesen, die sich im Bild und auch im Bildtext andeutet, zieht sich auch in den Kommentaren weiter.

Es zeigt sich, dass das Bild als Form der visuellen Kommunikation bestens geeignet ist, um Ambivalentes und Uneindeutiges zu zeigen. In der diskursiven Bezugnahme in den Kommentaren wird sichtbar, dass auch mehrere Sinnebenen nebeneinander existieren können.

Es wird aber auch an anderen Stellen deutlich, dass sie um Sichtbarkeit und Konnektivität buhlt, und dass die Existenz des Smartphones, das ständige Verbindung ermöglicht, auch zum Gelingen dieser Sichtbarkeit und Konnektivität beiträgt (283ff).

Eine Chatgruppe mit einigen Familienmitgliedern auf Whatsapp sorgt etwa dafür, dass „die alte Tante in Wien" weiß, „was die alle essen" (276 ff.), also sie in
Echtzeit-Verbindung mit ihrer global weit verstreuten Verwandtschaft ist, sie
über diese Software Alltägliches aus deren Leben mitbekommt und selbst auch
kommunizieren kann – die App ist für sie daher vor allem eine Versicherung von
Konnektivität, und quasi synonym mit familiärer Kommunikation: Die „Fami-
lienapp ist schon das lustigste". Doch genau wie bei der Gruppe der Teenager
dient WhatsApp auch bei Fanny zur Distinktion und Vergemeinschaftung innerhalb der Großfamilie: „Die die man nicht leiden kann, die sind da nicht drin."

Fannys Facebook-Präsenz ist im Gegensatz dazu offenbar an eine breitere,
diffusere Öffentlichkeit gerichtet. Sie postet zwar nicht täglich, aber sehr regelmäßig auf Facebook und sie wird von ihren Kontakten auch in deren Statusmeldungen oder Bildern markiert. Wenn sie persönlichen Content postet, ist das
meist in Bildform. Sie re-postet aber auch oft inhaltliche Beiträge aus den the-
matischen Feldern (tagesaktueller) Politik, Tiere und Bildung. Auch hier konvergieren wieder, wie bei Polaroid, einerseits die Funktionen bzw. Affordanzen der
Plattform Facebook und andererseits Fannys kommunikative Orientierungen:
Durch einen Klick auf ‚Like' kann durch ihre Kontakte einfach markiert werden,
dass sie sie sehen, oft wird noch ausführlicher schmeichelnd kommentiert.
Gleichzeitig bleibt sie durch den Facebook-Feed am Laufenden, sowohl persönlich als auch in Hinblick auf lokale Ereignisse und Weltgeschehen.

Es ist also nicht nur ein Sichtbar-Sein, das für Fanny erstrebenswert ist, sondern auch ein ‚An-Gesehen-Sein' im wortwörtlichen und im übertragenen Sinn.
Das hat sich auch in ihren Erzählungen zur Berufspraxis als positiver Horizont
dokumentiert. Digitale Technologien und Social Media ermöglichen eine einfache Enaktierung dieses positiven Horizonts. Die Bilder ihrer selbst fungieren dabei quasi als ihre digitalen Stellvertreter, ihre Interfaces.

Um noch etwas genauer darauf einzugehen, welche Art von Bild auf Facebook als Fannys Interface agiert, soll im folgenden jenes Bild genauer interpretiert werden, das zum Zeitpunkt unseres ‚Anfreundens' ihr Profilbild war (und
noch immer ist).

5.1.5   Geschützt und exponiert zugleich: Bild ‚Sessel'[111]

Auf dem schwarz-weißen bzw. in Grautönen gehaltenen Bild ist Fanny zu sehen,
sie befindet sich in einem Raum und lehnt mit Rücken, Schultern und Kopf an

---

[111]   Herzlichen Dank für die wertvollen Hinweise zu den Interpretationen der Bilder dieses
Falles an Roswitha Breckner sowie die Teilnehmenden ihrer Forschungswerkstatt für
DissertantInnen und an Klaus Speidel und Mario Thalwitzer.

der Rückenlehne eines Polstermöbels. Sie ist vom Brustbein aufwärts zu sehen, ihre Schulterpartie und ihr Kopf sind sichtbar. Die Rückenlehne des Polstermöbels, den sie großteils verdeckt, nimmt etwa drei Viertel der Bildfläche ein – ihr Oberkörper reicht von der Bildunterkante bis zum oberen Rand des Polstermöbels.

Durch die Haltung der Arme und den Blick an der Linse der aufnehmenden Kamera vorbei (Blick auf Display) ist erkennbar, dass es sich bei dem Bild um ein Selfie handelt.

Mit dem Smartphone ein Selfie zu machen ist eine Praxis und ein Genre, die für Fannys Alter außergewöhnlich sind. Die legere Kleidung sowie die Strickjacke über der Sessellehne deuten darauf hin, dass sich die Frau bei sich zuhause befindet. Die Frisur ist leicht zerzaust, der Pulliausschnitt nach unten verzogen. Der Polstersessel kann als typischer Lehnstuhl für ältere Leute identifiziert werden, das (Zier-)Kissen im Hintergrund mit der englischen Aufschrift ist als eher austauschbarer Stil zu bezeichnen.

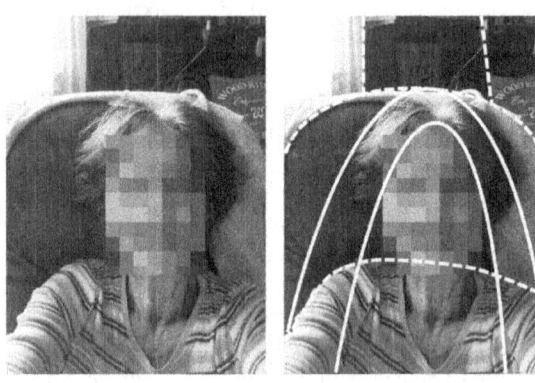

Abbildung 28: Bild ‚Sessel'; Gesicht verpixelt und Planimetrie eingezeichnet (rechts) von M.S.

Durch die schwarz-weiße Farbgebung bzw. die Grautöne ist das Bild kontrastreich. Entlang der Oberarme lassen sich planimetrische Linien rekonstruieren, die zeltförmig im Scheitel der Frau zusammenlaufen, sie bilden gleichzeitig die Form eines Soges und eines Zeltes. Dieses Zelt bzw. dieser Sog endet mit der oberen Kante des Lehnsessels, der einen Bogen beschreibt.

Die Planimetrie (blaue Linie) markiert die korportierte Praxis, also Fannys Körperhaltung, und es wird hier ein gleichzeitiges Wegdrücken/Hinziehen sichtbar. Über den Blick wird eine Verbindung zu den Betrachtenden hergestellt, aber es ist ambivalent, ob die Distanz zwischen Betrachtenden und Betrachteten überwunden oder ausgebaut werden soll.

Perspektivisch ist eine leichte Aufsicht daran erkennbar, dass die_der Betrachter_in ein wenig in den Ausschnitt der Frau sehen kann, dass der Scheitel der Frau sichtbar ist und am Blick der Frau, der leicht nach oben vermutlich auf das Display des fotoerzeugenden Geräts gerichtet ist. Es ist fast eine Zentralperspektive – aber nicht ganz. Sie spiegelt sich selbst leicht von oben.

Der Bogen des Sessels wird durch die Strickjacke betont, dieser wiederholt sich im Bogen der Schultern (orange gestrichelte Linien) – die Bogen sind nicht symmetrisch, sondern leicht schief, was für Dynamik sorgt. Diese leicht schiefe Symmetrie verweist auf eine leicht schiefe Passung der Frau in dem Sessel, sie ist nicht ganz eingeschmiegt, hebt sich leicht heraus aus der kuscheligen, altersgemäßen Geborgenheit.

Betrachten wir das soziale Verhältnis von Fanny und dem Sessel genauer, zeigt sich, dass die Person aus dem Geschützten heraus exponiert wird, der Sessel hebt sie auch hervor, rahmt sie. Für die szenische Anordnung bzw. Ikonografie von Frau und Sessel bieten sich komparativ mehrere Anschlusspunkte an, etwa erinnert die Szene an ein Kind im Autositz oder eine Person in der Hochschaubahn, aber auch an einen im Krankenbett liegenden Körper. Elemente all dieser sozialen Szenen sind in Fannys korporierter Praxis in diesem Bild sichtbar. Selbst ein Foto von sich zu machen dokumentiert sich als etwas, das Spaß macht, aber auch anstrengend ist. Man braucht dafür eine Stütze und Einbettung, die den zu schwachen Körper gleichzeitig bettet und exponiert. Fanny blickt nicht nur sich selbst an, sondern auch sich selbst in Hinblick auf eine diffuse Öffentlichkeit, die mitunter adressiert wird.

Auf mehreren Ebenen lässt sich somit eine Übergegensätzlichkeit bzw. Ambivalenz von Geschütztheit und Exponiertheit herausarbeiten. Einerseits in der Planimetrie und szenischen Choreografie: Die zeltförmigen Linien betonen einerseits den perspektivischen Sog, der durch die der Kamera entgegengestreckten Arme getragen wird. Andererseits markieren sie den Sessel, die Schutzfunktion, die Höhle. Ihr Körper wird gegen den Sessel gedrückt/gedrängt, gleichzeitig drückt sie sich selbst nach hinten in den Sessel und damit auch den Betrachtenden entgegen. Es zeigt sich ein fragiles Exponieren, ein nicht ganz souveränes Posieren, aber mit Spaß und leicht flirtend.

Im Vorbeischauen an der Linse dokumentiert sich ein fragender Blick an die Technik, auch hier zeigt sich eine leichte habituelle Unsicherheit in der Praxis des Selfie-Machens.

Sie lächelt ein Fotolächeln, oder ein Spiegellächeln, es zeigt sich, dass nicht eine andere Person, sondern ein Gerät bzw. ihr Spiegelbild angelächelt wird - das Selbst wird bespiegelt und belächelt. Das Lächeln kann als leicht schief bzw. gequält bezeichnet werden; dies kann sich auf die Praxis beziehen, die als etwas mühsam empfunden wird oder auf das Bild auf dem Display. Trotzdem dokumentiert sich auch eine Entspanntheit und Relaxtheit, Spaß an der Sache, eine Freude am Zeigen des Selbst. Fanny ist fast auf Augenhöhe mit der Kamera, aber eben nicht ganz.

Selfies sind immer Metabilder, sie thematisieren ihre eigene Herstellung, aber sie thematisieren die Art ihrer Herstellung unterschiedlich stark. Im vorliegenden Bild wird der Prozess deutlich zum Thema, weil er mit einer gewissen Anstrengung verbunden ist, nicht flüssig vonstattengeht. Die Praxis des Selfie-Machens dokumentiert sich (noch) nicht als habituell sicher, souverän oder korporiert. Die doppelte Aufgabe des Machens und Posierens ist hier etwas zu viel: Fanny ist gleichzeitig Motiv und Produzentin, und obwohl sie beide Rollen kennt und diese wohl auch beherrscht (vgl. Interview), ist das Ineinanderfallen der Rollen verwirrend. Zudem ist das Bild auf dem Display aus der Perspektive der Produzentin aber auch der antizipierten Rezipierenden zu sehen, auch das ist vielleicht etwas zu viel.

Es ist jedoch auf Grundlage des Interviews vorstellbar, dass sie sich mit spielerischer Übung und Habitualisierung an die Praxis herantasten wird, und sich das auch in den Bildern zeigen wird.

5.1.6   Zusammenfassung und Verdichtung

Fanny passt sich dem Medienwandel spielerisch an. Habituell verankert ist, dass sie sich nicht abhängen lässt, was durch ihren ökonomischen Wohlstand leicht ermöglicht wurde und wird. Das Smartphone konvergiert mit Fannys handlungspraktischen Orientierungen: Ihr gefällt, wenn etwas simpel ist, unmittelbar sichtbar wird und rasch *Konnektivität* herstellt. In Bezug auf persönlich-biografische Potentiale ermöglicht das Smartphone in Kombination mit Fotografie und Social Media *Sichtbarkeit, Präsenz und An-Sehen* – dies jedoch nicht direkt in Anwesenheit, sondern mediatisiert. Für Fanny ist dies jedoch gleichwertig bzw. nicht minderwertig.

Sie fühlt sich vor und hinter der Kamera wohl und scheut den Umgang damit nicht. Das hängt auch eng mit ihrem journalistischen, filmemachenden Beruf zusammen, in dem sie sich ständig – quasi durch die Profession hindurch – mit Medien und Medientechnologien auseinandersetzt. Im Interview zeigt sich in Zusammenspiel mit der Interviewerin ein Ringen um Expertise in Bezug auf Medienkompetenz und (Medien-)Wandel.

Ein tieferes Verständnis der zugrunde liegenden Technologie ist für das, was Fanny tut, nicht notwendig. Es zeigt sich eine *experimentell-enthusiastische* Freude an und Furchtlosigkeit gegenüber digitalen Technologien, die für ihre Altersgruppe und besonders Frauen in dieser Altersgruppe wohl eher ungewöhnlich sind[112]. Sie ist (noch) nicht ganz souverän in der Handhabe einiger Anwendungen, aber sie experimentiert und spielt mit Medien, solange es ihr Spaß macht. Sie weiß, dass diese Furchtlosigkeit bemerkenswert ist und gefällt sich in der Rolle der *außergewöhnlichen, junggebliebenen Alten und kokettiert* auch damit, sie ist gerne exponiert. Trotzdem ist Bildkommunikation für sie ein selbstverständlicher Modus der Verständigung, und ihre Selfies sind ähnlich enthusiastisch-spielerisch wie ihre Polaroids. Die Tatsache, dass Fanny auf Facebook mit Selfies präsent ist, ist ebenfalls recht ungewöhnlich in Relation zu ihrem Alter. In der Art und Weise ihrer Nutzung und auch an den Reaktionen auf ihre Postings wird sichtbar, dass die Struktur der Software die Enaktierung des positiven Horizonts vorantreiben: Ihr geht es um Sichtbarkeit, Exponiert-Sein, unter Leuten zu sein, aber auch stark um ein Kommentiert- und Validiert-Werden – das leistet Facebook durch Likes und Kommentare.

Fanny hat zudem zahlreiche Kontakte unterschiedlichsten Alters, die auf der ganzen Welt verstreut sind – ein weiteres Potential von Facebook kommt damit zum Tragen. Mit der Nutzung des *globalen Netzwerks* kann man alle auf dem Laufenden halten, und so findet auch die intime Kommunikation mit emotional nahestehenden, aber geografisch weit entfernten Familienmitgliedern auf WhatsApp statt.

5.2 Falldarstellung Agnes

5.2.1 Einleitende Fallbeschreibung

Agnes, weiblich, 68 Jahre alt

- pensionierte Bankangestellte
- nutzt WhatsApp

Der Kontakt zu Agnes wurde über eine Bekannte hergestellt, sie waren Arbeitskolleginnen, sind mittlerweile beide in Rente. Agnes ist seit etwa 15 Jahren in Pension und lebt etwas außerhalb Wiens, ist aber oft in der Stadt um Leute zu

---

[112] Vgl. zum Thema des Diskurses zu generationsspezifischen Medienkulturen Kapitel 5.5 sowie Schreiber (2016a).

treffen, für Kulturveranstaltungen, oder um Besorgungen zu machen. Als sie wieder einmal da war, trafen wir uns in einem Café in einem wohlsituierten Außenbezirk. Es war viel los und es war sehr laut, aber Agnes hatte sich ausreichend Zeit genommen und wir konnten uns auf das Gespräch konzentrieren.

Materialbestand zu diesem Fall, Autorisation und Auswahl

Erhebung und Autorisation	Analysematerial
Interview 25. 2. 2014, 62 Minuten	Transkript
Das Bild ‚Schnitzel' hat Agnes zur Verfügung gestellt, auf meine Bitte, mir ein Bild zu schicken, das sie auf Facebook geteilt hat	Bild ‚Schnitzel'
Die Bilderserie ‚Sonnenblumen' hat Agnes zur Verfügung gestellt, auf meine Bitte, mir ein Bild zu schicken, das sie mit dem Smartphone geteilt hat	Bilderserie ‚Sonnenblumen'
Das Bild von einem Kind hat Agnes zur Verfügung gestellt, auf meine Bitte, mir ein Bild zu schicken, das sie mit dem Smartphone geteilt hat, weiters hat sie während des Interviews ein Bild von mir gemacht. Beide Bilder würden keiner detaillierten Analyse unterzogen.	Bild Kind und Interviewerin

Die Darstellung von Agnes' Fall beginnt mit der Verortung der Rolle, die (Foto-)Techniken in ihrem Leben spielen, fokussiert dann konkret Foto-Machen als identitätsstiftende Praxis und differenziert schließlich noch einmal spezifische Smartphone-Praktiken. (Generationale) Weiterentwicklung und Autonomie zeigen sich als wiederkehrende Orientierungen.

5.2.2   *„Ich bin immer der Mensch, der gern was Neues hat" – Veränderung als positiver Horizont*

Agnes erzählt ihre Erfahrungen und Erlebnisse mit Fotografie von Beginn an als eine Art ‚Geräte-Biografie': Sie beginnt mit ihrer ersten Kamera, einer „Voigtländer" (4), und erzählt mehr oder weniger chronologisch bis zu ihrer heutigen Kamera, einer „Nikon-Bridge-Kamera" (72). Technische Entwicklung dokumentiert sich in ihrem Leben als eine Abfolge von Geräten, immer rückt etwas

Neues nach und das Alte muss gehen. Ihre Kameras haben (Marken-)Namen, eine Nikon, eine Kodak, eine Olympus – und kommen wie Persönlichkeiten in ihren Erzählungen vor. Manche Kameras sind „schön" (6, 29) und „ganz angenehm" (74), mit anderen war sie wiederum „ned so sehr glücklich" (36). Die Geräte dokumentieren sich als Akteure, deren ästhetische und material-haptischen Eigenschaften Agnes jeweils hervorhebt: „die war- is klein und handlich; schön schmal" (66). Wie Partner mit bestimmten Eigenheiten begleiten die Kameras Agnes eine Zeit lang, aber die gemeinsame Praxis hat immer dann ein Ablaufdatum, wenn eine neue Technologie kommt, sich also etwas weiter entwickelt und optimiert wird:

> A: Ja es ist schon also äh die Technik ist dadurch dass sie so schnell fort-
>   schreitet, des ist schon fein. wenn mans beherrscht. ich beherrsch ja
>   nicht alles. Des geb ich auch gern zu, aber. (.)
> (681-683)

Agnes ist daran orientiert, stets über den technischen state-of-the-art zu verfügen. Technischer Fortschritt ist also grundlegend positiv und kann auch ohne Probleme enaktiert werden. Für sie ist es selbstverständlich, mit Veränderungen mitzugehen und technische Innovationen in ihr Leben zu integrieren, vor allem dann, wenn diese etwas vereinfachen, erleichtern, eine „Ersparnis" (794) bedeuten. Für Agnes ist der Umgang mit Technik etwas, das sie „beherrschen" (683) will. Dieses ‚Beherrschen' dokumentiert sich als etwas, das mit Geschick und Übung zu tun hat. Sie probiert herum, macht, tut, hat keine Scheu. Sie nähert sich den Geräten also nicht zögerlich-kognitiv, sondern eifrig-praktisch: „natürlich die Gebrauchsanweisung nicht gelesen is=eh=klor;" (36-37).

Es ist eh klar, dass die Gebrauchsanweisung vorher nicht gelesen wird – eine Abneigung auf kognitiver und kommunikativ-generalisierter Ebene kommt für sie nicht in Frage; bei ihr geht es um das selbstbestimmte Zupacken und Machen, das für sie auch lustbetont ist – genauso wie Neues zu entdecken: „@Ich freu mich immer, wenn ich auf was Neues drauf komm@" (696). Auch auf performativer Ebene zeigt sich während des Interviews ganz deutlich, dass Agnes' Zugriff auf neue Technologien in erster Linie ein praktisch-zupackender ist: Bevor sie mir lange erklärt, was das Smartphone für sie bedeutet, macht sie lieber einige Fotos von mir mit verschiedenen Einstellungen und demonstriert so, dass es aus ihrer Sicht sehr schwierig ist, mit diesem Gerät ein „gscheids" Foto (mehr dazu weiter unten) zu machen.

Inwiefern die jeweilige Technik zu ihr oder mit ihr passt, wird in Agnes' Erzählungen dann besonders deutlich, wenn es zu Brüchen und Konflikten kommt. So hat sie etwa bei einer ihrer ersten Digitalkameras „den Leuten immer

den Kopf abgeschnitten" (20-21), weil Display und Sucher offenbar nicht über-
eingestimmt haben.

An dieser Stelle zeigen sich zwei wichtige Punkte: An einem Nicht-Funktionieren des Fotografierens kann aus Agnes' Sicht gleichermaßen sie selbst, aber
auch die Technik beteiligt sein; sie schreibt dieses Nicht-Funktionieren also nicht
ausschließlich sich selbst zu, vielmehr liegt es auch an dem technischen Ding,
das mitunter Kinderkrankheiten hat oder auch qualitativ nicht ausreichend hochwertig ist, wie zum Beispiel ihr Smartphone (mehr dazu weiter unten). Sie differenziert klar zwischen den Fähigkeiten unterschiedlicher Geräte, vergleicht dabei
nicht nur vertikal, sprich im Sinne einer historisch-technischen Weiterentwicklung, sondern auch horizontal, im Sinne unterschiedlicher Geräte, die zur gleichen Zeit verfügbar sind (sh. weiter unten zu Smartphone).

Es dokumentiert sich ein umfassendes (Oberflächen-?) Wissen über aktuelle
Techniken auf kommunikativ-generalisierter Ebene: Sie weiß Bescheid, was es
gibt, nennt die Dinge beim Namen (Tablet, Dropbox, Facebook), differenziert
aber selbst zwischen dem Informiert-Sein, was es gibt, und dem ‚Beherrschen'
der technischen Dinge.

Ihre Medienpraxis ist insgesamt gerahmt von einer Wahrnehmung, dass
technische Entwicklung ein Prozess ist, ebenso die eigene Kompetenz. Gleichzeitig zeigt sich eine gewisse Entspanntheit dahingehend, dass ein Scheitern
nicht unbedingt an der eigenen Kompetenz liegen muss, sondern auch die Technik fehleranfällig sein kann; und auch dahingehend, dass sie nicht alles können
muss:

> A: Na ich bin immer der Mensch, der gern was Neues hat, sich aber nicht
>   auskennt damit. da bin ich immer froh, wenn ich den Robert fragen kann
>   weil der kennt sich mit allem sehr gut aus. oder den Richard, oder sonst
>   irgend jemanden. beim Computer hab ich einen Computer-Guru, der is
>   aber jetzt in Australien, der kommt erst Ende April Anfang Mai, muss
>   ich also worten bis der zurück kommt, weil verschiedenes nicht auf mei-
>   nem Laptop funktioniert.
> (700-705)

Mitunter beginnt sie also erst, wenn sie etwas besitzt, sich damit auseinanderzu-
setzen – für sie ist es nicht problematisch, dass sie sich noch nicht auskennt, weil
sie immer weiß, wen sie um Hilfe fragen kann. Das erlebt sie nicht als Einschrän-
kung der Autonomie, sondern eher als soziales Kapital. Es stehen männliche Be-
zugspersonen mit Rat und Tat zur Seite, worin sich dokumentiert, dass sie in
ihrer Technikaffinität in eine eher männerbesetzte Domäne vordringt. Sie hat sogar einen „Computer-Guru" (703), dessen Wissen in Bezug auf Computer eine
Art magisches Geheimwissen zu sein scheint. Das ist für Agnes zwar

eindrucksvoll, aber letztendlich engagiert sie ihn, damit er ihr hilft – auch das magische Wissen ist also einfach käuflich.

Die Verfügbarkeit von Hilfe gilt heute im privaten Bereich genauso, wie sie es zu Zeiten ihrer Berufstätigkeit in der Bank tat. Dort haben die Angestellten „die ersten Computer" (748) bekommen und sind durch learning-by-doing hineingewachsen – immer mehr Programme sind schrittweise dazugekommen, „des ham ma halt fein gefunden" (755), die Begegnung mit technischen Innovation war bei Agnes also auch in diesem Kontext positiv gerahmt. Es dokumentiert sich aber trotzdem eine Differenzerfahrung zwischen jenen einerseits, „die schon im Kindergarten so wie wie ihr" (sie adressiert die Generation der Interviewerin) damit aufwachsen, denn da „kann man des ganz anders", und ihrer eigenen Generation andererseits: „{W]ir ham des halt no zu Fuß gemocht" (759).

Während also jüngere Generationen mit dem Leben und Arbeiten in technisierten Umgebungen aufgewachsen sind, ist Agnes' Generation damit aufgewachsen, viele (Arbeits-)Tätigkeiten ohne technische Hilfsmittel, gleichsam „zu Fuß" zu verrichten. Hier dokumentiert sich einerseits wieder das Handwerklich-Zupackende, das Zurückgeworfen-Sein auf die körperlich-praktische Kompetenz, auf das Vermögen des eigenen Körpers. Das ist – wenn auch beschwerlich – nicht notwendigerweise negativ, sondern auch mit Stolz darüber verbunden, was man auch autonom zu leisten vermag. Aber Agnes ist nicht gezwungen, alles selber zu machen, weil sie es sich (dank sozialen und ökonomischen Kapitals) leisten kann, sich helfen zu lassen.

Im Unterschied zu einer simplen Gegenüberstellung von ‚jung' (nicht sie) und ‚alt' (sie) erlebt Agnes eine Differenz in Bezug auf Alter als jeweils relativ, was sich in folgender Erzählung dokumentiert: Die Interviewerin thematisiert die Rolle der Kinder und Enkel bei der Nachhilfe in Bezug auf Technik-Kompetenz, und Agnes erzählt Folgendes: Ein ehemaliger Kunde von ihr, bereits über 80 Jahre alt, hat den alten Laptop seiner Enkelin bekommen, die ihm auch versprochen hat, ihm damit zu helfen. Doch die Hilfe bleibt aus. Mehrere E-Mails des Herren haben Agnes erreicht, in denen er versuchte mit ihr Kontakt aufzunehmen, aber mehrere Anläufe brauchte um über „Liebe Agnes" hinauszukommen. Er schrieb, er sei verzweifelt, Agnes schrieb ihm lobend und ermunternd zurück und wird ihn nun bald besuchen, um ihm mit dem Schreiben am Computer zu helfen:

```
A:    und dann schau ma gemeinsam am Computer; und dann
Y:    und du zeigst ihm
A:    erzähl i ihm, dann schreib i ihm auf, wo a drucken muss, zeichne ihm
      de Kasteln auf; so dass a halt a bissel, des Gefühl dafür kriegt
(741-744)
```

Sie relativiert also die Differenzerfahrung von Alter/Jugend, indem sie aufzeigt, dass es wiederum Menschen gibt, in Bezug auf die *sie* die Jüngere ist, gegenüber denen *sie* sich die Kompetenz zutraut, sie bei Computerdingen zu unterstützen. Sie nimmt sich also selbst nicht (nur) als ‚die Alte' im Gegensatz zu ‚den Jungen' wahr. Es zeigt sich ein holistisches, pragmatisch und relationales Weltbild: Generation folgt auf Generation, vor ihr war etwas und nach ihr ist etwas, und jede Generation hat neue Features – das gilt für Menschen genauso wie für Kameras und Smartphones.

5.2.3   Autonomie in Besitz und Beziehung

Eine weitere zentrale Orientierung zieht sich ebenfalls durch das ganze Interview: Es ist wichtig, selbstbestimmt darüber zu entscheiden, wann etwas Neues in Agnes' Leben tritt. Bei den Kameras handelt es sich immer um *ihren* Besitz. Bereits ihre erste Kamera hat sie von ihrem „fast ersten Gehalt" (10) gekauft. Das zeigt die hohe Priorität, die Kameras als Konsumobjekte in ihrem Leben haben, es zeigt aber auch, dass offenbar immer entsprechendes Kapital für die Anschaffungen vorhanden war – ihr Geld, ihre Kameras.

Die Orientierung an Selbstbestimmung und Autonomie zeigt sich also auch in der Anschaffung und der Betonung der Kameras als persönlich-individueller Besitz, und wird besonders deutlich im Vergleich zu dem Abschnitt, in dem sie schildert, was passierte, als ihr (mittlerweile nicht mehr präsenter) Mann „auf der Bildfläche erschienen" ist (14) – hierin drückt sich metaphorisch eine gewisse Fremdbestimmung oder Zufälligkeit aus, die noch deutlicher wird, wenn man sie mit der Erzählung der ersten Begegnung mit ihrem jetzigen „Lebensgefährten" Richard vergleicht: „den habe ich übers Fotografie:ren überhaupt kennen gelernt" (153).

Das Fotografieren teilt(e) sie also mit beiden Partnern. In der (schon länger zurückliegenden) Beziehung mit ihrem „Mann" hat offenbar vor allem er fotografiert, trotzdem haben beide sämtlichen Zubehör geschleppt „wie die Narrischen", und dieser war „groß und schwer" (17-18). Der Übergang zu Digitalkameras war auch Thema des fotografierenden Paares und sie waren welche der ersten, die eine Digitalkamera hatten.

Während der „Mann" im Interview danach nicht mehr vorkommt, wird der „Lebensgefährte namens Richard" (152ff.) als eine Art Foto-Retter in Not eingeführt – bei einem Ausflug vergisst Agnes ihr Ladegerät und spricht ihn an „weil er auch so viel fotografiert hat". Die beiden führen nun eine Fernbeziehung: Richard wohnt in einem etwa fünf Stunden entfernten Ort. Sie sehen sich regelmäßig, aber leben nicht zusammen und Agnes scheint mit diesem Setting zufrieden zu sein. Sie kommunizieren manchmal auch per WhatsApp, schicken Bilder,

„aber ned so extrem" (298) – eher werden Bilder etwa von Richards Enkel dann bei einem Wiedersehen „zu mir herübergeschoben" – (mehr dazu weiter unten). Die intime visuelle Paar-Kommunikation ist also kein Thema, zumindest nicht gegenüber der Interviewerin.

In Erzählungen von Urlaubsepisoden wird weiters deutlich, dass Freundinnen zu wichtigen Ausflugs- und Urlaubspartnerinnen zählen, die letzte große Reise nach China hat sie etwa mit der Freundin ihres Sohnes unternommen[113]. Es scheinen also unterschiedliche Menschen für sie wichtig zu sein. Die Paarbeziehung und der Paarhabitus sind für Agnes nicht dominant strukturierende Elemente der Alltagspraxis.

Selbstbestimmung und Autonomie dokumentieren sich als positive Horizonte, die auch deswegen enaktiert werden können, weil Agnes finanziell autonom ist. Es ist wichtig, Hilfe in Anspruch nehmen zu können, wenn man sie braucht – aber nicht davon abhängig zu sein, also autonom zu bleiben.

5.2.3.1 Familienfotos als integrative Maßnahme

Neben den Urlaubsfotos wird eine weitere klassische private Fotopraxis von Agnes etwas ausführlicher besprochen, die Bilder der Enkelkinder ihres Lebensgefährten. Es zeigt sich, dass es nicht unbedingt relevant ist, ob es die eigenen Enkelkinder sind, als Fotomotiv sind Kinder offenbar unschlagbar:

> A: dem Norbert seine Enkelkinder der hat drei Enkelkinder, die Älteste is
>   die Rita, die ist jetzt sechs, im Juli oder am ersten August war se sechs.
>   Von der hab ich sicher scho zehntausend Bilder gemacht.
> Y: Wahnsinn.
> A: Diese Kinder sin nämlich so putzig und so lieb und so witzig, also die
>   kleine Finchen und so, des wird alles dokumentiert. Und dann wenn ich
>   nicht in Ort bin, und der Richard fotografiert sie, dann werden die Bilder
>   dann zu mir herübergeschoben
> (283-289)

Offenbar ist Agnes für die Verwaltung zuständig. Richard meint außerdem, dass sie ja für „[j]edes Kind einen eigenen Ordner mit den Videos" (461) machen könnte. Hier dokumentiert sich also die Kuratierung und Verwaltung der Familienbilder wieder einmal als Aufgabe einer Frau (Rose 2010). Interessant ist, dass sich Agnes nicht per Verwandtschaft zuständig fühlt, aber diese Fotopraxis sich auch als Praxis der Integration in die Familie ihres Lebensgefährten

---

[113] In Bezug auf Autonomie und das Thema der abenteuerlustigen, älteren Frauen als Touristinnen vgl. auch die Bildinterpretation zum Fall „Fluss" in Schreiber (2015b, S. 247 ff.).

dokumentiert, die sie offenbar gerne wahrnimmt. Das zeigt sich auch einer anderen Stelle, wo sie gebeten wird, bei einer Hochzeit der Söhne des Lebensgefährten zusätzlich zur Fotografin zu fotografieren:

> A: wenn irgendwas is, wo i:ch der Meinung bin, des gherat, also des sollt
>   so a schnelles Foto so ein a Blitzfoto oder ein Situationsfoto werden.
>   Äh, weil die anderen von ihr sin natürlich alle gestellt.
> (444-446)

Die Authentizität der „Blitzfotos" wird also von den gestellten Bildern der Fotografin abgegrenzt (vgl. dazu auch Kanter 2016) und Agnes wird zugetraut diese ‚decisive moments' zu sehen und auch schnell festzuhalten, worin sich zeigt, dass ihre Affinität zu Fotos auch von anderen wahrgenommen und geschätzt wird. Auch hier hat sie mit „*kleinen Videos*" (447) gearbeitet, vor allem um die Hochzeitsspiele zu dokumentieren. Agnes wählt offenbar die Art der Aufnahme je nach der Beschaffenheit dessen, was sich vor ihrer Kamera befindet – Bewegung und Interaktion verlangt nach Video, je nachdem was die Art des Erlebens besser „einfängt". Daher sind etwa auch „wenn man mit so nem kleinen Propeller-Flugzeug fliegt und äh da zieht's den Mount Everest vorbei oder Anapurna vorbei" (125-127) die „kleinen Videos" (124) die bessere Alternative. Ob sich das „klein" hier auf Länge, Qualität oder auch auf das Display bezieht, bleibt offen.

Ein weiteres Bild, das Agnes zur Verfügung gestellt hat, zeigt die Enkelkinder ihres Lebensgefährten. Es wurde mit dem Smartphone aufgenommen und ist daher aufschlussreich sowohl für das Thema der familiären Integration als auch punkto Smartphonepraxis.

5.2.3.2 Bild Schnitzel: Stolz auf Eigenständigkeit

Auf dem Bild sind zwei Kinder zu sehen, die an einem Tisch, vermutlich einer

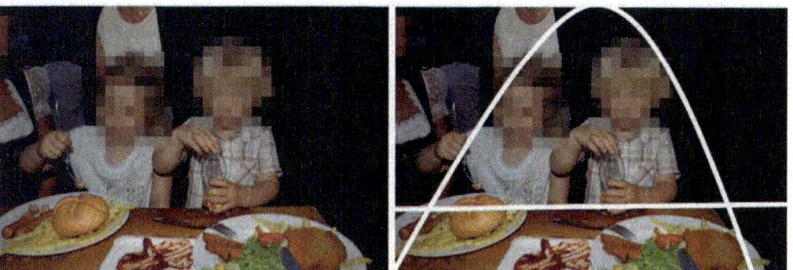

Abbildung 29: Bild ‚Schnitzel'; Gesichter verpixelt und Planimetrie eingezeichnet (rechts) von MS.

Bierbank sitzen bzw. stehen – ein Mädchen isst mit der Gabel von einem Teller, auf dem sich Pommes, eine Semmel und geschnittene Würstchen befinden. Ein Junge schraubt eine kleine Glasflasche zu. Etwas vor ihm steht ein Teller mit Schnitzel und Pommes. Eine Gabel liegt am Tellerrand. Zwischen den beiden Keramiktellern liegt ein Pappteller mit Ketchupresten. Die Kleidung der Kinder ist sommerlich-kurzärmelig, beide haben blonde Haare, das Mädchen ist etwa fünf Jahre alt und der Junge drei.

Beide Kinder haben die Blicke gesenkt und die Münder geschlossen. Sie sind voll auf ihre jeweilige Tätigkeit fokussiert: Das Mädchen hat ein Stück Wurst mit der Gabel aufgespießt, der Junge schraubt den Verschluss der kleinen Glasflasche mit der rechten Hand zu, während er sie mit der linken Hand festhält. Teller und Besteck und Glasflasche wirken in Relation zu den Kindern groß. Der Hintergrund ist dunkel, es liegt nahe, dass sich die ganze Szene draußen am Abend abspielt. Am linken Bildrand, neben dem Mädchen, sitzt eine Frau, deren Oberkörper nur teilweise zu sehen ist. Sie trägt roten Lippenstift und ein Dirndl mit leicht glänzenden Puffärmeln. Ihr Kinn ist etwas nach oben hinter das Mädchen gerichtet. Hinter dem Mädchen sieht man noch einen Oberkörper bis zum Hals, die Kleidung verweist auf eine vielleicht etwas ältere Frau. Diese trägt ein weißes Oberteil und eine schwarze Jacke über die Schultern gehängt, und eine goldene dünne Kette, der Körper ist in Richtung der Dirndl-Frau gerichtet. Die Frauen im Hintergrund interagieren nicht direkt mit den Kindern.

Bierbank, Teller und formellere Kleidung der Frauen im Hintergrund verweisen auf ein halböffentliches, festliches Setting – Tracht und Speisen auf ein traditionelleres österreichisches Umfeld. Das Essen ist typisch österreichisches Gasthausessen und Würstel mit Pommes eine klassische Kinderspeise. Die Portionen scheinen sehr groß zu sein. Der Tisch hat keine Tischdecke, aber es gibt weiße Teller und Besteck. Es handelt sich also vermutlich um einen besonderen Anlass, kein Zeltfest, aber auch keine edle oder elegante Veranstaltung; eine Veranstaltung, bei der die Anwesenheit von Kindern auch nicht weiter überraschend ist – vielleicht ein Familienfest oder ein Pfarrheuriger.

Die Kinder in dieser spezifischen sozialen Situation befinden sich ganz klar im kompositorischen Fokus des Bildes. Die perspektivische Aufsicht stellt die Relation der großen Teller im Vordergrund zu den verhältnismäßig kleinen Kinderkörpern im Mittelgrund noch einmal besonders heraus und fokussiert diese. Eine zeltförmige planimetrische Komposition markiert, dass es in diesem Bild um „Kinder bei Tisch mit Essen" geht. Der Tisch und die Teller nehmen etwa ein Drittel der Bildfläche ein.

Was ist es für eine soziale Situation? Vergleicht man das Bild mit anderen ,Kinder bei Tisch'-Bildern, wird an einer scheinbar profanen, notwendigen Tätigkeit wie Essen deutlich, dass die Variationen einerseits etwas mit der motorischen Entwicklung von Kindern zu tun haben, andererseits mit dem Grad an Öffentlichkeit und auch mit dem ,Gesundheitsgrad' der Speisen.

In Bezug auf die Entwicklungsphase wird im Vergleich mit jüngeren Kindern (Babies mit verschmierten Gesichtern und Flüssignahrung) klar, dass die Kinder im vorliegenden Bild schon eigenständig mit Besteck bzw. einer Glasflasche hantieren. Es ist trotzdem sichtbar, dass es noch keine Tätigkeit ist, die souverän und habituell verankert ist. Essen erfordert von ihnen vollste Konzentration und es ist ein zeigenswerter Moment, wenn Kinder in diesem Alter es können und tun.

In Bezug auf die Speisen gibt es einige Bilder, die etwa gleichaltrige, unglückliche Kinder mit ,gesundem' Essen zeigen, die z.B. widerwillig vor einem Teller Gemüse sitzen. Die Speisen, die im vorliegenden Bild gezeigt werden, sind wie bereits beschrieben typisch österreichisch und entsprechen nicht gerade der normativen Vorstellung von gesundem Essen. Dass ,auswärts' in einem Gasthaus auch einmal etwas Ungesundes auf den Tisch kommt und Kinder sowieso viel zu essen bekommen, scheint ebenfalls typisch für das gutbürgerliche Milieu, aus dem das Foto stammt.

Gezeigt werden Kleinkinder, deren Entwicklung zufriedenstellend voranschreitet. Sie üben sich ins Erwachsensein, in normatives Verhalten ein. Dieses steht in der abgebildeten halböffentlich-festlichen Situation noch einmal anders unter Beobachtung als in einem privaten Heim. Im Blick auf die Kinder dokumentiert sich somit ein Stolz auf deren Entwicklung, eigenständig essen zu können und überhaupt eigenständiger zu werden. Die soziale Szenerie (Dirndl, Bierbank) und auch die großen Portionen markieren ein gutbürgerliches, österreichisches Milieu und zudem Wohlstand und Fürsorge – die Würstel wurden von jemandem geschnitten, die Frau im Dirndl sitzt auf der Bank daneben. Die Kinder wirken zwar noch nicht ganz souverän in ihrer Esspraxis, aber habituell sicher in der Situation. Es ist ihnen vertraut bei Anlässen wie diesen anwesend zu sein. Was sich – homolog zu den Orientierungen im Interview – dokumentiert, ist das Thema des Fortschritts als positiver Horizont. Technologien entwickeln sich weiter und Kinder wachsen, sie werden motorisch geschickter und auch immer mehr in der Öffentlichkeit ‚herzeigbar', wenn sie gewissen erwachsenen Verhaltensnormen entsprechen. Genau wie das ‚Beherrschen' des technischen Fortschritts hat für Agnes auch der Fortschritt der Kinder offensichtlich ebenso mit Handwerk im wortwörtlichen Sinne zu tun.

5.2.4 „Wie eine Na:rrische" – Fotografieren als identitätsstiftende Praxis

Wie wird nun die Praxis mit den Geräten im Alltag relevant? Für Agnes ist „Fotos machen" ein alltagsbegleitender, selbstverständlicher Zustand – es gibt „fast nix wo ich nicht fotografier" (274). Sie macht also immer und von allem Fotos – diese Veralltäglichung der Bildmotive, die mitunter als typisch für digitale Fotografie gilt, scheint bei ihr immer schon dagewesen zu sein (was wiederum auch mit dem Leisten-Können zusammenhängt).

Trotzdem ist es ihr besonders wichtig, außeralltägliche Erlebnisse festzuhalten. Dies dokumentiert sich etwa in der Erzählung über die Wallfahrt, bei der sie ihr Ladegerät vergessen hat: Sie fotografiert „wie eine Na:rrische[114]", doch als der Akku leer ist und sie das Ladegerät zuhause vergessen hat, wird dieser Flow jäh unterbrochen – das macht sie „@a bissel entsetzt@" (157). Ein strukturell gleiches Erlebnis hat sie, als in Paris ihre Speicherkarte voll ist – „plötzlich hab ich hab ich (ned) fotografieren können" (38). Doch damals hatte sie „Glück", und hat eine passende Speicherkarte aufgetrieben. Auch die Wallfahrt brachte am Ende Glück im Unglück, da sie ja so ihren Lebensgefährten kennenlernte.

Es dokumentiert sich hier jedenfalls ein Unterbrochen-Werden im Flow des Fotografierens wegen der leeren Batterie, von sich aus würde sie sonst „wie eine Na:rrische" weiterfotografieren. Also unternimmt sie auch einiges, um solche Unterbrechungen zu vermeiden – auf ihrer letzten Reise nach China kamen mehrere Speicherkarten, Batterien und eine Steckerleiste mit. Die Relevanz der Hardware, also des Zubehörs und der notwendigen Stromversorgung, die das Funktionieren der Kamera und des Smartphones auch sichern, zieht sich durch das gesamte Interview.

---

[114] „Narrisch" kommt von Narr und wird als dialektaler, österreichischer Ausdruck üblicherweise verwendet, um auszudrücken, wenn jemand etwas besonders intensiv oder wahnhaft macht, aber auch im Sinne von leichtsinnig und außer der Norm, aber eher im Sinne von exzentrisch als lächerlich.

5.2.4.1 Hinüberschaufeln und herüberschieben – Materialität und Haptik

Vor allem auch im Vergleich mit den anderen Fällen ist die Rolle auffällig, die Dinge und Geräte in Agnes Medienpraxis einnehmen. Nicht nur die Geräte werden gleichsam zu Persönlichkeiten, der Zubehör ist vor allem in seiner Materialität präsent: Man muss ihn „schleppen", er ist „im Tagesrucksack einpackt, damit sie nicht verloren gehen" oder es sind „in der Wanderhose so Säcke", wo das Smartphone verstaut ist. Die physisch-materiale Beschaffenheit der Dinge spielt also eine prominente Rolle, ebenso die Sorge um Strom und Speicherplatz. Dies findet sich auch metaphorisch ganz stark in Agnes' Erzählungen zum Umgang mit den großen Mengen von digitalen Bildern wieder, die sie anhäuft: Diese sollte man „wegschmeißen" (98, 120), denn „ein ganzer Haufen" (124) Fotos ist zuviel. Die, die übrig bleiben, werden geschaufelt (113, 423), hinübergeschaufelt (359) und herübergeschoben (289). In dieser bemerkenswert analogen Ausdrucksweise dokumentiert sich wiederum die primäre Rahmung von Agnes' Fotopraxis: Es ist für sie eine haptisch-materiale, quasi handwerkliche Tätigkeit. Was auf den Bildern zu sehen ist, scheint erst einmal zweitrangig. Die Bilder werden in ihrer Dinglichkeit und vor allem auch in ihrer Masse relevant. Ihre Handhabung erinnert eher an ein Ernten, Herumkarren und Horten von Heu oder Getreide, wie auf einem Bauernhof. Hat man genug Kraft und Energie (Strom), um die Arbeitsroutine aufrecht zu erhalten? Hat man ausreichend Platz (Speicher), um die Bilder zu horten?

Die Menge der Bilder ist mit der Digitalisierung größer geworden und auch die Eigenverantwortung. Ein Teil des Verarbeitungsprozesses war lange ausgelagert, ihre Fotos hat Agnes „beim Fotokarussell in der Mittelstraße" (43 ff.) entwickeln lassen, was sie als „sehr schön" und „angenehm" empfand. In einer Übergangsphase wurden etwa analoge Fotos nicht nur entwickelt, sondern auch digitalisiert („da hat man eine CD bekommen") oder digitale Bilder auch ausgedruckt und nicht nur auf ein anderes Speichermedium übertragen. Mittlerweile wandern Agnes Bilder aber hauptsächlich zwischen Speichermedien und Displays (Laptop und Tablet) und werden nicht mehr ausgedruckt, sie bleiben digital.

Man muss also jetzt selber „herumschaufeln", und damit wird eigentlich eine Branche obsolet. Die Professionalisierung ist also teilweise auch erzwungen – erzeugt man so viele Fotos wie Agnes, gewinnt die Verwaltung dieser Mengen an Bedeutung. Neue analoge Angebote wie Fotobücher sind für sie (vorerst) unattraktiv bzw. zu kompliziert – „bring ich einfach nicht zusammen; des schaff ich ned" (105).

5.2.4.2 „Ein gscheids Bild" – Professionalisierte Ästhetik?

Die großen Mengen an Bildern entstehen dadurch, das Agnes quasi alles fotografiert, aber auch dadurch, dass sie alles viermal fotografiert – mit verschiedenen Einstellungen und aus verschiedenen Winkeln, wie sich visuell auch in den
vier Bildern des Sonnenblumenfeldes zeigt.

> A: jetzt mach ich von einem Motiv zwei bis drei min- verschiedene Ein-
> stellungen mit Blitz und ohne Blitz und mit Automatik und so; und dann
> hab ich natürlich von einem Motiv drei bis vier Aufnahmen und dann
> sind alle vier womöglich schö::n; und dann tut es mir natürlich schon
> sehr leid, die wegzuschmeißen. also jetzt hab i, meine 4800 Fotos –
> (95-98)

Abbildung 30: Bilderserie ‚Sonnenblumen' (Originalbild ist in Farbe)

Die 4800 Fotos hat sie im Laufe ihrer letzten Urlaubsreise gemacht. Sie schöpft
also die Möglichkeit digitaler Fotografie, viele Bilder mit unterschiedlichen Einstellungen zu machen, voll aus. Danach steht sie aber vor dem Dilemma der Auswahl und Selektion. Ein Bild soll ein „gscheids Bild" (516) 115 sein – das hängt
für sie stark mit der Kamera zusammen, die mitunter die „gscheiteste Einstellung" nicht automatisch findet oder erlaubt (589). Als relevanter positiver Horizont dokumentiert sich eine handwerklich zufriedenstellende Arbeit – was zur
Professionalisierungs-Orientierung passt, aber noch einmal deutlich macht,

---

[115] Was steckt dahinter? „Gscheids" kommt von gescheit, dialektal wird der Begriff im Sinne
von gut und qualitativ hochwertig verwendet, vor allem bei materialen Objekten z.B.
„gscheite" Schuhe oder „gscheite" Fenster, als Gegenhorizont zu billig und/oder
minderwertig.

worauf sich diese bezieht. Das Produkt muss also professionellen Kriterien entsprechen: „Was mir selber am besten gefällt, was ned verwackelt is, oder oder
unscharf is, oder wo irgendeiner durchs Bild rennt, oder so." (366-367).
Während die ästhetische-stilistische Ebene sich hier (wieder einmal) als
schwer verbalisierbar zeigt – „was mir selber am besten gefällt" (367)–, kann das
kommunikativ-generalisierte und professionalisierte Wissen darüber, wie ein
„gscheids" Bild auszusehen hat, formuliert werden. Hier bestätigt sich die Orientierung an handwerklich-technischer Perfektion.

Wie kann man sich dem, was Agnes „gefällt", über die visuelle Ebene nähern? Es gibt zwar, wie bereits erwähnt, „fast nix" (274), das Agnes nicht fotografiert. Trotzdem zeigt sich, dass ihre Lebenswelt bestimmte Motive bereithält.
Die Bildmotive, die sie auf Nachfrage nennt und auch jene, die sie mir zur Verfügung gestellt hat, sind symptomatisch für genau ihren ästhetischen Habitus und
ziemlich generisch bzw. überraschend häuslich-spießig:

> A: Ich fotografiere zu Hause meine Blumen, oder wenn ich Besuch hob
>   und ich deck den Tisch schön fotografier ich des, oder wenn ich was
>   besonderes koch fotografier ichs, ois. ich hab meinen Hausumbau do-
>   kumentiert des is wichtig. Und ja ansonsten also eigentlich es gibt fast
>   nix wo ich nicht fotografier. (271-274)

Die explizit genannten Motive bzw. Anlässe verweisen auf eine sehr häusliche,
gutbürgerliche Lebenswelt in gewissem Wohlstand. Agnes fotografiert, was sie
schön findet, oder auch was dokumentiert werden muss – wie etwa ein Hausum-
bau, bei dem vermutlich bauliche Leistungen anhand von Bildern geprüft und
bemängelt werden können. Als außeralltägliche Motivwelt zeigen sich Reisen
und Ausflüge, wie etwa die erst kürzlich zurückliegende Chinareise und dortige
Bergexpedition.

5.2.4.3   Zeigen als sinnhaft für jene, die dabei waren

Auf die spezielle Praxis der Urlaubsfotos geht Agnes etwas genauer ein. Die
letzte Urlaubsreise ging mit der Freundin ihres Sohnes nach China. Nachdem
Agnes hardwaremäßig alle Vorkehrungen getroffen hat, dass die Bilder sicher
gespeichert werden können, kommt sie mit einer großen Zahl zurück.

Das Zeigen dieser Bilder dokumentiert sich nun in Agnes Praxis primär mit
und für jene als sinnhaft, die ebenfalls bei einer Reise dabei waren. Mit ihnen
werden Sticks getauscht, überspielt und man besucht sich sogar gegenseitig, um
die jeweiligen Bilder zu sehen. Hier wird eine Fotopraxis beschrieben, die analog

und digital zu beobachten ist: Die gemeinsame Reise (bzw. ein gemeinsames Erlebnis einer Gruppe von Menschen) ist ein neuer konjunktiver Erfahrungsraum, der mitunter zu neuen oder vertieften Freundschaften und Beziehungen führt – das Tauschen und Betrachten der Bilder verlängert die Erfahrung des gemeinsamen Erlebnisses und Narrationen werden konstruiert.

Agnes tauscht und zeigt ihre Bilder, jedoch nicht vernetzt – sie schickt Sticks oder bringt ihr Tablet mit. Etwas halböffentlich zur Betrachtung anzubieten, ohne dass die Betrachtenden einen Bezug dazu haben, dokumentiert sich für Agnes als negativer – oder eher: sinnloser – Horizont. Sie macht die Fotos vor allem für sich – und nicht die „breite Öffentlichkeit" (314). Fotos schaut sie sich an, um Erinnerungen wiederaufzurufen. Facebook oder Dropbox sind somit irrelevant für sie.

Menschen, die ihr näherstehen, wie ihr Sohn oder ihr Partner, bekommen ihre Bilder auch zu sehen, so wie jene, die sie explizit danach fragen bzw. darum bitten. Das zeigen von Bildern ist also überlegt und geplant und an einen genau definierten Empfängerkreis gerichtet, und findet meistens in einem physisch kopräsenten Modus statt. Trotzdem scheint sie sich auch hier immer noch unsicher zu sein, wieviele Bilder für jemanden quasi erträglich sind. Jemanden ungefragt mit einer Dia-Show zu belästigen oder überhaupt mit Bildern, hält sie für eine „Strafe" (811). Wenn das Gegenüber keinen Bezug zum Bild hat, kommt sie also gar nicht auf die Idee, diese herzuzeigen. Sie will sich und ihre Erfahrungen und Erlebnisse also niemandem aufdrängen. Das passt auch zur Nicht-Nutzung von Facebook.

Selbst geht sie auch zu professionellen Lichtbildvorträgen, bei denen man auch Eintritt zahlt – für Qualität zahlt sie gerne. Sie erwägt, ob die Anzahl der Bilder, die die Profis bei solchen Vorträgen herzeigen, vielleicht eine Orientierung für sie sein könnte.

5.2.4.4 Nachhaltigkeit und Vermächtnis

Wie bereits weiter oben skizziert, ist die Ablage der Bilder ein aufwändiges verwalterisches Unterfangen. Das umfassende Archiv, das Agnes angesammelt hat, ist chronologisch sortiert und auf einer „tausend Gigabyte Festplatte" (282) in erster Linie für sie da. Wie in anderen Fällen auch, zeigt sich als normative Idee in Bezug auf Fotomassen, dass man diese eigentlich ordnen und/oder aussortieren sollte. Agnes ironisiert diese Norm, indem sie das Aussortieren auf einen Zeitpunkt verschiebt, der eigentlich schon erreicht war, nämlich „wenn ich in Pension bin und Zeit habe und das Wetter schlecht ist" (113).

Die Vorstellung des Aussortieren-Sollens kehrt immer wieder, aber keiner macht es. Es ist überhaupt nicht handlungsrelevant, auch deswegen, weil

aufgrund technischen Fortschritts die Festplatten immer größer werden und immer mehr Bilder speichern können.

Eine biografische Dokumentation des Aufwachsens der Kinder ist eine
selbstverständliche Praxis und zudem Aufgabe der (Groß)Eltern. Diese Bilder
werden also von den Eltern gesichert und verwaltet, sind aber eigentlich für die
Weitergabe an die Abgebildeten gedacht.

Was passiert aber mit den Bildern, die Agnes selbst macht? Mit dicken analogen Fotoalben, die sie auch mit Eintrittskarten und Prospekten ergänzt hat, hat
sie aufgehört, denn „nach mir schaut das kein Mensch mehr an" (320). Die digitalen Bilder sind für sie offenbar anderer Qualität, denn

> A: Aber wenn jetzt zum Beispiel jemand sagt, ich flieg jetzt nach Amster-
>   dam zur Tulpenblüte, dann hol ich mir den Amsterdam Ordner heraus
>   am Computer, und schau mir die Bilder an. und dann sag ich, Du des
>   musst dir anschauen und des musst dir anschauen.
> (333-336)

Es dokumentiert sich darin, dass dieses Bildarchiv über den Zugriff durch Agnes
relevant wird, nicht einmal unbedingt durch die Bilder selbst – sie dienen dem
Aktivieren der Erinnerung an die Reise, so kann Agnes dann Empfehlungen abgeben oder auch anderen zeigen, was sie bei einer Reise erwartet.

Um Beziehungen zu Bekannten aufrecht zu erhalten und zu zeigen, was sie
so treibt, bedient sie sich eines anderen Mediums (720 ff.): „[Z]u Weihnachten
schreib ich immer einen Brief, was ich das vergangene Jahr erlebt habe". Offenbar liegen ihr also dafür schriftliche Formen eher. Vergleicht man den „Weihnachtsbrief" etwa mit Facebook, werden dessen Spezifika noch einmal deutlicher: Diese Art der Kommunikation ist eine jährliche quasi-rituelle Angelegen-
heit, in der ein längerer Zeitraum zusammenfassend-priorisierend-gewichtend
dargestellt wird. Welche Art von Biografisierung ist das? Der Brief ist persönlich
an mehrere Leute adressiert, vermutlich gibt es einen Basistext, der dann noch
um persönliche Worte ergänzt wird. Ein solches Medium dokumentiert sich im
Gegensatz zu Facebook als stärker von der_dem Absender_in gestaltbar, also
selbstbestimmt und kontrolliert. Die Postkarten-ähnliche Verwendung von
WhatsApp hingegen ähnelt eher einem kurzen Urlaubsgruß. Beim einem Weihnachtsbrief handelt es sich nicht um oftmalige Mini-Updates, die einen ständig
umschwirren, sondern um einen zusammenfassenden Bericht.

Dass „nach mir schaut das kein Mensch mehr an" eigentlich auch für das
digitale Fotoarchiv gilt, wird nicht antizipiert oder ausgesprochen. Dass eine
Auseinandersetzung mit dem digitalen Foto-Nachlass unangenehm ist bzw. vermieden wird, ist nachvollziehbar, da dies ja auch bedeuten würde, an den eigenen
Tod zu denken bzw. an eine Welt, in der man nicht mehr da ist.

5.2.5 „Den Mount Everest kann ich nur so äh schicken" – Die Rolle des Smartphones

Das Smartphone, das Agnes beim Interview dabei hat, ist bereits „des zweite na des dritte" (254) Smartphone, die Marke „wirst du nicht kennen - Mobistel". Sie hat es „im Internet bei Amazon" gekauft, nachdem sie dort die Bewertungen gelesen hat. Ihr voriges Gerät war eine „ZTE Skate". Wie die Kameras haben also auch die Smartphones konkrete Marken und Bezeichnungen und werden abgelöst, sobald sie kaputt oder überholt sind.

Die Smartphone-Kamera ist für Agnes „ned befriedigend" (513) – sie ist mit der Qualität der Bilder, vor allem bei Innenaufnahmen, nicht zufrieden. Sie vergleicht diese stets mit den Bildern, die sie mit dem „Fotoapparat" machen könnte, was eindeutig lustbetont wäre:

> A: Und wenn i mir jetzt vorstell i hätt jetzt dann an Fotoapparat mit und i
>   könnt a gscheids Bild von Dir machen, des wär viel lustiger also für
>   mi"
> (515)

Die Smartphone-Kamera steht also in Konkurrenz mit dem Fotoapparat. Während andere Funktionen des „Handy" durchaus geschätzt werden, wie etwa das Messen von Höhenmetern, ist das Zeigen und Teilen von Bildern mit dem Smartphone für sie im Alltag nicht zentral bedeutsam. Es kommt vor allem dann zum Einsatz, wenn die Internet-Verbindung der Smartphone-Kamera gebraucht wird, wenn etwa wie bei einer Postkarte etwas mit Whatsapp verschickt wird: „Weil den Mount Everest kann i nur so äh schicken. an die Daheimgebliebenen" (228).

In dieser Fokussierungsmetapher dokumentieren sich drei relevante Aspekte. Erstens ist für sie das Abbild metaphorisch ident mit dem Abgebildeten: Sie kann den Mount Everest verschicken. Das hat sich auch bei den anderen Kameras gezeigt, dass Fotos für Agnes nicht *Abbildcharakter* haben, sondern quasi *austauschbar* sind – so sind nicht die Köpfe der Leute auf dem Bild einfach nicht zu sehen, sondern sie hat die „Köpfe den Leuten" (27) abgeschnitten. Zweitens deutet sich in „schicken" an, dass hier etwas losgelassen werden muss. Vielleicht ist das für Agnes auch ein negativer Horizont im Sinne eines Kontrollverlustes. Ihr scheint es immer lieber zu sein, wenn sie etwas noch in der Hand hat und darüber verfügen kann, es „schaufeln" kann. USB-Sticks und Tablet sind dabei ein bisschen Zwischenlösung, denn die physische Verfügbarkeit ist ihr angenehm – das müssen eben nicht die ausgedruckten Fotos sein, aber gerne irgendeine Art von Hardware, von der sie weiß, dass ihre Bilddateien auf dem Speichermedium abgelegt sind. Sie hat also die digitale Materialität der Bilder schon voll und ganz in ihre Praxis integriert und akzeptiert, aber sie braucht eine

gewisse materiale Kontrolle bzw. Zuordenbarkeit darüber. Ein Ablegen und Zu-
greifen auf ‚virtuelle Speicher' oder Clouds, also Server, die sie quasi nicht gesehen hat bzw. die sie nicht angreifen kann, dokumentiert sich als negativer Horizont.

Mit den „Daheimgebliebenen" wird auch noch einmal markiert, dass sie
beim Schicken nicht in einem gemütlichen ‚Daheim' ist, sondern woanders, weit
weg von zu Hause. Sie ist mutig unterwegs und kann sich das auch leisten – die
anderen dürfen aber trotzdem daran partizipieren, und zwar in einem recht klas-
sischen Modus: Für Agnes steht das Versenden von Bildern mit WhatsApp in
der Tradition der Postkarte, allerdings beschleunigt und personalisiert: „Du hast
sofort eine Message von mir und das dazu passende Bild" (661). Diese Art der
Kommunikation nutzt sie, aber weniger im Sinne eines Chatprogramms, sondern
eher wie eine Online-Postkarte.

Wie bei Poldi und Otto zeigt sich im Teilen von Bildern über WhatsApp
diese mediatisierte Präsenz als ambivalent (was eigentlich auch für analoge Medien wie Postkarten oder Briefe gilt): Man lässt Abwesende an etwas teilhaben,
aber dadurch wird auch noch einmal explizit markiert, dass sie nicht an dem Ort
des Geschehens anwesend sind.

Wie Fanny macht auch Agnes ein Bild von mir während des Interviews. In
den Interview-Abschnitten, in denen es um das Smartphone geht, sind Agnes'
Antworten eher einsilbig und knapp, schnell verlegt sie sich darauf, die Praxis
des Machens und Zeigens lieber zu enaktieren als zu besprechen. Es wiederholt
sich darin eine grundsätzliche Präferenz des Tuns (nicht quatschen, machen),
aber wahrscheinlich fühlt sie sich beim Thema der ‚richtigen' Kameras auch auf
reflexiver Ebene wohler.

Das Smartphone ist jedenfalls selbstverständlich in der Situation zuhanden
und eingebettet, auch wenn Agnes mit der Qualität der Bilder nicht glücklich ist
– zumindest reicht es, um das Foto von mir als Kontaktfoto in ihrem Adressbuch
einzurichten.

5.2.6   Zusammenfassung und Verdichtung

Agnes' Alltagspraktiken und damit auch ihr Medienhandeln sind in vielerlei Hinsicht an *Autonomie und Selbstbestimmung* orientiert. Handlungsautonomie erfordert auch eine gewisse finanzielle Unabhängigkeit, die bei ihr gegeben ist. Diese
ökonomische Sicherheit erlaubt/e auch eine Affinität und Begeisterung für die
Anschaffung immer wieder neuer Geräte und neuester Modelle der Geräte. Technische Weiterentwicklung ist positiv gerahmt, aber weniger fortschrittsideolo-
gisch, sondern vielmehr im Sinne handwerklich-funktional-technischer Verfei-
nerung.

Entwicklung ist ein weiterer positiver Horizont, der sich auf unterschiedlichen Ebenen realisieren lässt, nämlich auf Besitzebene, technisch-könnerischer wie auch persönlicher Ebene. Agnes zeigt sich als *zupackende Macherin* – sie ist selbstständig, in Bezug auf ihren Besitz, auf Technik, auf Reisen etc. Ihre *Foto-Biografie erzählt Agnes entlang von Geräten*, bzw. ihre Geräte entlang ihrer Biografie. Geräte bekommen Charakter-Eigenschaften, sie passen mehr oder weniger gut zu dem, was sie macht. Mit Latour (vgl. Kapitel 2.1.3) gesprochen könnte man sagen, Agnes nimmt sich im Handeln mit den Geräten als hybrid wahr, die Passung und Übersetzung der Handlungsprogramme ist mal besser, mal weniger gut. In Bezug auf Fotografie passt ihre aktuelle Bridge-Kamera sehr gut zu ihr. Die Smartphone-Kamera wird stets mit der dem Fotoapparat verglichen und in *Konkurrenz* gestellt, kommt da technisch nicht mit, ist aber trotzdem zuhanden und wird deswegen schon auch ab und zu verwendet, aber nicht gerne. Agnes ist begeisterte Fotografin. Sie ist eine ambitionierte Amateurin, sie fotografiert nicht zu kommerziellen Zwecken, doch ihr Fotohandeln ist an *Professionalisierung* orientiert. Es stellt sich für Agnes nicht die Frage, ob oder wann man Fotos macht, sondern lediglich wie.

Das Ästhetisch-Gestaltende steht nicht im Vordergrund ihrer Bildpraktiken, stilistisch sind die Bilder, die der Forscherin gezeigt wurden, recht *generisch*, im Sinne einer gutbürgerlich-konventionellen Ästhetik. Das, was sie begeistert und interessiert, ist das *Anhäufen und Archivieren*, das Herumfrickeln und lernen. Sie hat ein großes Archiv von Bildern, die sie gerne selbst hervorholt und anschaut – von sich aus belästigt sie andere damit nicht unbedingt. Das Teilen und Zeigen von Bildern ist somit wenig kommunikativ orientiert, sondern mehr im Sinne einer eher analog orientierten, *indexikal-dokumentierenden Praxis* des Zusammentragens einer möglichst vollständigen Sammlung.

Agnes verwendet digitale Medien gerne und viel, schöpft die Potentiale aber nicht voll aus. Jene Handlungsoptionen, die spezifisch digital geframed sind (z.B. vernetzte Echtzeitkommunikation, Bildbearbeitung etc.), sind in ihrem Orientierungsrahmen und ihrer Lebenswelt nicht interessant bzw. irrelevant: An diffusen Publics oder vernetzter-halböffentlicher Kommunikation ist sie nicht interessiert, aber diese stellen auch keinen negativen Horizont dar. In ihren Praktiken des *Zeigens und Teilens* von Bildern dokumentiert sich somit ein *recht bürgerlicher, zurückhaltender und an Privatheit orientierter Habitus.*

5.3 Falldarstellung Poldi & Otto

5.3.1 Einleitende Fallbeschreibung

**Poldi, 62, Psychotherapeutin und
Otto, 62, pensionierter Lehrer und ehrenamtlicher Bibliothekar**

▨ verheiratet seit rund 40 Jahren, drei erwachsene Kinder, zwei
Enkelkinder
▨ nutzen WhatsApp

Der vorliegende Fall wurde (mit Fokus auf Poldi) bereits in zwei Publikationen in Hinblick auf folgende Fragestellungen diskutiert: Wie wird Intimität körperlich-ikonisch konstituiert (Schreiber 2015b) und wie können Bilder als medienbiografische Kristallisationspunkte fungieren (Schreiber 2018).

Zugang und Interviewsituation

Der Kontakt zu Poldi und Otto wurde über Bekannte meiner Eltern hergestellt. Beide sind 62 Jahre alt, Akademiker_innen, leben in einer Kleinstadt in Niederösterreich und haben drei erwachsene Kinder, zwei Töchter und einen Sohn. Otto war Lehrer, ist seit kurzem in Pension und gerade dabei, eine Bibliothek aufzubauen. Poldi ist noch als Psychotherapeutin tätig.

Der Interviewtermin kam zustande, als die beiden in Wien waren, um später ins Theater zu gehen. Wir trafen uns gut zwei Stunden vor Beginn des Theaterstücks in einem Café in Theaternähe. Die Atmosphäre war herzlich, beide waren bemüht mir zu helfen. Als ich ankam, hatten sie bereits gegessen.

Materialbestand zu diesem Fall

Erhebung und Autorisation	Analysematerial
Interview 28. 2. 2014, 55 Minuten	Transkript

Erhebung und Autorisation	Analysematerial
Das Bild ‚Bank' hat Poldi zur Verfügung gestellt, auf meine Bitte, mir ein Bild zu schicken, das sie mit dem Smartphone geteilt hat	Bild ‚Bank'
Das Bild ‚Tisch' hat Poldi zur Verfügung gestellt, auf meine Bitte, mir ein Bild zu schicken, das sie mit dem Smartphone geteilt hat	Bild ‚Tisch'
Die Bilder rechts hat Otto zur Verfügung gestellt, auf meine Bitte, mir ein Bild zu schicken, das er mit dem Smartphone geteilt hat. Sie wurden keiner detaillierten Analyse unterzogen.	Bild ‚Schloß' und Bild ‚Laub'

Im Paarinterview wird auch immer stark die Beziehung des Paares zueinander bzw. die Art und Weise, wie sie sich nach außen zeigen, verhandelt. Poldi und Otto unterscheiden sich in ihren jeweiligen ‚Fotomedienbiografien' und auch bezüglich ihrer Nähe bzw. Distanz zu medientechnologischen Innovationen. Es zeigt sich ein Aushandeln, wie man sich gegenüber der Interviewerin zeigt, aber auch was als Norm transportiert wird – die jeweilige Selbstdarstellung wird meist nicht stehengelassen. Geht es jedoch um gemeinsame Praktiken oder Beispiele von gemeinsamer Bildkommunikation, kommt es zu univoken Erzählungen. Ich werde als Interviewerin ernst genommen, aber auch ganz klar als Angehörige einer jüngeren Generation, und damit als per se medienkompetent(er) adressiert.

Die Orientierungen lassen sich grob in drei Sphären systematisieren - darin dokumentiert sich gleichzeitig eine Ordnung der intimen Kommunikationssphären, die im Leben von Poldi und Otto auf unterschiedliche Art und Weise eine Rolle spielen: Jene Orientierungen, die sich entweder auf Poldi, Otto oder die Paardynamik der beiden beziehen (5.3.2), jene, die die Familie betreffen (5.3.3) und jene, die die außerfamilialen Kontakte betreffen (5.3.4).

5.3.2   „Schon ein bissl was anderes" – Poldi und Otto als Paar

Wie bereits einleitend angedeutet, dokumentiert sich bereits in der Form dieses Interviews ein primärer lebensweltlicher Orientierungsrahmen: Poldi und Otto sind seit rund 40 Jahren verheiratet und haben sich der Interviewerin als Paar ‚gestellt', was eine bestimmte Art von Erfahrungsraum konstituiert, der im Interview hervorgebracht wird. Auf der performativen Ebene zeigt sich, dass es über das Interview hinweg individuelle Erzählungen gibt, aber auch konjunktive, und dass die jeweils individuellen Schilderungen manchmal von der_dem Anderen

in Frage gestellt werden bzw. sich Divergenzen oder Rahmeninkongruenzen dokumentieren. Genauso verhält es sich mit den digitalen Bildpraktiken. Sie dokumentieren sich als teilweise individualisierte, teilweise konjunktive Praktiken[116].
Das ist grundsätzlich auch deswegen möglich, weil beide ein eigenes Smartphone und einen Laptop besitzen, Poldi eine Pocketkamera und Otto eine Bridge-
Kamera. Jede_r hat also ihr_sein Gerät. Digitale Bildpraktiken sind also nur teilweise, in bestimmten Bereichen eine konjunktive Erfahrung des Paares. Poldi
und Otto konstruieren im Interview ihre Orientierungen in Bezug auf digitale
Bildpraktiken im Alltag also als vielfach divergent.

5.3.2.1 Differenzierung von Medienkompetenzen: Vom „behirnen" zum „HandSmartphone"

Wenn es um das Wissen um Smartphone und Fotografieren geht, differenzieren
Poldi und Otto unterschiedliche Wissens- oder KnowHow-Stufen, in denen sie
sich auch selbst einordnen. Die Verortung der eigenen Medienerfahrungen und
der Souveränität im Umgang mit Medien geschieht in Relation zu anderen, konkreten Personen.

Dinge „behirnen": Poldi

Auf der ersten Stufe befinden sich Leute wie Poldi, die sich das Wissen mühsam-
kognitiv aneignen müssen. Es dokumentiert sich, dass die Konfrontation mit dem
Smartphone für Poldi zuerst fremdbestimmt und „überraschend" (129) war. Die
Anschaffung ist von Otto ausgegangen, der ganz klar daran orientiert ist, techno-
logisch up-to-date zu bleiben. Er schließt Poldi mit der Anschaffung des Geräts
daher in Technikinnovation bzw. digitale Bildkommunikation mit ein, drängt sie
ihr mitunter auch ein bisschen auf. Gleichzeitig schließt er sie damit auch vom
Gebrauch seines Geräts aus, macht also klar, dass Gerät und Praktiken von ihm
aus individuell stattfinden können bzw. sollen.

    Den Umstieg vom „normalen Handy" (128) schildert Poldi als mühsamen
Lernprozess, in dem sie sich selbst als „patschert" (135) bzw. „nicht so firm"
(34) erlebt. Das Gerät erforderte eine bewusste, kognitive Auseinandersetzung,
die nicht nebenher geht und in der es explizite Anleitung oder Unterstützung von
Bekannten braucht, denen mehr Kompetenz zugeschrieben wird.

---

[116] Als Vergleichhorizont sind hier auch Regina und Sepp zu nennen, deren Medienpraxis als
Paar in Schreiber (2016) beschrieben ist: Während sie auf Urlaubsfahrten Videos und
Bilder „sammelt", ist er im Anschluss zuhause für den Schnitt zuständig – diese Praxis
ergänzt sich also passgenau und funktioniert nur zusammen.

Doch mittlerweile hat Poldi das Gerät in ihren Alltag integriert, es „behirnt" (183) und nutzt neben der Kamera viele seiner Funktionen (Kalender, Fahrplan, Wörterbuch, Mails, Musik etc.). Aber es hat sich offenbar im Verlauf von damals bis heute auch etwas geändert: Dass es nicht von Anfang an so selbstverständlich war, impliziert, dass es heute schon selbstverständlich ist.

Die Kamera und das Zeigen von Bildern sind jedenfalls „erst so selbstverständlich", seitdem ihre Enkelkinder auf der Welt sind (mehr dazu weiter unten). Die Habitualisierung bezieht sich hier einerseits auf den Umgang mit der Technik, andererseits auf die Integration des Geräts in den Alltag.

„Karikatur" mit Kamera: Otto

Auf der nächsten Stufe wären Leute wie Otto, die stets am Gerät dran sind – egal ob es der Fotoapparat oder das Smartphone ist: Eine Karikatur von Otto würde laut Poldi einen großen Fotoapparat tragen. Dieser ist ein essentieller, markanter Teil von Otto, der auch sichtbar ist, quasi wie eine Medaille oder eine Schleife um seinen Hals hängt. die Kamera fungiert aus Poldis Sicht als schrullig-phallisches Statussymbol und ist das männliche Pendant zur weiblichen „kleinen Pocketkamera", die eingesteckt wird. Die Markierung bzw. Imagination von Otto als Karikatur ist gleichzeitig ironisch-distanzierend.

Für Otto ist Fotografie Teil seines Lebens, seit er 15 Jahre alt war. Seither besitzt er Kameras. Obwohl für ihn hohe Qualität und technische Raffinesse wichtig sind, ist er primär daran orientiert, dass die Kamera transportabel ist – sie ist wie ein Accessoire, das seinen Handlungsspielraum erwartet. Er weiß, was am Markt ist und er entwirft auch den Horizont, durch den Kauf einer „professionellen Ausrüstung" zu einem Profi zu werden, aber „mag ich noch nicht" (o.T.). Es ist klar, dass es eine Art Steigerungsform seiner Fotopraktiken geben würde, doch die ist für ihn nicht erstrebenswert.

Mit einem großen Fotoapparat fällt man im Alltag auf bzw. wird als Tourist eingeordnet. Zum Zeitpunkt des Interviews hat Otto den Apparat zuhause gelassen, um nicht „wieder in Gefahr" (52) zu geraten zu fotografieren, da dies bei einem Theaterbesuch nicht erwünscht ist. Hier dokumentiert sich Otto fast als von der Kamera gesteuert, von einem Kamerablick verführt: Das ‚Ding' spornt ihn gleichsam an, zu fotografieren:

> Om: und ich hab also so das Gefühl, also bei mir ist es inzwischen so, dass ich relativ oft stehenbleib, einen Schritt zurückmache, das muss ich fotografieren. Weil mir weil mir plötzlich ep ein Motiv ein-, das hab ich gesehen, weiß ich nicht, ich hab schon bisl einen fotografischen Blick, ja.
> (o.T., Minute 23:19)

Während Otto zu Beginn der Verbreitung von Handys mit Kameras diese aufgrund der schlechten Bildqualität kaum zum Fotografieren nutzte, ist es mittlerweile auch für ihn eine wichtige Kamera geworden. Während er mit dem Fotoapparat offenbar eher Gebäude, Details, Landschaften und besondere Anlässe fotografiert, dient die Smartphone-Kamera als Alltags- und Menschenkamera sowie, ganz zentral, gleichsam einem Scanner als Speicher (dazu unten mehr).

„Spezialistin"

Eine weitere Kompetenz-Stufe sind jene, die sich beruflich ganz intensiv mit digitalen Technologien auseinandersetzen (müssen), was sie mitunter sogar zu „Spezialistin" macht (174-177). Der Aneignung von Wissen im Kontext einer Berufstätigkeit wird offenbar eine eigene Form der Expertise bzw. der Wissensform zugeschrieben – diese wird abgegrenzt gegenüber Poldis privatem, kognitivem Lernprozess, gegenüber Ottos ambitionierter Amateurpraktiken[117] und auch gegenüber jenen, die mit digitalen Technologien bereits aufgewachsen sind, z.B. der Sohn der beiden.

Leben mit dem „HandSmartphone"

Markus, der Sohn von Poldi und Otto, benutzt das Smartphone „ganz viel", das bedeutet, er „schickt oft was", die Frequenz der Bildkommunikation ist hoch (89-90). Mit dem Vater hat er also gemeinsam, ständig dabei zu sein, jedoch nicht in schrulliger, karikierter Art und Weise, sondern „der lebt mit dem HandSmartphone". Bei Otto ist die Kamera umgehängt, also außen dran. Markus Hand ist aus Poldis Perspektive quasi mit dem Smartphone verwachsen, das Gerät fungiert für ihn wie eine Verlängerung des menschlichen Körpers.

Es dokumentiert sich eine Verortung der eigenen Praktiken innerhalb von erlebten, aber auch kommunikativ-generalisierten oder vielleicht normativen Vorstellungen von unterschiedlichen Medienkompetenzen. Jenen, die damit aufgewachsen sind und jenen, die sich beruflich mit Technik auseinandersetzen, wird die höchste Kompetenz zugeschrieben. Es wird jedoch auch stark individuell differenziert und nicht von generationsspezifischen Kompetenzen gesprochen.

---

[117] Den Begriff des „ambitionierten Amateurs" hat Timm Starl in seiner Kulturgeschichte des „Knipsers" geprägt (Starl 1995). Damit bezeichnete er jene privat Fotografierenden, die sich in Bezug auf Technik, Qualität oder Sichtbarkeit ihrer Fotos an Berufsfotografen orientierten. Starl selbst merkt jedoch an, dass Amateur nicht gleich Amateur sei (ebd. 13). In der vorliegenden Arbeit wird der Begriff ebenfalls verwendet, um die Orientierung an einer professionalisierten Praxis und Ästhetik zu markieren.

5.3.2.2   Individualisierte Medienpraktiken – Divergenzen und Konvergenzen

Auch die Praktiken der digitalen Bildkommunikation stellen sich bei Poldi und Otto als individualisiert dar. Sie sind in unterschiedlicher Intensität in Leben und Alltag eingelassen:

Der Gebrauch des Smartphones im Kontext von Fotografie ist für Poldi erst selbstverständlich, seit die Enkelkinder auf der Welt sind. Vorher hat sie den Alltag nicht fotografiert. Es deutet sich an, dass sie vorerst zwischen zwei Sphären und Motivwelten differenziert: dem Alltäglichen und dem Außeralltäglichen. Zur zweiten Sphäre gehören für Poldi etwa Urlaube und Ausflüge. Diese dokumentiert sie bereits länger mit einer Pocketkamera, welche aber extra eingesteckt werden muss. Das Smartphone jedoch ist sowieso ihr ständiger Begleiter. Es ist immer dabei, wird nah am Körper getragen und muss nicht extra eingesteckt werden.

Das Auftauchen eines konkreten Motivs (Enkelkinder) in Kombination mit der Mobilität des Geräts sowie seiner ständigen Verfügbarkeit ermöglicht Poldi das Fotografieren im Alltag. Bisher waren Alltags-Schnappschüsse für sie „kein Thema" (169), vermutlich weil es für sie auch kein Thema für die Bilder gab (im Gegensatz zu Otto, der sogar mit der großen Kamera durch den Alltag geht). Dass der Alltag fotografierenswert ist, ist für Poldi relativ neu, das hat erst mit dem Auftauchen der Enkelkinder und dem neuen Erfahrungsraum des Großmutter-Daseins eingesetzt. Dieser neue Alltag ist besonders und toll, aber hält auch auf Trab und ist anstrengend.

Die Bilder, die nun in Poldis Alltag entstehen, bezeichnet sie als „Schnappschüsse" (33). Mit der Pocketkamera fotografiert sie Außeralltägliches, mit dem Smartphone macht sie Schnappschüsse. Es ärgert sie, dass sie auf ihren eigenen Schnappschüssen nicht mit drauf ist. Offenbar soll also nicht nur das, was sie sieht, dokumentiert werden, sondern auch gezeigt werden, dass sie selbst Teil der Situation war. Auch Schnappschüsse scheinen also an ein antizipiertes Publikum gerichtet zu sein, die durch das Bild eine Vorstellung der dokumentierten Situation haben.

An anderer Stelle macht Poldi jedoch explizit, dass Fotos, auf denen nur sie zu sehen ist, ihr unangenehm sind. Es deutet sich an, dass es für Poldi ein positiver Horizont ist, sich auch bildlich als Teil ihrer Familie zu zeigen, alleine zu posieren käme ihr jedoch lächerlich vor. Metaphorisch fallen in Poldis Sprechen über ihre Smartphone-Praktiken auch funktionaler Nutzen (22, 166) und körperlich-emotionales Wohlbefinden (genießen 26, angenehm 80) zusammen.

Im Gegensatz zu Poldi hat Otto immer schon ständig Fotografierenswertes gefunden, wohl auch, weil seine Kamera in seinem Alltag immer dabei war, bzw. hatte er sie dabei, weil für ihn oft etwas fotografierenswert ist. Hier deutet sich an, dass eine Kausalität (im Sinne von Medien werden genutzt, ‚um zu') oftmals schwer feststellbar bzw. mitunter auch irrelevant ist. Vielmehr ist hier die Passung von unterschiedlichen Handlungsprogrammen (vgl. Kapitel 2.1.3) sichtbar. Seit Otto die Smartphone-Kamera als qualitativ ausreichend empfindet, verlagert sich vereinzelt die digitale Fotografie mit der ‚großen' Kamera auf das Smartphone. Noch viel wichtiger ist das Smartphone aber für vorher analog mediatisierte Praktiken: das Sammeln, Dokumentieren und Recherchieren von Schnipseln und Wissen.

Die digitalen Bildpraktiken von beiden orientieren sich am Festhalten, Dokumentieren, Speichern Wollen. Während Ottos Motive dabei recht uferlos sind, steht in Poldis Bildpraktiken entweder das emotionale Zusammensein (vor allem mit den Enkeln im Alltag) oder das Außergewöhnliche und Außeralltägliche im Vordergrund. Jedenfalls verschiebt sich ihre Teilhabe an der familiären Bildproduktion durch das neue Gerät.

5.3.2.3   Urlaubsfahrten: Individuell-ergänzende Bildpraktiken

Grundsätzlich sind Praktiken des Machens und Aufbewahrens eine individuelle, doch bei gemeinsamen Urlaubsfahrten etwa ergänzt Poldis Pocketkamera das Spektrum dessen, was vom Fotografen-Otto als fotografierenswert empfunden wird, um das, was Poldi als fotografierenswert empfindet. Manchmal nimmt sich Otto dann auch Poldis Bilder auf seinen Computer, „weil ich doch ein bisschen was anderes fotografier als der Otto". (17f.) Was fotografierenswert ist, dokumentiert sich also als divergierend, sei es in Bezug auf Motiv, Ästhetik, Raffinesse – das bleibt offen.

Unterschiede zeigen sich in Bezug auf die Speicherung und Nachhaltigkeit der Bilder: Der Aufbewahrung kommt in Bezug auf die außeralltäglichen Bilder eine größere Bedeutung zu. Diese werden etwa am Ende eines Urlaubstages, wie eine „Ernte sozusagen" eingefahren und angesehen.

5.3.3   „Naja Enkelbilder, weißt eh" – Sphäre Familie

Die Familie, sprich Poldi und Ottos Kinder und deren Kinder, sind wichtige Bezugsgrößen im Alltag des Paares. Sie ist nicht nur Gegenüber in der Kommunikation, sondern auch Gegenstand der Kommunikation nach außen.

5.3.3.1 Konjunktive Praktiken: Alltag mit Enkeln

Während des Interviews zeigt Otto ein Bild auf dem Smartphone und meint, obwohl es sein Gerät wäre, hätte Poldi genau den gleichen Schnappschuss gemacht. Das verweist einerseits auf den tatsächlich konjunktiv geteilten Erfahrungsraum des Großeltern-Seins, aber impliziert auch die Annahme, dass die Enkel gleichartig gesehen und gezeigt werden, dass also eine bildliche, ästhetische Orientierung bzw. ein Geschmack und eine Relevanzsetzung geteilt wird (60-61). Dass dies wohl oft, aber nicht immer zutrifft, wird folgend anhand dreier Beispiele exemplifiziert. Beginnend mit einer Stelle im Interview (61-76), wo ein Bild hergezeigt wird und performativ das stattfindet, was stattfindet, wenn man Enkelbilder herzeigt – eine für Poldi und Otto wichtige Form der Zirkulationspraxis:

> Om: und das passt ((zeigt Bild auf Smartphone)) das ist zwar <u>mein</u> Smart-
>   phone aber des ist heut ein <u>Schnappschuss</u> gewesen den die Poldi ge-
>   nauso hätt gmacht. Der Kleine wollt nicht von diesem Klingel- ehm (.)
>   ehm Stecker weggehen ja,
> Y: °@(.)@°
> Om: hat so richtig <u>trotzt</u> da drinnen
> Pf: @(.)@
> Y: @(.)@
> Om: ist richtig da drin <u>gesessen</u> und nein da geh ich jetzt nicht weg verstehst
>   @(.)@
> Pf: L Das ist der <u>Emil</u>
> Y: L Moo:::o lieb
> Om: so richtig <u>na</u>. °(no net gsehn ge)°
> Y: °@(.)@°
> Pf: @Na@
> Om: Wir wollten <u>gehen</u> mit ihm ja und so °ddbbbb°
> Y: L Ja <u>Nein ich bleib beim Stecker</u>
> Om: L @Ja@
> Pf: L @Ja@
> (60-76)

Otto zeigt das Bild eines am Boden sitzenden Kleinkindes, das wütend-traurig dreinschaut, und beschreibt, was auf dem Bild zu sehen ist: das Enkelkind, das nicht vom Stecker weggehen wollte. Die Interviewerin schmunzelt, Otto elaboriert die Geschichte weiter, beschreibt die Situation und die Emotion des Kindes und schlüpft schließlich auch in die Rolle des Kindes (60 ff.): „[N]ein da geh ich jetzt nicht weg". Die Interviewerin wird über den Namen aufgeklärt, und da es jetzt nicht mehr irgendein Kind ist, sondern ein bestimmtes, wird das Schmunzeln zu einem expliziten Süß-Finden „moo lieb" – Poldi hat das Bild noch nicht gesehen. Otto erzählt weiter, dass sie eigentlich mit dem Kind losgehen wollten, aber seine Reaktion war „ddbbb", die Interviewerin springt in die Rolle des Kindes – „Nein ich bleib beim Stecker" –, was vom Paar lachend validiert wird.

Was passiert hier? Gemeinsam mit der Interviewerin wird durchgespielt, was so ein Schnappschuss macht: Er hält eine Situation fest, die man zeitversetzt wieder aufrufen kann. Dabei geht es für Poldi und Otto hier weniger um das Aufrufen einer präzisen Dokumentation (Welche Farbe hat der Stecker, wie genau ist Kind dagesessen), sondern um das Aufrufen eines bestimmten emotionalen Zustands – sowohl des Fotografierten (trotzend) als auch der Fotografierenden (belustigt). Ebenso konstruieren sie sich im Herzeigen der Bilder auch selbst als Großeltern, sie zeigen ihre Handlungspraxis als Großeltern im Bild und praktizieren damit gleichzeitig das Großeltern-Sein. Ein Zustand bzw. eine Lebensphase, die eine Transformation des Eltern-Seins mit sich bringt: Es ist in der Auseinandersetzung körperlich anstrengender, aber mitunter auch emotional und erzieherisch entspannter. Auch die körperliche Anstrengung kann daher in Schnappschüssen sichtbar werden, wie an dem folgenden Bild sichtbar wird.

5.3.3.2 Divergent-konflikthafte Praktiken: Nicht immer sind Momentaufnahmen von allen gewollt

Abbildung 31: Bild ‚Tisch'; Gesichter verpixelt und Planimetrie eingezeichnet (rechts) von MS

Otto und die Enkelkinder befinden sich in einem Raum an einem Tisch, wahrscheinlich eine Küche. Die Möbel wirken weder teuer noch heikel, es ist kein Raum speziell für Kinder. Otto sitzt auf einer Bank am Tisch, das Mädchen steht neben ihm auf der Bank, der Bub steht vor ihnen am Boden. Alle tragen legergemütliche Kleidung, der Bub eine Windel und keine Hose. Das Bild ist unruhig bzw. auch unscharf, der Bildausschnitt eng. Opa und Kinder posieren, in ihrer Bewegung unterbrochen, für die Kamera. Während das Mädchen in die Kamera lächelt und die Arme hebt, einer Ballerina gleich spielerisch zu posieren scheint, blicken Otto und der kleine Bub überrascht-genervt und eher widerwillig in die Kamera. Otto lehnt sich ins Bild, hält an einer Hand den Bub, dessen Arm leicht nach hinten verdreht ist. Der Bub hält etwas zum Essen in der anderen Hand und scheint auch gerade etwas im Mund zu haben. Ottos andere Hand liegt auf einem Tischchen auf, das neben der Bank steht.

In der leichten Unschärfe, dem Bildausschnitt und der (leicht schiefen Aufsichts-) Perspektive dokumentiert sich, dass die abbildende Bildproduzentin Poldi nahe an den dreien dran ist, und sie auf sie herabblickt, so dass gerade alle drauf sind; Ottos Körperhaltung ist auf die Kamera hin gerichtet, posierend[118]. Die Kinder sind in ihren Bewegungen gleichsam eingefroren.

Es zeigt sich eine Szene, die anders als beim Bild ‚Bank' (siehe unten) nicht idyllisch, nicht entspannt auf sich bezogen ist, die Abgebildeten interagieren, teilweise widerwillig-genervt, mit der Kamera. Ob sich Ottos Genervtheit auf die Interaktion mit den Kindern oder auf das Fotografiert-Werden bezieht, bleibt offen – wahrscheinlich beides in Kombination.

Es ist ein Schnappschuss, wie er im Interview mehrmals erwähnt wurde, eine Momentaufnahme, die schnell gemacht wird, die den Alltag zeigt. Aber es dokumentiert sich eine Rahmeninkongruenz: Während die abbildende Bildproduzentin Poldi die Szene und den Ausschnitt als fotografierenswert rahmt, sind die Abgebildeten teilweise eher überrumpelt vom Fotografiert-Werden. Für sie ist es scheinbar kein fotografierenswerter Moment – Opa Otto wirkt angestrengt, der Alltag mit Kleinkindern kann anstrengend sein. Vielleicht ist er im Fotografiert-Werden auch habituell unsicherer als im selbst Fotografieren bzw. ist es ihm nicht recht, dass Poldi in dem Moment die sonst von ihm besetzte Rolle einnimmt. Dem Mädchen macht das Fotografiert-Werden jedenfalls Spaß.

Im Gegensatz zu ‚Bank' zeigt sich hier weiters, dass beide Großeltern involviert sind in den Alltag der Kinder. Diese dringen quasi auch in ihren Alltag ein, das kann anstrengend sein und diese mitunter anstrengende Interaktion mit den Enkelkindern wird im Bild sichtbar. Man ist sich nicht ganz einig, ob diese Art von Bild fotografierenswert ist. Muss man ein Foto machen, nur weil man es machen kann? Als möglicher Konflikt deutet sich hier an, dass Autorisation und Schicken von Bildern mitunter an der_dem Partner_in vorbei geschehen kann, dass etwa Otto nicht gefragt wurde, ob ihm Recht ist, dass Poldi dieses Bild schickt.

---

[118]   Posierend im Sinne davon, dass es sich um keine Haltung handelt, die sinnhaft in eine Praxis eingelassen ist (Przyborski und Bohnsack 2015).

Die konjunktive Erfahrung des Großelternseins ist für beide Gegenstand der Schnappschüsse mit dem Smartphone im Alltag. Das Zeigen und Teilen dieser Bilder ist ebenfalls eine eingespielte gemeinsame Praxis, wie im folgenden Abschnitt ausgeführt wird. Großelternsein ist also ihr konjunktiver Erfahrungsraum, aber über dessen Mediatisierung und bildliche Sichtbarmachung ist sich das Paar nicht immer einig.

5.3.3.3   Bild Bank: Der korporierte familiäre Habitus

In einem Abschnitt über Sohn Markus' derzeitige Lebens- und Wohnsituation zeigt sich, dass vor allem Poldi recht genau über den Alltag ihres Sohnes Bescheid weiß. Es dokumentiert sich eine enge familiäre Beziehung, ein Involviert-Sein auch im Alltag der erwachsenen Kinder und letztendlich ein unterstützender erzieherischer Habitus, der über das Kindsein der Kinder hinausgeht. Von Poldi werden die emotionalen Zusammenhänge in Bezug auf bestimmte Wohnsituationen elaboriert („woran er hängt", 110), von Otto die funktionalen (Tauschen der Genossenschaftswohnung). Diese grundlegenden Orientierungen sind auch homolog zu jenen, die sich im Bild Bank auf korporiert-ikonische Art und Weise dokumentieren.

Abbildung 32: Bild ,Bank'; Gesichter verpixelt und Planimetrie eingezeichnet (rechts) von MS

Marion, Poldi und Ottos älteste Tochter, sitzen draußen auf einer hölzernen Bank, neben ihr stehen die Enkelkinder Emil und Evi. Das Bild zeigt ein herbstliches oder frühlingshaftes Draußen-Sein, da der Zustand der Natur entweder noch nicht oder nicht mehr sommerlich ist, eher bräunlich-karg, aber trotzdem mit schwachem Sonnenschein. Alle tragen wetterfeste, winterliche Kleidung, was auf niedrigere Temperaturen hinweist. Das Foto macht Poldi, die Mutter der Frau, also die Oma der Kleinkinder, deren Schatten auch im Bild zu sehen ist.

Marions Kopf und Blick ist zu der Stelle geneigt, wo sich ihre rechte Hand und die Hand von Emil berühren. Emil reicht ihr bis zum Kopf bzw. befindet sich auf gleicher Höhe. Der linke Arm von Emil ist schräg nach unten zu Marions Hand gerichtet, mit der linken Hand greift er einige ihrer Finger.

Ein Schatten fällt in der rechten unteren Ecke des Bildes auf den mit Gras bewachsenen Boden und auf diesen Teil der Sitzfläche der Bank. Links neben bzw. hinter Marion, am hinteren Rand der Sitzfläche, steht Evi, deren Körper wie Marions Körper parallel zur Sitzfläche und auch zu Emil ausgerichtet ist. Evis linker Arm hält die Lehne der Bank, sie schaut an Emil vorbei aus dem Bild heraus.

Autonomie im Inneren

Die Planimetrie (die mit der szenischen Choreografie zusammenfällt) fokussiert einen formalen Kontrast der geschlossenen Gruppe zur strukturierten Umgebung. Die nach rechts herabfallenden Geraden entlang von Zaun und Bank markieren die horizontale Struktur des Bildes, und begrenzen und betonen auch die dunklen Flächen im Bild von Zaunoberkante bis Bankkante. Diese Geradlinigkeit wird von der Gruppe gebrochen, die gleichzeitig kreisförmig die hellsten bzw. farblich hervorstechendsten Stellen im Bild darstellt. Der Kreis markiert damit das in sich geschlossene Aufeinander-Bezogen-Sein der Gruppe und fokussiert den Kontrast des Kreises zur umgebenden Struktur. Die Interaktion der Abgebildeten ist gleichsam ein eigener Kosmos. Man blickt wie durch ein Bullauge auf die runde farbige Szene in einer sonst eher tristen und geradlinigen Umgebung.

Poldi ist als Fotografin nahe an der sichtbaren Szene dran und Teil davon, das Bullauge bildet gleichsam einen Sog. Der Freiraum, der den Kindern gegeben wird, wird auch deswegen besonders sichtbar, weil die Enge als Kontrast zu sehen ist, im Sinne eines Gegenhorizonts, es zeigt also einen Freiraum in der Enge.

Die Szene ist nach außen abgeriegelt, innerhalb aber nicht übergriffig, hier haben die Kinder Freiraum und Autonomie. In dieser Autonomie werden sie gestützt: Das rechte ‚Standbein' von Marion ermöglicht ihr eigenartig verdrehtes

Sitzen. Sie wird mit dieser Haltung eher ein zusätzlicher, stützender Teil der Bank. Sie nutzt diese nicht in üblicher, von der Bank angebotener Weise, bequem darauf zurückgelehnt. Das Standbein bietet also Unter*stützung* bzw. ermöglicht erst den Raum für die Begegnung und Berührung, für Grundversorgung (Mund/Schnuller), und ist auch für das Kleinkind sichtbar. Marions Körperhaltung zeigt ein starkes Hingewandtsein und Ausgerichtetsein zum/am Kind, ohne es festzuhalten. Vielmehr wird durch die nach oben gedrehte, offene Handfläche eine Berührung angeboten, aber nicht erzwungen. Die viel kleinere Hand von Emil greift tastend einige Finger, aber stützt sich nicht ab bzw. hält sich nicht fest.

Kontrollieren, Präsentieren und Beschützen

Die Körpergröße der Kleinkinder legt nahe, dass sie das selbstständige Stehen und Gehen noch nicht lange beherrschen. Selber Gehen zu können bedeutet einen wichtigen Entwicklungsschritt, der für die (Groß-)Eltern einerseits mit großem Stolz verbunden ist, aber auch eine andere Achtsamkeit verlangt. Von der Bank können die Kinder eigenständig nicht so rasch herabsteigen – durch die Bank wird das Stehen der Kinder also gleichzeitig herausgestellt und begrenzt.

Das Stehen der Kleinkinder auf der Bank zeigt, dass durch die Erwachsenen hier Zugang zu einer unkonventionellen Nutzung eines Gegenstandes gewährt wird und darauf geachtet wird, dass der ‚Auftritt' auf der Bank gelingt und niemand abstürzt, was in der gerichteten Körperhaltung und Geste sichtbar ist – ein schützendes Hinwenden ohne körperliches Einengen, die Hand ist da, wenn sie gebraucht wird. Den Kleinsten wird mit der Bank innerhalb eines begrenzten Raumes eine Bühne geboten, auf der sie ihr selbstständiges Stehen zeigen können und darin unterstützt und fotografiert werden. Die erwachsene Person im Bild wird einerseits zum Teil der Bühne, also auch zu stützendem Grund (Körperhaltung) und Hintergrund (Farbe Jacke), bietet andererseits körperliche Begegnung und Berührung (Handgeste) an, ohne festzuhalten oder hinzugreifen. Marion zeigt also eine Kontroll- und Schutzhaltung gleichzeitig, die sich wiederum in der Art und Weise der Perspektive, also in Poldis Blick auf die Szene, wiederholt – wie genau?

Verzahnung von Generationen

Die Perspektive zeigt eine starke Aufsicht, Oma Poldi blickt auf ihren Nachwuchs, Kind und Kindeskinder herab. Das ‚Herabblicken' auf nachfolgende Generationen ist nicht hierarchisch, vielmehr chronologisch im Sinne einer zeitlichen Abfolge. Gleichzeitig zeigt es eine prägende körperlichen Erfahrung jedes

Eltern-Kind-Verhältnisses: Das Verhältnis beginnt damit, dass das Kind körperlich kleiner ist als die Eltern, so ist hier auch die fotografierende Oma größer und die abgebildete Mutter befindet sich auf Augenhöhe mit den Kleinkindern. Es dokumentiert sich das Streben, Gemeinsamkeit (familiäre Abstammung) durch Accessoires hervorzuheben, aber gleichzeitig die jeweilige Individualität des Kindes zu wahren (unterschiedliche Farben, nicht idente Mütze). Poldi ist als die ‚Schattenfotografin' nicht Teil der unmittelbar sichtbaren abgebildeten Interaktion, aber doch Teil der szenischen Choreografie. Die Fotografin greift offenbar nicht in die Szene vor der Kamera (z.b. durch Anweisungen zu posieren oder herzusehen) ein, sondern lässt ihr Kind (die Frau) in der Bezogenheit auf ihre Enkel und bildet sie darin ab. Es zeigt sich ein Changieren zwischen Dabei-Sein und Nicht-Dabei-Sein, sie ist nahe dran, aber trotzdem distanziert.

Hier zeigt sich eine Parallele zu der Art und Weise ihrer mediatisierten Praktiken bzw. der Praktiken des Zeigens und Teilens von Bildern: So ist sie etwa auch im Leben von Sohn Markus dabei, aber eben oft mediatisiert und damit leicht distanziert. Die im Bild sichtbare korporierte Praxis und die im Interview rekonstruierte Medienpraxis sind kongruent.

Im Bild zeigt sich ein Ineinander-Verzahnt-Sein verschiedener Generationen durch mehrere Eltern-Kind-Verhältnisse gleichzeitig: Aus der Perspektive der Oma zeigen sich hier ihre eigenen Kinder, die selbst gleichzeitig Eltern sind und deren Kinder. Poldi selbst ist als Schatten im Bild sichtbar, antizipiert damit vielleicht, dass sie irgendwann nicht mehr physisch präsenter Teil der familiären Interaktion sein wird. Es deutet sich damit auch ein doppeltes Loslassen an: Die abgebildete Mutter bietet dem Kind die Hand an, hält sie aber nicht fest. Die Oma lässt die nachfolgenden Generationen auf sich bezogen sein und imaginiert auch ihr eigenes Nicht-mehr-da-Sein.

Die Orientierungen von Abbildenden und Abgebildeten sind also hier homolog. Diese Art und Weise des familiären Beisammen-Seins wird als zeigens- und teilenswert autorisiert. Die Familie ist überhaupt etwas Zeigenswertes. Dass man auch von anderen nach Bildern der Familie gefragt werden wird (siehe unten), wird in der Herstellung solcher Bilder mehr oder weniger implizit/explizit antizipiert.

5.3.4   „Normalerweise erzählst du das" – Bildkommunikation nach außen

Wie bereits erwähnt, ist die Familie auch Gegenstand des Zeigens nach außen. Im ko-präsenten Zeigen von Bildern (wie es im Interview z.B. anhand des Bildes von Emil am Stecker enaktiert wurde) zeigt sich die Kontinuität von Bildpraktiken über analog-digitale Transformationen hinweg. Das Zeigen von Familienbildern hat schon mit analogen Bildern stattgefunden, wie das gemeinsame

Betrachten eines Fotoalbums oder von Bildern in der Geldbörse. Es wurde aber durch das Smartphone stark vereinfacht, denn nun hat Poldi eine tagesaktuelle Galerie immer mit dabei.

Die Visualisierung und Mediatisierung des Alltags macht sich explizit in diversen Alltagsgeschichten bemerkbar, die man nun „praktisch" (166) mit der Kamera dokumentieren könne. „Normalerweise erzählst das" (o.T.), doch ein rauchender neu eingebauter Kachelofen, eine mit Gingkofrüchten übersäte Wiese oder die Erklärung einer Werkbank bekommen durch ihre Visualisierung neue Dimensionen: Erzählungen werden erweitert und intensiviert, Erklärungen vereinfacht. Diese Praktiken des Zeigens und Teilens sind ganz klar an der Amplifizierung des erlebten Alltags und an der Ausstattung der Kommunikation orientiert, nicht an Nachhaltigkeit und Erinnerung. Es geht dabei um Bilder,

> O: (...) die eigentlich nicht für länger gedacht sind, sondern (.), ja du triffst
>   wen, wie geht's den Enkelkindern, wie geht's deiner Frau. Momentan
>   sinds eher die Enkelkinder. Da kann ma dann dem zeigen. Nach einem
>   Jahr sind diese Fotos eher uninteressant.
>   (...)
>   jetzt so zum Ausweiten des täglichen Alltags dass ma das Herzeigen
>   oder auch selber anschauen kann
> (o.T. Tonaufnahme 25.35)

Kinderbildern kommt dabei aktuell eine herausgehobene Bedeutung zu. Auch Poldi schildert die typische Situation, von anderen nach „Kinderbildern" gefragt zu werden, vor allem danach, wie groß die Kinder jetzt wären (83). Hier wird Fotos wiederum ganz wesentlich eine indexikale, quasi beobachtend-dokumentierende-vermessende Funktion zugeschrieben. Durch das Medium, das den wachsenden, sich rasch verändernden Kinderkörper dokumentiert, wird dieser quasi objektiv auch für andere sichtbar und verfolgbar.

Von den vermeintlich vergänglichen Fotos, die eher kurzfristig als Schmiermittel fungieren, grenzt Otto jedoch jene Fotos ab, „die Eltern für ihre Kinder machen, die für 40, 50 Jahre gelten". Er proponiert also, dass es parallel zur eher alltagskommunikativen Praktiken eine biografische Dokumentation geben sollte, die nachhaltiger wäre als die Bildkommunikation mit dem Smartphone, und dass diese in die Verantwortung der Eltern falle.

5.3.4.1 Konnektivität durch mediatisiertes Teilen: Ambivalenz der Ko-Präsenz

Wie beim ko-präsenten Zeigen von Bildern geht es auch beim vernetzten, mediatisierten Teilen von Bildern über WhatsApp um die Kommunikation mit konkreten Menschen, die zu einem definierten Kreis an Bekannten gehören. Sohn Markus fungiert hier als erstes Beispiel: Weil er bedacht ist, dass seine Mutter „super ausschaut und sportelt", hat er ihr ein Foto einer günstigen Jacke aus einem Sportgeschäft geschickt (28-32). Neben dem praktischen Nutzen der Information über ein Konsumgut dokumentiert sich hier auch die emotionale Ebene, die für Poldi bedeutsam ist: Sie ist über WhatsApp mit Markus verbunden – technisch und auch emotional –, und diese Verbindung ist nicht einseitig, sondern reziprok: Man hat ein Foto und er schickt ein Foto; besonders wichtig scheinen die Fotos zu sein, die er schickt. Das Smartphone ist quasi das Gerät, das die (technologische) Verbindung zwischen Poldi und Markus stiftet. Das Hin- und Hersenden von Bildern ist der sichtbare Beweis der Verbindung. Über die geografische Distanz hinweg wird die emotionale Nähe aufrechterhalten – in Bezug auf die Töchter gibt es keine ähnlichen Beispiele, er ist das Nesthäkchen.

Poldi beschreibt ihre WhatsApp-Praktiken großteiles als reaktiv. Wie Otto proponiert, war der Beginn der Praktiken (ähnlich wie das überraschend geschenkte Smartphone) wiederum fremdbestimmt: Ihre Arbeitskolleginnen hätten sie zum Fotografieren und Teilen des Alltags animiert (161), weil sie von diesen, bzw. einer konkreten Kollegin „viel kriegt". Poldi bestätigt, „dann hab ich halt dann was zurückgeschickt wenn sie mir was geschickt hat". Die Reziprozität der Messaging-Kommunikation ermöglicht also gleichzeitig eine befriedigende Konnektivität mit den Kindern, aber mitunter auch den gefühlten Zwang, auf Nachrichten mit etwas ähnlichem, z.B. einem Bild, reagieren zu müssen.

Immer wieder betont sie, dass sie nicht „firm" (34 ff.) ist, wobei diffus bleibt, was genau das heißt. Otto widerspricht ihr mit „Du schickst aber schon auch", bejaht aber dann ihre Differenzierung mit „net so viel". Es geht also um zwei unterschiedliche Rahmungen: einerseits um die Frequenz, viel zu schicken und andererseits um die Kompetenz, firm zu sein. Es scheint, dass eine hohe Frequenz von Kommunikationshandlungen als medien-kompetentes Verhalten interpretiert wird – von Otto.

Abgesehen von den (Enkel-)Kinderbildern, kann ein Foto zeigenswert werden, wenn es etwas „ganz Besonderes" zeigt oder etwas auf eine besonders gelungene Weise dargestellt wird – „ganz nettes Foto" (85). Es kann also sowohl um ein Motiv als auch um die Ästhetik gehen. Poldi differenziert ihre Praktiken, je nachdem, wer mit ihr in Interaktion tritt. Doch gesamt spielt sich das gezielte Schicken von etwas in einer intimen Sphäre ab (38 ff.): Entweder will sie etwas teilen, weitergeben, was ihr besonders gefällt und „liab is", und/oder auch eine wechselseitige Bezugnahme konstituiert und zwar im Sinne von „das könnte die und die interessieren" und „möchte das weitergeben". Poldi rahmt ihre Zirkulationspraktiken hier sehr positiv-affektiv. Doch erneut wird sie von Otto in ihrer Selbstdarstellung korrigiert.

Otto bringt ein Beispiel: Poldi war gemeinsam mit dem Sohn essen und sie schickten Otto ein Foto von dem Essen, während dieser auf Hungerkur war. Hier wurde er also offenbar liebevoll geärgert, indem gezeigt wurde, was er versäumt.

> Om: Wenn ich auf Kur bin, auf Hungerkur bin, ja und sie mim Markus beim
>   Schm beim Schild in Sankt Ort essen ist, dann machens ein Foto und
>   schickens mir, das sehr wohl @(.)@
> Y: L@(.)@ boaah @(2)@ oke:?
> Pf: L @Des kannst dich noch erinnern@
> Om: L@Ja@ he
> (43-47)

Es bleibt offen, ob es sich hierbei um das Zeigen der engen Beziehung mit dem Sohn oder um eine Art Paarspiel handelt. Jedenfalls dokumentiert sich in dieser Praxis des Teilens von Fotos die starke Markierung, dass jemand räumlich (oder auch zeitlich) nicht Teil des fotografierten Moments ist. Die Inklusion im mediatisierten Raum ist gleichzeitig die Betonung der Exklusion aus dem fotografierten Raum: Wir essen gemeinsam und du bist nicht dabei. Es dokumentiert sich also die Ambivalenz des intimen Messaging-Zeigens – jetzt bist du dabei, aber eben nicht wirklich. Damit wird auch noch einmal die Bildhaftigkeit des Bildes klar: Du kannst jetzt imaginieren, wie das Essen schmeckt, aber eben nicht performativ ausleben. Mediatisierte Präsenz ist also an sich ambivalent. Ob diese Art der Bildkommunikation dann von Trauer, Schadenfreude oder anderem gerahmt ist, kann sich letztendlich nur in der kommunikativen Einbettung zeigen.

In dieser Anekdote wird eine gewisse Schadenfreude deutlich. Poldi und Markus inszenieren sich als Duo, das etwas gemeinsam macht, bzw. werden sie von Otto als Einheit validiert: „machens ein Foto und schickens mir" (44); es ist egal, wer genau es mit welchem Gerät tut, die beiden agieren aus Ottos Sicht gemeinsam. Die Interviewerin validiert die Unfairheit der Schadenfreude. Poldi ist verwundert darüber, dass Otto sich daran noch erinnern kann. Sie rahmt den Vorfall als schon lange vergangen und irrelevant und wechselt im Anschluss das Thema. Dass sie also eine ‚fiese' Seite hat oder sich jedenfalls gegenüber der Interviewerin anders zeigen will, als Otto sie nun vorführt, wird rituell konkludiert.

5.3.4.2 Spielerische Bildungs-Bildpraktiken

Im Sinne visueller Notizen verwendet das Paar die Smartphone-Kamera zum pragmatischen Speichern und Teilen von etwa Konsumprodukten oder von Dokumentationen im Kontext ihres freiwilligen Engagements in einer Bibliothek (Bilder anderer Bibliotheken, Rezensionen von Büchern).

Für Otto ist die Scanfunktion der Kamera auch zum Sammeln und Dokumentieren von Information und Wissen essentiell. So fotografiert er etwa bei Ausstellungen die Beschreibungen, um sie später genauer zu lesen oder auch weiter zu recherchieren, genauso Zeitungsartikel oder andere Informationen. Früher habe er Zeitungen in Cafés zerschnitten und diese Schnipsel von „@sehr wichtige Sachen@" (o.T.) zuhause angehäuft, das ist nun viel einfacher möglich: „Na das ist einfach total. Lustbe- das mag ich einfach unheimlich gern. Das macht mir Spaß." (o.T.).

Es dokumentiert sich die Transformation einer habitualisierten Praxis von analogen zu digitalen Medien, wobei die grundlegende Orientierung, nämlich mit Information und Wissen spielerisch-investigativ-sammelnd umzugehen, gleichbleibt.

Die gleiche Orientierung zeigt sich auch innerhalb einer durch Digitalisierung und Vernetzung neu etablierten Praxis: Während es für Otto vorerst um das Sammeln von Information für sich selbst geht, ermöglicht ein „Spielchen" über Whatsapp das ironisierte Zeigen der eigenen Expertise gegenüber anderen: Gemeinsam mit einem befreundeten Paar schickt er regelmäßig Fotos von Orten oder Ausschnitte von Fotos bestimmter Bauten hin und her, wobei das jeweilige Gegenüber den genauen Ort bzw. das genaue Gebäude erraten muss. Besondere Expertise hat er offenbar im Bereich von Kirchenbauten, weswegen er auch „Kirchenfürst" genannt wird, wie Poldi in seine Erzählung von den „Spielchen" einwirft. Sie partizipiert offenbar auch an den Spielchen, aber nur indirekt – rätselt nicht selbst mit, aber kommentiert den Ablauf und freut sich mit. Es macht Otto großen Spaß, möglichst schwierige oder gefinkelte Aufgaben zu stellen und auch gestellt zu bekommen. So hat er etwa auch schon Ansichtkarten abfotografiert, um zu vermeiden, dass die Koordinaten des Aufnahmeorts in den Metadaten einer Bilddatei mitgeschickt werden.

In dieser Art der Spielepraxis dokumentiert sich die Verfügbarkeit und Gestaltbarkeit von digitalen Inhalten auch im Sinne von User-Generated-Content: Es wird nicht auf eine fertige Quiz-App zurückgegriffen, sondern man macht sich sein eigenes Spiel.

5.3.4.3 Was ist das digitale Bild?

Durch das Interview mit Poldi und Otto zieht sich eine Differenzierung zwischen Foto und Schnappschuss, wobei die Differenzierung der jeweiligen spezifischen Charakteristika diffus bleibt – bzw. sich andeutet, dass diese auch verschwimmen können.

Eine wichtige Differenzierung in diesem Interview (wie auch bei Agnes) ist jene zwischen den Geräten, mit denen ein Bild gemacht wird: Die *Foto*-Kamera

(Poldis Pocketkamera und Ottos Bridge-Kamera) verhält sich konvergent zum *Schnappschuss*-Smartphone. Schnappschüsse scheinen eher im Alltag stattzufinden, Fotos eher außeralltäglich. Fotos scheinen auch arrangierter zu sein, während Schnappschüsse spontan zustande kommen. Es deutet sich auch eine Differenzierung in der Wertigkeit der beiden Bildmodi an, ein Foto ist vielleicht seriöser, schöner, nachhaltiger? Oder geht es um die Frequenz, mit der etwas geschickt wird, darum, wie detailliert etwas erzählt wird durch das Bild, oder wie eng die Beziehung ist zu denen, mit denen geteilt wird bzw. die darauf zu sehen sind?

Es bleibt offen – was darauf hindeutet, dass diese Differenzierungen im Kontext digitaler Bildpraktiken oft keinen Sinn mehr machen. Die Übergänge sind fließend. Auch mit dem Smartphone können Fotos gemacht werden, die wichtig werden und schön sind.

5.3.5   Zusammenfassung und Verdichtung

Poldi und Otto gehen mit ihrem Smartphone bzw. digitalen Technologien unterschiedlich enge oder brüchige Verbindungen ein. Beide reflektieren und differenzieren ihre *professionalisiert-euphorischen (Otto) und vorsichtig-distanzierten (Poldi) Verhältnisse zum Smartphone* in Relation zu anderen Individuen. Medienkompetenz wird als etwas sehr Individuelles, weniger als etwas Generationsspezifisches gerahmt.

Als zentrale Systematisierung der Orientierungen in Bezug auf Bildpraktiken dokumentiert sich eine Differenzierung unterschiedlicher Kommunikationssphären: Poldi und Otto nehmen sich selbst und einander erstens jeweils in ihrer individuellen Bildpraxis wahr, zweitens als (Großeltern-)Paar, das mit und in der Familie kommuniziert; und drittens als Gesamt-Familie, die nach außen gezeigt und geteilt wird, etwa FreundInnen und KollegInnen oder entfernteren Verwandten.

Familiär-intimes emotionales Beisammensein ist zentrales Thema und Gegenstand des Alltags des Paares. Ein wichtiger positiver Horizont ist das Verbunden-Sein im mediatisierten und gleichzeitig im emotionalen Sinne. Auf korporierter Ebene zeigt sich dabei im Bild 'Bank' der zentrale Beziehungs-Habitus der Familie, der mit 'Autonomie im Inneren' interpretiert werden kann. In Bild und Bildpraktiken *dokumentiert sich ein bewahrendes, liebevolles,* aber mitunter auch ambivalentes *Kontrollieren und Präsentieren*. In erster Linie werden durch digitale (Bild-)Kommunikation die Verbindung zu den Kindern gehalten sowie die Enkelkinder dokumentiert, die im Alltag von Poldi und Otto sehr präsent sind. Digitale Bildpraktiken sind also verwoben mit *familiärer Vergemeinschaftung* und der Herstellung von Konnektivität. Die Smartphone-Bildpraktiken innerhalb der Familie sind tendenziell *bewahrend-dokumentierend* und ästhetisch an konventioneller Familienfotografie orientiert.

Bildpraktiken sind jedoch nicht immer affektiv-liebevoll. Auch wenn das Smartphone erlaubt, überall und jederzeit zu fotografieren, ist es nicht unbedingt angenehm und angebracht das zu tun, wie sich im Bild ‚Tisch' bildlich dokumentiert. Auch das *Herstellen von mediatisierter Präsenz über Bilder kann zweischneidig* sein, wenn etwa Poldi Otto zeigt, dass sie mit Sohn Markus schön essen ist, während Otto auf Hungerkur ist.

Das Paar differenziert weiters Smartphone-„Schnappschüsse" und „Fotos", die mit dem „großen Fotoapparat" gemacht werden; bei zweiteren ist Ästhetik relevant, bei ersteren weniger. Jedoch scheint die Differenzierung immer mehr zu verschwimmen. In Ottos Schnipsel-Sammelwut und WhatsApp-Ratespielchen dokumentiert sich ganz klar, wie digitale Medien existierende Praktiken und Orientierungen amplifizieren und beschleunigen können: Er kann seine *Wissensspielchen* schneller und einfach betreiben, aber dass es ihm Spaß macht und ihn befriedigt, ist an sich nichts Neues. An Poldi und Otto wird das Ineinandergreifen von Kontinuitäten und Veränderungen in Hinblick auf digitale Bildpraktiken, das auch in anderen Studien rekonstruiert wurde (Keightley & Pickering 2014), besonders deutlich.

5.4   Falldarstellung Gruppe Teen

5.4.1   Einleitende Fallbeschreibung

Gruppe Teen
Anna, 14[119] / Bele, 15 / Clara, 15

▪ die Mädchen besuchen gemeinsam ein Gymnasium
▪ sie verwenden WhatsApp, Snapchat, (teilweise) Facebook, Instagram[120]

Zugang und Interviewsituation

Der Kontakt zur Gruppe, zu der Anna, Bele und Clara gehören, wurde über einen ehemaligen Studienkollegen, Annas Cousin, hergestellt. Ich habe die Gruppe Teen zweimal zum Interview getroffen, mit etwa einem Jahr Abstand. Nach ersten Analysen des ersten Interviews wurde mir klar, dass einige spannende Themen zwar angedeutet wurden, aber unterbeleuchtet blieben und ich darüber gerne noch mehr erfahren wollte. Beim ersten Interview waren Anna und Bele dabei, beim zweiten Termin kam noch Clara dazu. Die drei Mädchen gehen gemeinsam in die Schule und verbringen auch einen großen Teil ihrer Freizeit miteinander.

Beide Interviews fanden bei Anna zuhause statt – eine großzügige Altbauwohnung in einem gutbürgerlichen Wohnbezirk. Wir haben uns beide Male in ihrem Zimmer zusammengesetzt, ein gemütlich eingerichtetes, großes Zimmer mit großem Fenster ins Grüne. Ich habe Knabbereien mitgebracht und Annas Mama servierte Getränke für uns. Beide Male hätten sich die Mädchen sowieso getroffen, um später gemeinsam ‚Germany's Next Topmodel' zu schauen, so wie sie es jede Woche machen. Manchmal sind auch noch weitere Freundinnen dabei.

Beim ersten Interview wirkten die Mädchen weder besonders begeistert, noch widerwillig in Bezug auf die Interview-Situation. Als klar war, dass wir nun mit dem Interview beginnen, haben sie ihre Smartphones weggelegt und sich auf mich fokussiert.

---

[119]   Zum Zeitpunkt des zweiten Interviews.
[120]   Sie verwenden noch zahlreiche andere Apps, z.B. Pinterest, Ask.fm, hier werden nur jene aufgeführt, die auch in der App-Analyse integriert sind.

Das Gespräch lief zu Beginn sehr schleppend, es entstand eher eine Frage-Ant-wort-Dynamik als eine selbstläufige Erzählung. Mit meiner Aufforderung, mir doch auch Bilder zu zeigen und etwas zu diesen zu erzählen, kam etwas mehr Schwung und Selbstläufigkeit in das Gespräch, das immer mehr zu einem das Zeigen begleitenden Erzählen wurde.

Das zweite Gespräch ist schneller in Gang gekommen, wohl weil wir uns schon kannten, aber vielleicht auch weil sie zu dritt waren. Bevor ich dazu ge-stoßen bin, hatten die drei Mädchen sich anscheinend mit Make-Up beschäftigt, denn alle trugen auffälligen Lippenstift (was dann auch im Laufe des Interviews thematisiert wurde). Zu Beginn habe ich vor allem die Dinge nachgefragt, die für mich beim ersten Gespräch offen geblieben waren, und sie haben bereitwillig geantwortet und erklärt. Während ich am Boden neben dem Bett gesessen bin, sind die Mädchen zu dritt auf dem Bett gesessen, teilweise aneinandergelehnt bzw. die Beine übereinander gelegt. Im Laufe des Gesprächs wurde jedoch wie-derum immer mehr auf den Smartphones gezeigt und gemeinsam betrachtet und diskutiert, wodurch wir jeweils näher aneinander heranrutschten und ich immer mehr zum Teil der Gruppe wurde – und letztendlich nicht umhin konnte auch zu sagen, welches Bandmitglied von One Direction ich am gutaussehendsten finde.

Der vorliegende Fall wurde bereits in zwei Publikationen in Hinblick auf bestimmte Fragestellungen diskutiert: Beide Bilder wurden zur Frage herange-zogen, wie Bilder als medienbiografische Kristallisationspunkte fungieren kön-nen (Schreiber 2018). Das Bild ‚Anna Selfie' wurde außerdem im Kontext der Weiterentwicklung der dokumentarischen Methode für Online-Dokumente in (Schreiber und Kramer 2016) interpretiert.

Materialbestand zu diesem Fall, Autorisation und Auswahl

Erhebung und Autorisation	Analysematerial
Erstes Interview 15. 1. 2014, 77 Minuten (Anna und Bele)	Transkript
Zweites Interview 25. 3. 2015, 57 Minuten (Anna, Bele, Clara)	Transkript
Online-Ethnografie Beim ersten Interview habe ich Anna und Bele gefragt, ob ich ihnen auf Instagram folgen darf, was sie mir erlaubt haben. Ich habe im Zeit-raum zwischen den Interviews und bis etwa Ende 2015 immer wieder	Screenshots

Erhebung und Autorisation	Analysematerial
punktuell die Accounts besucht und auch Screenshots erstellt. Diese wurden jedoch keiner detaillierten Analyse unterzogen. Vielfach war es damit für mich möglich, Bilder, die in den Interviews genannt wurden, im Nachhinein anzuschauen.	
Das Bild ‚Park' hat Bele zur Verfügung gestellt, auf meine Bitte, mir ein Bild zur Verfügung zu stellen, das sie mit dem Smartphone geteilt hat.	Bild ‚Park'
Das Bild ‚Anna Selfie' war zum Zeitpunkt des ersten Interviews das älteste Selfie auf Annas Instagram Account. Zum Zeitpunkt des zweiten Interviews war es nicht mehr auf dem Account.	Bild ‚Anna Selfie'
Die Gruppe hat nach dem ersten und zweiten Interview zahlreiche weitere unterschiedliche Bilder zur Verfügung gestellt, Fotos, Memes, Inspirational Quotes. Diese wurden für die Falldarstellung in dieser Arbeit keiner detaillierten Analyse unterzogen, dienten aber als Material für eine Analyse, die sich schwerpunktmäßig mit plattformspezifischen Ästhetiken beschäftigt (in Vorbereitung).	Bilder

Diese Falldarstellung ist die längste der vier Falldarstellungen, da es sich um eine Gruppe handelt, mit der zwei Interviews durchgeführt wurden, durch die zahlreiche Bilder zur Verfügung gestellt wurden und somit auch der umfangreichste Materialbestand vorhanden war.

Der Alltag der Gruppe Teen ist von visueller Kommunikation bzw. digitalen Bildpraktiken mit dem Smartphone komplett durchdrungen. Alltag und Medien sind nicht voneinander zu trennen und es macht auch keinen Sinn, Medienpraxis als Subeinheit von Alltagspraxis zu betrachten. Der Alltag ist ein medialer Alltag. Diese Verwobenheit digitaler Technologien und Bildpraktiken mit dem Alltag wird zuerst (5.4.2) analysiert, dann wird ein genauerer Blick darauf geworfen, was das für Körperbilder und Bildkörper bedeutet (5.4.3) sowie für die mediale, hybride Konstitution von Sozialität (5.4.4). Schließlich wird Bildkommunikation als selbstverständlicher Modus der Verständigung der Gruppe diskutiert (5.4.5), in dem sich Sozialität, Medialität und Körperlichkeit gegenseitig bedingen.

*5.4.2   „ja wenn mir langweilig ist (.) @Fotos@" – Smartphone und
digitale Bildpraktiken sind der Alltag*

Für das Interview stellte sich die Herausforderung, dass das Handeln mit und in
Medien so habitualisiert und inkorporiert ist, dass es für die Gruppe nicht erzäh-
lens-, erwähnens- bzw. erklärungsbedürftig schien. Mein Bestreben, als Interviewerin als möglichst unwissend wahrgenommen zu werden, um möglichst detaillierte Schilderungen der jeweiligen Handlungspraktiken zu provozieren, ist nur
teilweise gelungen. Einerseits gehöre ich natürlich einer anderen Generation an
(vgl. Abbildung 4 in Kapitel 3), andererseits waren mir viele der Praktiken habituell vertraut.

Während in den anderen Fällen die Handhabung und Beherrschung der
technischen Geräte zur Debatte steht, sind diese in der Gruppe Teen komplett
habitualisiert und inkorporiert, im Sinne von mit den Mädchen gleichsam verwachsen. Es ist daher auch mühsam für die interviewten Mädchen, ihre digitalen
Praktiken des Bildbearbeitens für mich reflexiv verbal zu explizieren, sondern
viel leichter, mir diese vorzuführen und zu zeigen – was im Laufe der Interviews
auch ständig geschehen ist.

„da hab ich des mir gescreenshotet" – Praktiken der Bildproduktion

In den digitalen Bildpraktiken der Gruppe können Bilder auf sehr unterschiedliche Art und Weise entstehen: Die wahrgenommene Welt wird einerseits im klas-
sisch-indexikalen Sinne privater Fotografie mit der Smartphone-Kamera festgehalten, es folgt ein mehr oder weniger intensiver Prozess der Bearbeitung. Doch
nicht nur mit der Kamera des Smartphones werden Bilder gemacht, sondern auch
durch Screenshots, oder indem ein Bild gespeichert wird. Festgehalten werden
„tolle Dinge? die man halt so sieht am Handy" (I/12).

Die Mädchen bewegen sich also online durch das bebilderte Internet wie
durch die ‚Offline-Welt' und ‚fotografieren' auch dort Dinge, die auftauchen.
Mit einem Screenshot wird das aufgenommen, was auf dem Display zu sehen ist,
und in ein Bildformat transformiert. Durch das Abspeichern von Bildern aus dem
Internet werden Bilddateien auf dem eigenen Gerät abgelegt. Die online vorhandenen, bereits digital konstruierten Bilder sind schier endlos in Form und Inhalt,
es können ebenfalls Fotos sein oder auch Internet-Memes, Comics und Sprüche.
Die Mädchen finden sie auf Websites, auf den Instagram-Accounts anderer, etc.
Durch das Aufnehmen und Speichern werden sie allerdings durch die Mädchen
als für sie relevant markiert und autorisiert:

> A: zum Beispiel waren da des Essens-Dings interessiert mich irgendwie
> voll. und da war zum Beispiel mal was mit Erdbeeren und des hat

urschön ausgesehen, da hab ich des mir gescreenshottet und dann hab
ich des als Hintergrund benutzt.
(I/839-841)

Ästhetik („urschön") und/oder Inhalt („Essens-Dings") werden als relevant autorisiert und angeeignet. Diese Praxis hat auch immer schon analog stattgefunden
– etwa als Sammeln von Bildern in Mappen – und findet auch weiterhin analog
statt, aber sie wird durch Digitalisierung neu dynamisiert, beschleunigt, vereinfacht. Egal ob Fotografieren, Screenshot oder Speichern – all diese Praktiken
sind für die Mädchen selbstverständliche Praktiken der digitalen Bildproduktion,
sie finden offline und online statt und bringen die unterschiedlichsten Arten von
Bildern hervor. Diese sind alle potentiell sofort teilbar und zeigbar.

Die ästhetischen Praktiken der Gruppe sind immer schon auf bestimmte
Plattformen oder Apps hin orientiert – die Medialität ist also im Bild, bevor das
Bild überhaupt existiert. Das ist wiederum in der Software eingeschrieben: So
kann man etwa ein Bild *für* Instagram machen, indem man die App öffnet und
die Kamera durch das Interface der App verwendet (vgl. Kapitel 4).

5.4.2.1 Die Kamera als Scanner: das Smartphone im Schulalltag

Die Kamera kann aber auch als Sensor oder Scanner fungieren, gleichsam einem
praktisch-pragmatischen Speichermedium für unterschiedlichste Dinge, die
funktional festgehalten werden (I/57-66). Es muss nicht händisch notiert werden
„was die Lehrer an die Tafel geschrieben haben halt die Hausaufgaben oder so?"
(I/57 ff.), sondern es wird mit einem Klick abfotografiert. Digitalisierung dokumentiert sich in dieser Hinsicht als Beschleunigung und Erleichterung, und zwar
im wahrsten Sinne des Wortes: „man braucht halt keine Bücher mitschleppen,
weil mans einfach abfotografieren kann".

Im funktionalen Austausch von Bildern und Hausübungen fungiert der
Klassenverbund gleich einer selbstgesteuerten Sharing-Plattform, auf der Informationen und Lehrinhalte ungefragt und nachgefragt geteilt werden.

Die Schule ist auch der Ort, an dem die Mädchen viel gemeinsame Zeit verbringen und die Pausen vor dem Nachmittagsunterricht auch gemeinsam im Park
überbrücken. Im Kontext von Zeit dokumentieren sich digitale Bildpraktiken
auch als Tätigkeit, die Zeit zerstreuen können, wenn zuviel davon vorhanden ist.

5.4.2.2 Zeit will zerstreut werden

Eine Orientierung, die in Bezug auf das von der Interviewerin aufgeworfene Thema ‚Fotos machen mit dem Smartphone' gleich zu Beginn aufgeworfen wird, ist, dass Fotografieren eine Praxis ist, die dazu dienen kann Zeit zu strukturieren bzw. zu zerstreuen. Sie kommt zum Beispiel dann zum Einsatz, wenn Bele „fad" ist – etwa in Freistunden in der Schule.

> Bf: Mm und wenn mir fad ist zum Beispiel in <u>Frei</u>stunden in der Schule
>   oder so machen wir auch oft Fotos (2) ja
> Af: oder <u>Screenshots</u> von tollen Dingen? die man halt so sieht am <u>Handy</u> (.)
>   ja (.) ehm °@(.)@ was noch° (.) ja wenn mir langweilig ist (.) @Fotos@
>   (2) °sonst° (2) mm
> (I/10-13)

Anna validiert Beles Proposition, dass „Fotos" etwas Zeitstrukturierendes sein können, wobei offen bleibt, ob es hier um das Machen, Zeigen, Teilen etc. von Fotos geht. Es liegt jedoch nahe, dass sowieso alles gemeint ist, denn die Grenzen zwischen diesen Praktiken sind für die Gruppe fließend. Die ständige Verfügbarkeit, das Zuhandensein des Geräts ist jedenfalls selbstverständlich.

Das beschriebene Verhältnis zu Zeit, nämlich dass zuviel davon vorhanden sein kann und dass es strukturierte (Schul-) sowie unstrukturierte (Frei-)Zeit gibt, hat sich bereits in der Analyse eines Instagram-Dokuments aus dieser Gruppe dokumentiert (Schreiber & Kramer 2016, verkürzt auch siehe weiter unten 5.4.5). „Fotos" werden von den Mädchen unter anderem dann gemacht, gezeigt, bearbeitet und betrachtet, wenn es gilt, Zeit zu zerstreuen. So ist auch das Bild ‚Park' entstanden, das auf Instagram geteilt wurde und im Bildtext ebenfalls einen Bezug zu Zeitlichkeit aufweist: Der Bildtext lautet „#freistunde" (zur Analyse des Bildes siehe 5.4.3)[121].

Wichtig ist hier anzumerken, dass keineswegs alle Bildpraktiken der Jugendlichen auf das Zerstreuen von Zeit hin orientiert sind. Es geht mir hier vor allem darum hervorzuheben, dass Bildpraktiken von dieser Gruppe ein präferierter Modus der Beschäftigung und kollektiver Aktionismen sind. Aktionismen werden unter anderem dort relevant, wo sich der Gemeinsamkeiten in der Gruppe versichert werden muss (Bohnsack 1995). Die gemeinsamen Bildpraktiken als Aktionismen sind konstitutiv für die Gruppe: Sie haben sich gefunden, weil sie Bilder machen und sie machen Bilder, weil sie sich gefunden haben. Das

---

[121]   #-Zeichen, so genannte Hashtags, haben im Kontext von Social Media vielfältige Funktionen (Highfield & Leaver 2015). Grundlegend gilt das Hinzufügen eines Hashtags als eine Geste des Labeling: Etwas wird auf einen kollektivierenden Begriff gebracht und auffindbar gemacht, bei Klick auf „#freistunde" findet die Userin alle Bilder, die mit diesem Begriff gelabelt wurden.

Smartphone als Gerät zum Aufnehmen, Bearbeiten, Editieren und Publizieren ist stets zuhanden. Die digitale Form- und Teilbarkeit des Bildes ist für sie nicht nur selbstverständlich, sondern macht Spaß. Medienpraxis ist also ein konjunktiver Erfahrungsraum der Gruppe: Die Interviews fanden jeweils dann statt, als sie sowieso zum gemeinsamen Schauen von ,Germany's Next Topmodel' verabredet waren.

Die Mädchen verbringen Stunden und Tage damit, Bilder zu bearbeiten und auch Videos zu drehen und zu schneiden. Sie orientieren sich dabei inhaltlich und auch formal an Vorbildern, machen etwa einen Trailer für einen Horrorfilm, Stop-Motion-Videos mit Legofiguren, Schminkvideos für YouTube, oder gestalten sogar eigenen YouTube-Kanal, in dem sie schildern, wie sie Kleidung und Wäsche platzsparend zusammenfalten. Mimesis findet also auf inhaltlicher und gestalterisch-ästhetischer, sowie auf technischer Ebene statt. Es werden unterschiedlichste Geräte eingesetzt, etwa das Ipad, Nintendo, Digitalkamera. Zunehmend konvergieren jedoch sämtliche Funktionen in Apps des Smartphones.

Der Prozess des Machens und Bastelns ist für die Gruppe sinnstiftend bzw. aktionistisch befriedigend. Oft nimmt auch schon die Konzeption soviel Zeit ein, dass dann das Machen gar nicht mehr stattfindet. Die Produkte dieses gemeinsamen Bastelns werden unter Umständen gar nicht publiziert oder gezeigt, weil die Produktion das eigentlich Konjunktivierende und Aktionistische ist. Die Potentialität des Zeigens steckt im Bild als Abbild drin, sie muss aber nicht notwendigerweise enaktiert werden.

Was diese Praxis noch impliziert, ist ein ständiges Aushandeln und Ausprobieren, was eigentlich cool und schön ist – ein Einschwingen auf einen gemeinsamen, geteilten Stil, einen ästhetischen Ausdruck, der ebenfalls konjunktive Kraft entfalten kann. Dies dokumentiert sich u.a. an einer Stelle, an der Anna sich beklagt, dass eine Freundin befunden hätte, eines ihrer Instagram-Bilder wäre „schiach"[122] bearbeitet (II/688ff.). Darauf bestärken Bele und Clara und auch ich selbst Anna, dass das Bild für uns wirklich „irrschön" sei.

Wie für diese Altersgruppe üblich, spielen Stars unterschiedlicher Art eine wichtige Rolle als Gegenstand und Material in den Bildpraktiken der Mädchen.

5.4.2.3 Stars als Medien-Material: Beobachten, kopieren, imaginieren

Stars werden auf unterschiedlichen Kanälen rezipiert und beobachtet. Als besonders oder neu wird wahrgenommen, dass Stars auch in jenen Sphären präsent sind, in denen die Mädchen mit ihren Freundinnen kommunizieren, wie etwa

---

[122]   Dialektaler österreichischer Ausdruck für ,hässlich'.

Snapchat und Instagram, wo auch die Stars ‚Stories' posten: „und dann sieht man da irgendwas von denen das find ich urcool" (II/120).

Stars erscheinen auf unterschiedlichsten Plattformen und Kanälen, sie verfügen dabei über eigene, ‚selbst' kuratierte Web-Auftritte, etwa auf Instagram oder Twitter. Aber es gibt auch sogenannte Fanpages, die von Fans mit Bildern befüllt werden. Das sind meist Bilder, die im Internet gefunden und bearbeitet wurden, oder auch eigene Zeichnungen und Montagen. Fanseiten, als Ausdruck von Produsage par excellence, sind für die Mädchen wiederum auch Quelle von Bildern, an die man sonst schwer herankommt: „A: urgeile Bilder die ich irgendwie von nirgendstwo her finde so (.) und das ist dann so geil" (II/919-920).

Bilder von Stars werden kopiert – sowohl mit dem eigenen Körper, als auch in Bildern. Bele ist etwa großer Rihanna-Fan, was sich an ihrem Instagram-Usernamen zeigt, der einen Verweis auf Rihanna enthielt. Auch in einem Portraitbild ist die körperlich-ästhetische Orientierung von Bele an Rihanna in Bezug auf Pose, Frisur und Hautfarbe augenfällig. Bele betreibt zudem selbst einen ‚Fanaccount' für Rihanna. Sie sucht und findet Bilder von Rihanna im Internet, ordnet diese collagenartig an (meist in Trypticha) und publiziert sie. Sie eignet sich also jene Bilder von Rihanna an, die als Projektionsfläche und Imagination fungieren können.

Zu Rihannas Geburtstag gratuliert Bele, in dem sie dreimal das gleiche Rihanna-Bild (in einer rosa Abendrobe) mit je unterschiedlichem Text postet. Sie wünscht Alles Gute zum Geburtstag, und zwar der Modeikone, der Sängerin und „to my queen". Hier dokumentiert sich, auf welchen Ebenen Rihanna für Bele als Imaginationsfigur und damit mimetisch relevant wird – als modisches Vorbild (was sozusagen die ‚äußere Schale' des Körpers ist), als Künstlerin, aber auch als „my queen". Wie an anderer Stelle deutlich wird, ist in der Gruppe der Ausdruck „queen" zu sein synonym dafür, etwas zu beherrschen bzw. zu können.

Vergleicht man diese Praktiken mit analogem Fantum (Fritzsche 2007, 2003), dokumentiert sich etwa im Sammeln von Zeitungsschnipseln die gleiche Orientierung. Eine analoge Sammlung ist jedoch nicht an eine diffuse Öffentlichkeit adressiert wie ein Instagram-Account, sondern wird höchstens mit anderen Fans in physischer Präsenz gemeinsam betrachtet.

Für die Mädchen ebenfalls wichtig sind YouTuber_innen. Hier ist einerseits die professionalisierte Medienpraxis selbst interessant, denn die Mädchen orientieren sich in ihren eigenen Videopraktiken an der Machart und Dramaturgie der YouTube-Beiträge. Andererseits sind die YouTuber_innen auch Projektionsflächen von Schwärmereien (Männer) bzw. zukünftigen Identitäten (Frauen).

A: da war die ganze Zeit der Speicherplatz vom iPad voll, weil wir öfters
      Videos gemacht haben, weil wir YouTube so toll fanden und auch @so
      sein wollten@.
(I/456-457)

Stars sind also als mediales ‚Material' komplett in die Praktiken sowie die Apps
und Programme eingelassen und befinden sich in den gleichen Kommunikationsräumen wie Freunde. Es ist zu vermuten, dass Stars durch diese mediatisierte
Nähe greifbarer scheinen, doch das ist eine Frage, die empirisch an einer anderen
Stelle geklärt werden müsste.

Für die vorliegende Arbeit ist wichtiger, dass nicht nur Stars und deren Abbilder beobachtet und bearbeitet werden, sondern auch der eigene Körper zum
Material digitaler Bildpraktiken wird.

5.4.3   „dann kann man die irgendwie verbessern" – Formbare
Körperbilder und Bildkörper

Digitale Bildpraktiken sind bei der Gruppe Teen auch mit den Dimensionen von
Körperlichkeit und Identität eng verwoben. Das ist aufgrund der adoleszenten
Altersphase, in der sich die Mädchen befinden, grundsätzlich nicht überraschend.
Im Folgenden soll genauer analysiert werden, wie sich eine altersphasentypische
Konfrontation und Auseinandersetzung mit (sich verändernder) Körperlichkeit
in dieser Gruppe gestaltet.

5.4.3.1   Der Körper/das Selbst als formbares Bild: „o:h!
°hässlichhässlichhässlich°"

Ästhetische Praxis und das dazugehörige Posieren für die Kamera dokumentiert
sich in der Gruppe Teen als zutiefst körperliche Praxis. Bilder des Körpers werden nicht nur nach der Aufnahme nachbearbeitet und gestaltet, sondern auch
schon als Körper im und für das Bild. Das Posieren, Zurichten und Herrichten
des Körpers für die Kamera ist Teil der Bildproduktion. So erinnern sich die
Mädchen, während sie mir im Laufe des Interviews Bilder am Smartphone zeigen, bei einem Bild an die Entstehungssituation:

A: @Ich kann mich noch erinnern, da haben wir uns immer voll ver-
      krampft, weil dann abdrücken musste, aber die Marlene näher gesessen
      is@
(I/745)

Die Mädchen üben sich ein und handeln aus, was sie wie zeigen wollen – mal mehr, mal weniger reflektiert, mal mehr, mal weniger souverän: Wie sich im Vergleich eines Portraitbildes von Anna mit dem Portraitbild eines älteren Mädchens dokumentiert (vgl. Schreiber und Kramer 2016), entwickelt und verändert sich nicht nur der eigene Körper, sondern auch die Praxis des Ab-bildens des eigenen Körpers. Wenn man mit (älteren) Abbildungen nicht zufrieden ist, diese körperlich und/oder ästhetisch nicht (mehr) der gewünschten Selbstpräsentation entsprechen, werden sie gelöscht:

> A: dann hab ich die einfach immer da und irgendwann o:h! °hässlichhäss-
>   lichhässlich°
> Y: @(.)@
> B: Ja aber meistensist auch so dass man während man die Fotos macht
>   schaun die schöner aus als zwei Tage später
> A: L @ja@
> Me: @(2)@
> Y: Wies:o oder wie (.) wie kommt das
> B: das ist dann einfach **anders**. IsKeine Ahnung woran das liegt (.)
> (I/22-29)

Das Machen der Fotos dokumentiert sich als aktionistische, atmosphärisch „schöne" Praxis, die nicht unbedingt produktorientiert ist. Anna proponiert performativ, dass sie selbst strenge Kuratorin ihrer Bilder ist. Wenn sie sich ihre Galerie vornimmt, kann es vorkommen, dass Bilder rasch gelöscht oder aussortiert werden: In „°hässlichhässlichhässlich°" dokumentiert sich nicht nur das sekundenschnelle ästhetische Urteil, sondern auch die rasche Aussortierpraxis – die Bilder verschwinden gleichsam mit einem flinken Fingerwischen vom Display.

Bele elaboriert, was Anna vorführt: Es dokumentiert sich, dass sich das Gefallen oder Empfinden dessen, was gut, passend, schön oder cool ist, rasch ändern kann. Mit der Passung von ästhetischen, körperlichen und sonstigen Praktiken kann man daher auch mehr oder weniger intensiv beschäftigt sein. Auch das halböffentliche Abbild muss zum Stand der Dinge passen, also muss etwa ein Facebook-Profilbild ausgetauscht werden, „Weil wenn man wieder ganz @anders ausschaut@ (2) Einmal im @halben Jahr@." (A, I/143-144). Das dokumentiert sich etwa auch darin, dass das Portraitbild von Anna, das zum Zeitpunkt des ersten Interviews ihr erstes Selfie auf Instagram war, zum Zeitpunkt des zweiten Interviews aus ihrem Account gelöscht war.

> A: Auch wenn ich früher auch ziemlich hässlich- halt nicht. *absichtlich*
>   *hässlich,* sondern *im Nachhinein* gesehen @hässliche Bilder gepostet
>   hab@ (.)
> ?:   L °@(.)@°

A: halt so uralte Bilder die ich nicht mehr schön find die lösch ich dann
      auch (.)
(II/848-850)

Es dokumentiert sich also eine Praxis des Kuratierens sowohl auf dem eigenen
Gerät als auch in den halböffentlichen Sphären von Instagram und Facebook –
Sphären, in denen die Attraktivität des Bildes durch Kommentare und Likes mitunter kollaborativ ausgehandelt, aber auch bewertet wird (sh. weiter unten 5.4.4).
Das Formen des Körpers findet also während des Entstehens des Bildes statt
– im Ausrichten, Posieren, Zeigen für die Kamera –, aber auch in der Nachbear-
beitung. Bildpraktiken finden in der Gruppe Teen also vor und hinter der Kamera
statt: Die Art und Weise, wie der Körper digital sichtbar gemacht werden kann,
ist formbar. Dies dokumentiert sich deutlich im Sprechen darüber, wie Bilder
bearbeitet werden können. So schildern Anna und Bele im ersten Interview fast
durchgehend univok, wie es dazu kommt, dass sie ein Bild posten, also in einer
halböffentlichen Sphäre wie Instagram oder Facebook hochladen:

A: Und dann schaut ma halt so durch so wooo sisja u:rschön °vielleicht lad
      ich das hoch°. Dann bearbeitet mans @meistens noch mit irgendwel-
      chen Apps@.
Y: Und was bearbeitet man dann so (.)
A: Ehm. (.) Naja manchmal haben die Bilder schlechte Qualität dann kann
      man die irgendwie verbessern auch wenns dann nicht immer besser aus-
      sieht (.) aber man kanns auch aufhellen und so (.) U:und eben Effekte
      und manchmal Sachen wegretuschieren
Y: Zum Beispiel?
A: Haut-un-rein-heiten?
Y: Das kann man leicht machen?
A: Ja man kanns halt unscharf machen
Y: ah ok.
A: Wenn man ganz genau hinschaut sieht mans aber sonst geht's eigentlich
      (3)
Y: Mhmm (.)
B: Und Zuschneiden halt.
(I/210-234)

Für die Mädchen ist das Bearbeiten von Bildern in Bezug auf viele formalästhe-
tische Merkmale, die lange professionellen Fotografen vorbehalten waren,
selbstverständlich: Helligkeit, Retusche von Hautunreinheiten, Zuschnitt und
Filter, Farbe und Kontrast eines Bildes verändern. Auch dass dabei eine Palette

unterschiedlicher Apps wie PicStitch, FotoCollage, HeartBooth[123] zum Einsatz
kommt, ist ganz klar; diese werden der Interviewerin vorgeführt:

> B: L also muss man des muss man dann halt genauer machen. man kann
>   dann so hinzoomen, um des genauer @machen. (alle lachen)@ oder
>   man kann was drauf zeichnen, da kann man verschiedene Stärken und
>   Farben einstellen und so. und man kann halt auch die Helligkeit einstel-
>   len, <u>den Kontrast,</u>
> Y: Mhm.
> B: und wie warm die Farben sind. ganz warm oder ganz kalt.
> (I/692-704)

Dennoch soll die Tatsache, dass ein Bild bearbeitet wurde, bzw. die Arbeit, die
darin investiert wurde, am Ende möglichst wenig sichtbar sein – ein wiederkeh-
rendes Beispiel ist die Haut und deren gewünschte Reinheit und Glattheit:

> B: kann man jetzt zum Beispiel Sachen <u>verschwommen machen</u>, indem
>   man einfach so drüber fährt, dann is es ein bisschen verschwommen.
> A: Wenn man weiter weg geht, dann sieht man es nicht mehr so richtig.
> Y: Mhm. okay:
> B: Ja dann schaut die Haut halt irgendwie glätter aus. also des des muss
>   man halt irgendwie machen, dass man des <u>nich so stark</u> sieht.
> (I/718-724)

Jenes ästhetische Erscheinungsbild, das für die Mädchen einen positiven Horizont darstellt, ist ein natürliches, ‚authentisches'[124] – in dem aber ohne Zweifel
viel Arbeit steckt. Es soll nicht sichtbar sein, dass ein Bild bearbeitet wurde, die
abgebildete Haut scheint ‚natürlich' schön. Die Formbarkeit des Körpers ist also
sowohl leiblich als auch im digitalen Bild gegeben – beides ist Teil der ästhetischen Praxis der Mädchen. Das Gestalten des Körperbildes und Bildkörpers dokumentiert sich primär dann als sinnhaft, wenn es gezeigt und gesehen wird, wie
im Folgenden ausgeführt wird.

---

[123]   PicStitch und PhotoCollage erlauben das Zusammenfügen und collageartige Gestalten von
        mehreren Bildern in einem Bild, HearthBooth erlaubt das Einpassen von Bildern in
        bestimmte Formen, wie z.B. Herzen.
[124]   Der m.E. problematische Begriff der Authentizität wird in Kapitel 6.2 diskutiert.

5.4.3.2 „Da hat die Anna ein Foto von uns gemacht. Oder circa tausend" – Kollektive Identität und körperlicher Umbruch

Korporierte Praktiken bzw. korporiertes Wissen werden besonders im Medium der Bildlichkeit verhandelt und hervorgebracht. Wie dies in einem Bild der Gruppe Teen stattfindet, soll am Beispiel des Bildes ‚Park' analysiert werden[125].

Abbildung 33: Bild ‚Park'; Gesichter verpixelt und Planimetrie eingezeichnet (rechts) von M.S.

Zu sehen ist eine Mädchengruppe, die auf dem Dach eines hölzernen Gerüsts sitzt. Sie befinden sich in einem Park. Sich auf dem Gerüst niederzulassen, entspricht nicht dessen eigentlichem Zweck – das Klettern auf Holzgerüste kann als eher kindliche Praxis aufgefasst werden. Andererseits ist das coole ‚Abhängen' auf Holzgerüsten wiederum eine sehr jugendliche Praxis, oft verbunden mit ersten Alkohol- und Zigarettenexperimenten.

Die Mädchen sind nicht mehr auf dem Spielplatz, klettern aber trotzdem auf etwas hinauf. Sie lungern schon vermeintlich zwecklos herum, aber in hellem Sonnenlicht und ohne Zigarette – und ohne männliche Jugendliche. Es überlagern sich also hier zwei Entwicklungsphasen, einerseits ein spielerisches Kindsein, andererseits ein jugendliches ‚Abhängen'. Die Mädchen changieren dazwischen bzw. sind beides gleichzeitig. Das Bild kann die Gleichzeitigkeit der Phasen zum Ausdruck bringen bzw. die Paradoxie und den Prozess, das Zwischen-den-Stühlen-Sein, die Übergegensätzlichkeit[126]. Auch die Farbigkeit des Bildes verweist einerseits auf eine Bonbon-farbene Kindlichkeit, kann jedoch in

---

125 Vielen Dank an dieser Stelle an Ralf Bohnsack und die Teilnehmenden seiner Forschungswerkstatt im Juni 2014 in Berlin, mit denen ich die Interpretationen der vorliegenden Bilder diskutieren durfte.

126 Vgl. Kapitel 2.2 sowie die Arbeit von Gabriele Wopfner zum Übergang von Kindheit zu Jugend (Wopfner 2012).

Kombination mit dem Polaroid-ähnlichen Format und der groben Körnung des Bildes auch im Sinne einer hippen Vintage-Ästhetik als eher jugendlich verortet werden.

Die Rekonstruktion der Komposition des Bildes macht deutlich, dass die Gruppe planimetrisch miteinander und mit dem Gerüst gleichsam verschmilzt, während nach oben ausreichend Raum und Luft ist, um weiter zu wachsen. Das gemeinsame Dasein und potentielle Wachsen ist in der Peergroup verankert. Diese bietet lebensphasentypisch einen wichtigen Bezugspunkt in der Alltagsbewältigung, kann Schutz- aber auch Konfliktzone sein (Amling 2015). Der Haufen als typisch jugendliche Gruppenformation und gleichzeitiger Entwurf von Gruppe und Individuum findet sich auch bei Pilarczyk in ihrer Arbeit zu Bildern der jüdischen Jugendbewegung:

> „Jeder der Jugendlichen entwarf darin ein Bild von sich als Einzelnem und von sich als Mitglied der Gruppe. Das Bild von Gemeinschaft entstand auf der Körperebene durch Annähern von Körperhaltungen, durch die Übernahme von Gesten anderer, durch Zuneigung (im wörtlichen Sinn) und auch Anlehnen. Den individuell mimischen und gestischen Ausdruck gestalten die Einzelnen jeweils im Bezug zu anderen und zum Fotografen (zur Fotografin)." (Pilarczyk 2009, S. 68)

Gemeinsam wird kollektive Identität hergestellt, sowohl im Bild selbst durch die Bildkörper als auch durch das Teilen des Körperbildes auf Instagram. Die planimetrische Komposition des Bildes fokussiert das knäuelartige Zusammensein der Gruppe, vor einem leeren Unter-, Hinter- und Obergrund[127].

Gleichzeitig wird auch eine bestimmte Binnenstruktur der Freundesgruppe hervorgebracht, in der Bele ganz klar die Anführerin ist. Im für Instagram typischen quadratischen Format des Bildes hat sie die klare Mittelposition. Die Zugehörigkeiten und Konstellationen der anderen lassen sich unterschiedlich auffalten, aber immer bleibt sie in der Mitte.

B: des ist bin halt ich mit meinen besten Freundinnen.
Y: Wo sitzt
B: Also außer der Anna, die macht des Foto gemacht. Des is in einem Park
        auf so einem Dach. Und da sind wir rauf geklettert und da hat die Anna
        ein Foto von uns gemacht.
        Oder circa tausend
(11/561-566)

---

[127]   Eine ähnliche Formation von körperlicher Nähe von Freundinnen vor einem diffusen Hintergrund findet sich in Schreiber (2015b) im Bild der Gruppe Splash.

Auch in Beles Beschreibung dokumentiert sich ihre Mittelposition, das Bild zeigt *sie* mit ihren Freundinnen. Im Bild ist erkennbar, dass die Fotografin das Bild von unterhalb aufgenommen hat, sie ist aber relativ weit vom Gerüst entfernt, da perspektivisch die Körper gut sichtbar sind. Die Gruppe ist zu ihr gewandt. Trotz der räumlichen Distanz dokumentiert sich das Bild als kollektives Produkt eines geteilten konjunktiven Erfahrungsraums. Als abbildende Bildproduzentin gehört Anna zum konjunktiven Erfahrungsraum und auch zum Bild, auch wenn sie auf dem Bild nicht zu sehen ist („außer die Anna"). Die Gruppe posiert nicht nur für die Fotografin, die Teil der Peergroup ist: Abgebildete und abbildende Bildproduzentinnen sind in ihrem Handeln gemeinsam auf antizipierte Betrachtende gerichtet. Dies dokumentiert sich einerseits in kommunikativ-generalisierten Posen wie dem V-Zeichen, das das zweite Mädchen von links deutet; andererseits auch in der Notwendigkeit, „circa tausend" Fotos zu machen, bis das Bild der Vorstellung der Mädchen entspricht und zeigbar ist. Auch am Verdecken und Zeigen bestimmter Körperstellen zeigt sich die Hinwendung zu potentiellen Betrachtenden des Bildes: Angezogene Beine und ein langer Pullover verdecken den Schambereich und teilweise auch den Brustbereich – genau jene Körperbereiche, die sich in dieser Entwicklungsphase am meisten verändern und vor allem auch jene Bereiche, die das geschlechtliche Frau-Sein nach außen sichtbar machen. Der Übergang vom Kind-Sein zum Teenager-Sein ist gerade wegen dieser Phase des Geschlechtlich-Werdens virulent (Flaake und King 1992; Wopfner 2012; Przyborski und Wohlrab-Sahr 2014). Der zum Bild gewordene Körper ist mitunter ein vorgestellter Körper – sowohl im Sinne von imaginiert als auch vorgeschoben.

5.4.4   „Wir haben eine Gruppe da sind wir drei drin" – Hybride Sozialitäten

Ist ein Bild hergestellt, stellt sich für die Mädchen die Frage, ob es gezeigt wird, und wenn ja, was nun davon wie gezeigt oder geteilt wird. Diese Zirkulationspraktiken dokumentieren sich gleichzeitig als Sichtbarkeitspolitiken. Zudem sind sie eng verwoben mit den Strukturen der Apps, die zum Teilen und Zeigen von Bildern verwendet werden.

Das Zeigen und Teilen von Bildern konstituiert dabei Formen der Sozialiät und Konnektivität mit. Wer in bestimmte Kommunikationsvorgänge und Tauschprozesse ein- und wer davon ausgeschlossen ist, ist dabei ein die Alltagspraktiken und Sozialitätsformen der Gruppe stark bestimmendes Thema.

5.4.4.1 Software: Präsentations- und Konversationslogiken

Verschiedene Intensitäten des Verbunden-Seins und der Vergemeinschaftung werden in und durch Praktiken des Teilens und Zeigens von Bildern differenziert. In der großen Bandbreite der Praktiken des Teilens und Zeigens der Gruppe dokumentiert sich in Bezug auf Apps eine grobe Differenzierung in einerseits jene Apps, wo man etwas ‚schickt' (Snapchat, WhatsApp), und andererseits jene, wo man etwas ‚hochlädt' oder ‚postet' (Facebook, Instagram). In der Art und Weise, wie die Mädchen durch die Verwendung unterschiedlicher Verben unterschiedliche Zirkulationspraktiken markieren, dokumentieren sich zwei unterschiedliche Kommunikationsmodi: Jene, die eher einer Präsentationslogik entsprechen und jene, die eher einer Konversationslogik entsprechen.

Diese Differenzierung in ‚Publishing'- und ‚Messaging'-Praktiken wurde auch schon in anderen Studien konstatiert (Villi 2013), sowie in Kapitel 4 auf Basis der Upload-Dramaturgie herausgearbeitet. Anhand der empirischen Fallrekonstruktion der Gruppe Teen lässt sich diese Differenzierung aber noch weiter verfeinern.

Eine Differenzierung von unterschiedlichen Zirkulationskulturen wird auf unterschiedlichen Ebenen relevant: Unterschiedliche Levels von Sichtbarkeit sind mit unterschiedlichen Levels von Intimität, unterschiedlichen Ästhetiken und unterschiedlichen Körperbildern verknüpft. Bilder werden also ganz unterschiedlich sichtbar, sie sind öffentlich zugänglich oder auch nur für eine Freundin.

Zudem erlaubt etwa WhatsApp die Anordnung und Sortierung der Kommunikations-partner_innen in Gruppen, was die Mädchen auch ausschöpfen, wie weiter unten gezeigt wird. Die Möglichkeiten auf Bilder zu reagieren ist ebenfalls unterschiedlicher Art (vgl. Kapitel 4).

Die verschiedenen Apps scheinen für die Mädchen unterschiedliche Kommunikationssphären zu konstituieren, in denen unterschiedliche explizite und implizite Handlungsmuster vorhanden sind. In den folgenden zwei Abschnitten werden die reziproken, intimeren Kommunikationsformen genauer analysiert.

5.4.4.2 Sozialität durch Kommunikation – Kommunikation durch Sozialität

Messaging-Programme wie WhatsApp erlauben das parallele Erstellen von unterschiedlichen Chats. Auch Anna, Bele und Clara haben eine Gruppe, in der nur sie drei sind:

> A: Ja wir haben eine Gruppe da sind wir drei drin, und immer am Donnerstag schauen wir zusammen Topmodel, und dann gehen wir immer zu irgendwem und da schreiben wir dann meistens so (zum)

B: L Zu <u>dir</u> eigentlich immer,
C: Ja ( ) Topmodel schauen zu <u>dir</u>
A: L ((hohe Stimme)) Ja: können wir am Donnerstag kommen? Ja: oke ihr
       könnt kommen. Ich geh jetzt lo:s (2) ich bin schon da: (.) mach mir auf
Me: L @(.)@
Y: @(.)@ oke also um sich Sachen auszumachen
C: Oder Leute unterhaltet mich mir ists grad <u>urfad</u> und der <u>Bus</u> kommt
       nicht
?:   L °Ja°
?:   Und die @<u>S-Bahn</u> kommt nicht@
(I/337-348)

Ein Aufhänger für die Gründung der Gruppe war das gemeinsame Schauen von
Germany's Next Topmodel. Doch die Kommunikation der Drei geht über diesen
einmal wöchentlichen Zweck hinaus: Das Herstellen von kontinuierlicher
Konnektivität dokumentiert sich als positiver Horizont – diese funktioniert unabhängig von räumlicher Distanz durch die mobilen Geräte, die Gleichzeitigkeit
der Kommunikation. Das Reagieren im Moment ist wichtig und wird auch erwartet, man will sofort unterhalten werden, wenn es grad „urfad" (II/286 ff.) ist.
Physische Absenz und Präsenz sowie Online- und Offline-Kommunikation greifen dabei nahtlos ineinander: „Ich geh jetzt lo:s (2) ich bin schon da: (.) mach mir
auf".

WhatsApp erlaubt sehr unterschiedliche Gruppengrößen, was wiederum zu
einem breiten Spektrum an Sozialitätsformen und damit auch zu sehr unterschiedlichen Bildpraktiken führt. Es gibt Gruppen für das Teilen von Schulma-
terial, das Teilen von Memes und Witzbildern, oder auch Massengruppen, die
eher an Internet Relay Chats erinnern. In den Bildpraktiken der Mädchen dokumentieren sich unterschiedlichste Formen der Sozialität, die über Ein- und Aus-
grenzen von Personen konstruiert werden. Die Anordnung von unterschiedlichen
Gruppen in WhatsApp spiegelt – auf bestimmte Art und Weise – auch die Sozi-
alstruktur wieder, in der sich die Mädchen bewegen. Jedes der Mädchen hat eine
individuelle Ansammlung, ein Repertoire an Gruppen, in denen sie „drin" ist.
Anna, Bele und Clara sind in vielen Gruppen gemeinsam vertreten. Manche
Gruppen unterscheiden sich nur durch das Ein- oder Ausschließen einer weiteren
Person; es dokumentieren sich feinste, ausgeklügelte Grenzziehungen in Bezug
darauf, welche Information, welches Kommunikat mit wem geteilt wird.

Einige der Gruppen scheinen längere Beständigkeit zu haben, andere werden anlassbezogen gegründet und dann auch wieder aufgelassen bzw. gelöscht

A: Wir haben eine <u>Meeresgruppe</u> oder eine <u>Tequila</u>. Also in der Meeres-
       gruppe sin halt wir fünf drinnen, und in der Tequila is halt noch <u>ihr Bru-
       der</u> drinnen. und dann halt zu Dritt oder irgendeine Gruppe, die man halt

irgendwann einmal gemacht hat, obwohl die eh schon alle in einer Gruppe sind.

Y: L Mhm.

A: L und dann benennt man die halt und sagt halt <u>nur für diesen Zweck</u> und irgendwann kommt man dann drauf, dass es echt unwichtig ist, und <u>dann steigen alle aus</u>.

Y: Okay.

B: Ja solche Gruppen wenn wir zum Beispiel ausmachen. ja gehen wir dann und dann shoppen, und dann wissen wir noch nicht genau wann, dann gründen wir ne Gruppe und schreiben uns halt dann.

(I/943-954)

Komplexe Sozialstrukturen sowie Ein- und Ausgrenzungen existieren im Alltag genauso in nicht mediatisierter Art und Weise. Was spannend und aufschlussreich erscheint, ist, dass in den Zirkulationspraktiken der Mädchen diese Komplexität offenbar anders praktiziert wird, nämlich in und mit bestimmten Apps. Dadurch wird sichtbar(er), wo man mit wem wie intensiv verbunden ist. Teilweise nur für das Individuum, teilweise aber auch für breitere Gruppen, etwa wenn Insiderjokes auf halböffentlichen Plattformen geteilt werden (Wagner 2014).

Dieses Dazu- und Zusammengehören – oder auch nicht – ist besonders im Teenageralter ein virulentes Thema (Amling 2015; Hoffmann 2013). Freundschaften, Verbindungen, Affinitäten und Feindschaften werden tendenziell viel öfter neu ausgehandelt als in anderen Lebensphasen, die sich durch mehr Kontinuität in Sozialbeziehungen auszeichnen.

5.4.4.3 „das Internet ist gefährlich" – Medienkompetenz und -kritik

Was sich bereits sowohl bei den intimeren als auch auch bei den öffentlicheren Zirkulationspraktiken dokumentiert hat, ist eine Sensibilität dafür, das bestimmte Dinge gegenüber bestimmten Personen zeigbar sind – oder auch nicht. Auch wenn die digitalen Bildpraktiken der Mädchen komplett in den Alltag eingelassen sind, sind sie keineswegs naiv oder unreflektiert in ihrem Umgang damit. So ist für sie zum Beispiel klar, dass Bilder, die man etwa vom eigenen Instagram-Account löscht, trotzdem „noch immer im Internet" (II/850) sind, ebenso, dass Programme und Accounts „oberleicht" gehackt werden können.

B: Aber Snapchat kann man auch oberleicht hacken

?:   Ja

A: Also (.) das das Internet ist gefährlich

?:   Mhm

A: Für kleine Kinder
?:   @(.)@
(II/228)

Das Internet wird als „gefährlich" bezeichnet, jedoch nur „für kleine Kinder".
Die Gruppe grenzt sich hier gegenüber diesen ‚kleinen' Kindern ab (was andeutet, dass sie sich selbst als ‚große' Kinder konstruieren) und im Laufe der Interviews immer wieder gegenüber jenen, die „dumm" sind. „Klein" und „dumm"
zu sein dokumentiert sich als negativer Horizont in Bezug auf digitale Medienpraktiken und meint im Kontext des digitalen Teilens von Bildern unvorsichtig
und unreflektiert zu handeln. Etwa auch so naiv zu sein und sein Accountpasswort herzugeben, wie Lena es gemacht hat (siehe weiter unten) und im Anschluss
gehacked zu werden.

Von eigenen negativen Erfahrungen, wo sie sich „dumm" verhalten haben
oder wo ihnen in Bezug auf Zirkulationspraktiken Negatives widerfahren ist, erzählen sie nicht, aber elaborieren dazu ein weiteres Beispiel von jemand anderem:

Es wird ein Vorfall geschildert, wo Nacktbilder des Cousins einer Freundin
im Sportverein kursiert sind („der hats dann weitergeschickt, und der hats dann
weitergeschickt, und der hats dann weitergeschickt" II/252f). Die Praxis, Nacktbilder in WhatsApp zu verschicken, wird klar bewertet: „@is auch dumm@".
Am Ende resultierte das in einem ambivalenten Berühmt-Sein, denn „jetzt kennt
ihn jeder, auch nackt" (II/269 f.), das sorgt für Gelächter, ein ‚comic relief' in
Bezug auf ein unangenehmes Thema. Jemanden nackt zu kennen, bedeutet die
Person anders zu kennen, als man sie sonst kennt.

Wie sich zeigt, können aber auch erwachsene Stars „dumm" sein und Nacktbilder an Fans per Snapchat schicken, die dann an die Öffentlichkeit gelangen,
wie Anna in Bezug auf den Sänger ihrer Lieblingsband erzählt. Eine kritisch-
vorsichtige Haltung gegenüber dem Kursieren von möglicherweise intimen Bildern hat für die Mädchen also nichts mit Alter zu tun – dumm kann jeder sein.

Es stellt sich die Frage, inwiefern in Bezug auf vorsichtiges, kritisches Verhalten und Abgrenzung gegenüber „dumm" auch eine soziale Erwünschtheit zum
Tragen kommt, die von den Mädchen antizipiert wird. Sie entstammen einem
bildungsbürgerlich-gymnasialen Milieu, scheinen gut behütet, aber trotzdem li-
beral aufgewachsen zu sein. Die Auseinandersetzung mit dem „gefährlichen" Internet findet offenbar auch in pädagogischen Kontexten statt:

A: Also. (.) ich hab irgendwann (.) letztes Jahr Facebook gelöscht,
Y: Echt?
A: weil wir (.) eh in der Schule drüber geredet haben, wie schlecht das ei-
      gentlich ist halt so mit den ganzen (.) Nutzungsbedingungen und so; und
      ich hab mir eh schon immer gedacht dass das urblöd is eigentlich,
(II/11-15)

Zu Beginn des zweiten Interviews erzählt Anna, dass sie „Facebook gelöscht"
hat – in diesem radikalen Ausdruck dokumentiert sich, dass sie es aus ihrem Leben gelöscht hat, es keinen Platz mehr hat auf ihrem Smartphone und in ihrem
Alltag. Den letzten Anstoß dafür gab die Thematisierung von „den ganzen Nutzungsbedingungen" in der Schule. Hier dokumentiert sich, dass Plattformen, o-
der zumindest Facebook, auch als Unternehmen bzw. regulierte und regulierende
Organisationen wahrgenommen werden, nicht (nur?) als neutrale Tools oder Programme. Offenbar werden auch unterschiedliche Plattformen differenziert wahrgenommen.

5.4.4.4   Messaging-Programme dienen als Backstage zur Frontstage

Intimere Sphären dienen der Gruppe weiters zur intensiven Metakommunikation.
Hier kann ausgehandelt werden, was wie wo gezeigt oder gesagt werden soll oder
wurde. Oder es wird mitunter auch einfach gezeigt, was andere gesagt haben:

C: Ja du schreibst mit jemanden
B: L   und machst n Screenshot
C: L   und machst n Screenshot und schickst das dann (jemanden)
A: ((verstellt stimme)) oh mein Gott ich glaub nicht was er grade geschrie-
      ben hat. wieso schreibt sie so was
C: Zum Beispiel er schreibt oh mein Gott deine Freundin ist so (fesch)
      mach i an Screenshot und schicks da er findet dich so fesch
(II/740ff.)

Der Screenshot dient hier wiederum als Wahrheitsbeweis, als Evidenz, dass eine
Kommunikation tatsächlich stattgefunden hat. Mitunter wird in intimeren Kreisen auch diskutiert/entschieden, welches Bild wie auf einer öffentlicheren Plattform geteilt wird, bzw. wird auch darüber gelästert, was andere gepostet haben
und ob das gut aussieht oder nicht: „A: Keine Ahnung mich fragen irgendwie so
auch öfters so Leute welches Bild soll ich posten und dann schicken sie mir so
zehn Bilder mit das das selbe ist aber mit verschiedenen Effekten" (II/865ff).
      Hier dokumentiert sich wiederum eine Konjunktion bzw. Distinktion, die
ganz wesentlich über ästhetische Gestaltung stattfindet. Es wird ein gemeinsames Verständnis davon entwickelt, was gut aussieht und schön ist. Digitale

Kommunikation und die darin eingebetteten Bildpraktiken sind also konstitutive
Elemente von sozialen Aushandlungsprozessen.

5.4.5 „weil mans cool findet mit dem Bild" – Bildkommunikation als selbstverständlicher Modus der Verständigung

Dass Kommunikation nicht nur textlich, sondern auch durch Bilder, also ikonisch
oder auch mit Emojis erfolgt, dokumentiert sich in dieser Gruppe als habituell
verankert – dabei wechseln sich die unterschiedlichen medialen Formen ab, man
schickt ein Bild, „weil mans nicht schreiben will oder weil mans cool findet mit
dem Bild." (I/ 82-83).
Bildkommunikation ist für die Mädchen eine den Modus von Text bzw. Sprache
erweiternde Form des kommunikativen Ausdrucks. Hier wird mitunter verdichtet
klar, was nicht oder nur schwierig sprachlich formuliert werden kann. Das dokumentiert sich an mehreren Stellen im Interview auch in Bezug auf Memes oder
Emojis.

5.4.5.1 Snapchat: der Ort für „hässliche" Bilder

Eine besonders ikonisch verdichtete Form erlaubt die App Snapchat, auf der im
Wesentlichen nur über Bilder kommuniziert wird – wie der Name schon sagt:
Chatten über Snapshots. In dieser App verschwinden Bilder wieder, nachdem sie
gepostet wurden. Snapchat wird von den Mädchen als jene App bezeichnet, über
die „hässliche" (101) Bilder geschickt werden und sich dadurch eine besonders
intime Form von Konnektivität dokumentiert:

> C: Und vor allm man kanns auch nur den Freunden schicken; oder nur ei-
>   nem Menschen (.) und dann (.)
> ?   L und es ist halt
> C: siehts halt nur der. (.) zum Beispiel Bele, (.) könnt ich (.) alles schicken;
>   irgendein (.) Blödsinn, @(2)@ und es wär egal
> (II/111-115)

> C: Naja zum Beispiel du sitzt grad auf der Toilette und dann machst a Foto
>   von @Deinen Füßen und schreibst@ ich bin @gerade auf der Toilette
>   @(2)@
> (II/95-96)

Es zeigt sich ein tiefes Vertrauen darin, dass Clara Bele „alles" schicken könnte
und es „egal" wäre. Durch das Schicken von „alles", also etwa „Füße am Klo",
wird Intimität und Vertrauen gleichzeitig vorausgesetzt und hervorgebracht.

Snapchat mit seinen „hässlichen" Bildern ist wiederum eine spezifische Spielart von Ästhetik, wobei Bele die „Queen der hässlichen Bilder" ist. Das bedeutet, wie wir rekonstruieren konnten, dass sie es souverän beherrscht, hässliche Bilder zu machen. Hier dokumentieren sich zwei Aspekte, die theoretisch spannend und anschlussfähig sind (vgl. Kapitel 2.2): Bildkommunikation bzw. Ästhetik ist ein Modus der Verständigung, bei dem es (gerade bei Snapchat) darum geht, einen bestimmten Stil (so wie in der Sprache einen bestimmten Slang) mit anderen zu teilen. Bewertet man Beles Bilder nach kommunikativ-generalisierten, normativen Bildkonventionen, wären sie eben „hässlich". Doch das ist für Bildkommunikation irrelevant, wichtig ist, ob der Stil anschlussfähig für jene ist, die das Bild sehen sollen, also Clara und Anna. Es geht in der Gruppe um einen lässigen Umgang mit visuellen Konventionen, der konjunktiv sinnhaft ist. Bele beherrscht ihren gemeinsamen Insider-Stil perfekt, der Slang wird verstanden. Somit sind die Bilder innerhalb dieses konjunktiven Zusammenhangs auch als authentisch markiert.

In der digital-visuellen Kommunikation drücken die Mädchen ihren Zugang zur Welt körperbezogen aus, sie teilen die körperliche Grunderfahrung des In-der-Welt-Seins im Bild (mit) bzw. imaginieren eigentlich auch ein mögliches In-die-Welt-Werden. Die Art und Weise, wie sich dieses In-der-Welt-Sein in Bild und Praktiken ausdrückt, ist wiederum kongruent bzw. findet konjunktiv statt – sie sind auf einer Wellenlänge. Ob von den Mädchen selbst auch heikle Bilder existieren, bleibt im Verborgenen – jene, die sie als eher intimer rahmen, sind gleichzeitig jene, die kommunikativ-generalisiert als „hässlich" bezeichnet werden. Diese werden sowieso nur mit den besten Freundinnen geteilt. Das Vertrauen darin, dass die Mädchen heikle Bilder voneinander nicht weiterschicken würden, ist eisern – wobei im Interview diffus bleibt, ob die Bilder, die als intim gelten, wirklich nur jene sind, die von Füßen gemacht werden, während man am Klo sitzt, von „hab mir grad die Haare gewaschen" (II/185) oder „im Pyjama wenn du im im Bett schon liegst" (II/183).

5.4.5.2 Sichtbarkeitspolitiken auf Facebook und Instagram

Grundlegend dokumentiert sich die Kommunikation, die auf Präsentationsplattformen wie Instagram oder Facebook stattfindet, als an eine größere, öffentlichere Öffentlichkeit gerichtet als bei den eben beschriebenen intimeren Kommunikationsformen. Diese Plattformen werden am sorgfältigsten kuratiert, mit „schönen" Fotos bespielt, die oft bearbeitet werden: „auf Instagram kommen eigentlich nur so die schönsten Bilder, die man selber auch schön findet" (II/778).

Die Interviewerin proponiert an einer Stelle, dass in Bezug auf diese halböffentlichen Plattformen die Frage der Sichtbarkeit relevant ist: „[W]er kann das sehen?". Die Mädchen validieren durch ihre Elaboration, dass diese Frage durchaus relevant ist, aber auch eine komplexe und differenzierte Antwort zur Folge
haben muss. Die unterschiedlichen Möglichkeiten, wie sichtbar etwas sein kann,
sind dabei eng mit den Funktionen und Default-Einstellungen der jeweiligen
Plattformen verbunden (vgl. Kapitel 4):

> Y: u:nd ehm wenn ihr so auf Instagram oder Facebook postets wer kann
>   das dann se:hen?
> B: auf Instagram kann mans einstellen dass es entweder nur die Leute se-
>   hen denen du erlaubst dass sie dir folgen oder eben dass alle es sehen
>   können
> A: und auf Facebook auch
> B: ja und auf Facebook kannst du eben einstellen dass es alle sehen können,
>   alle deine Freunde oder alle Freunde von deinen Freunden und deine
>   Freunde.
> A: Oder nur eben bestimmte Personen oder nur man selbst was °irgendwie
>   @unnötig ist°@
> ?:   L @ (.) @
> A: ((verstellt Stimme)) Oh so ein schönes Bild, das lad ich nur für mich
>   hoch
> (I/126-134)

Weiters ist vollkommen klar, dass die Praxis des Hochladens daran orientiert ist,
gesehen zu werden und auch kommentiert zu werden. Etwas nur für sich hoch-
zuladen ist „irgendwie unnötig", denn „wenns niemand liked dann (.) schauts
sichs wahrscheinlich auch niemand an und dann is es unnötig" (II/62).
    Plattformen wie Facebook und Instagram, die eine Präsentationslogik for-
cieren, wollen auch im Sinne dieser Logik des Sich-Präsentierens genutzt werden. Die Bilder müssen bestimmten ästhetischen Ansprüchen genügen, ‚schön'
sein. Im Gegensatz zu den ‚hässlichen' Snapchat Bildern muss der Stil der Bilder
also konventioneller und anschlussfähiger für eine öffentlichere Öffentlichkeit
sein. Das Empfinden von einem konventionellen Schön-Sein ist aber trotzdem
spezifisch für eine bestimmte Zeit, ein bestimmtes Milieu, etc. ‚Schön' ist also
eigentlich immer ein Platzhalter für eine bestimmte Art von ‚schön', über die
man sich im Medium Bild einfacher verständigen kann als im Medium Sprache.
    Im Anschluss an das Posten oder Hochladen eines Bildes auf eine Plattform
wie Facebook oder Instagram wird eine bestimmte Sichtbarkeit erwartet, derer
man sich durch Kommentare und Likes versichern kann und will. In den Präsen-
tations-Praktiken der Mädchen sind die Kommentare und die Anzahl der Likes
für die Halböffentlichkeit sichtbar – es geht also nicht nur um Feedback an

diejenige, die das Bild hochgeladen hat, die Popularität des Bildes wird dann auch für die anderen User_innen sichtbar.

Inwiefern diese messbare Popularität in der Gruppe der Mädchen bedeutsam ist, bleibt ambivalent. Das dokumentiert sich in einer Episode, die Clara schildert: Sie handelt von Lena, einer Freundin, die sich eine App runtergeladen hat, durch die man angeblich Likes bekommt, aber dazu das Accountpasswort eingeben muss – „dann wurde es @gehacked@" (II/516 ff.). Lena hat also versucht, eine vermeintlich geringe Zahl an Likes durch die Nutzung von Apps zu steigern. Dies ist jedoch mit dem Gehacked-Werden eher nach hinten losgegangen.

In der Art und Weise der Erzählung kritisieren die Mädchen zwei Aspekte: einerseits die Naivität und Dummheit, das Accountpasswort herzugeben, andererseits den Drang nach Likes. Doch beides scheint zur Persönlichkeit der konkreten Person zu passen, denn „@des is so typisch Lena@" und „das klingt sehr nach Lena" – auf Nachfrage der Interviewerin bleibt diffus, was genau das bedeutet.

Die Geschichte geht jedoch gut aus, soziale Anerkennung lässt sich nämlich anscheinend auch auf anderem Weg herstellen:

```
C:      L Aber mittlerweile is sie urbeliebt,
?:      Hat sies nimmer nötig
?:      Mh;mh, mitn Freund,
Me:     @(.)@
(II/537-540)
```

Beliebt zu sein und es nicht mehr nötig zu haben hat sie mittlerweile auch realisiert – allerdings nicht durch ihre Online-Präsenz, sondern durch das Vorhandensein eines männlichen Beziehungspartners.

Es scheint jedenfalls für die Mädchen ein Ausdruck von wenig Selbstbewusstsein zu sein, wenn man es „nötig" (II/411) hat, viele Likes unbedingt haben zu wollen. Der positive Horizont dazu wäre, ganz einfach ohne Anstrengung und Schummeln viele Likes zu bekommen, also beliebt zu sein, ohne es sichtbar unbedingt zu wollen. So sagt etwa Anna, „es ist mir egal, ich brauchs nicht zum überleben" (II/467 ff). Es dokumentiert sich, dass es zur Performance von Coolness und Leichtigkeit gehört, dass einem Likes egal sind: Man muss sie haben, ohne sie haben zu wollen. Sobald man sie haben will, oder sogar nachhilft, ist man peinlich.

Dieses ‚haben, ohne haben zu wollen' ist nicht immer einfach enaktierbar, denn Likes spielen durchaus eine Rolle. Das dokumentiert sich unter anderem im Wissen darüber, dass man „immer so 22 Leute die alles liken" (I/193) hat.

In der Likepraxis der Mädchen selbst dokumentiert sich, dass Likes dann „aus Prinzip" vergeben werden, „weil ich diese Person mag" (II/407). Die Affirmation des ästhetischen Ausdrucks innerhalb der Peergroup gehört zum guten Ton, wird erwartet und findet auch ganz stark über Kommentare statt. Interessant ist, dass, auch wenn ein Bild grundsätzlich ganz öffentlich zugänglich ist, angenommen wird, dass es vor allem Freunde sehen und liken. Das führt zur Konstitution von ‚Affirmationskartellen'[128], Gruppen von User_innen, die sich gegenseitig konstant positiv affirmieren. Zirkulationspraktiken dokumentieren sich damit besonders in Bezug auf Präsentations-Plattformen als kollektives ‚fishing for compliments' und Suche nach Selbstvergewisserung durch Affirmation.

Die Like-Politik in Bezug auf Beles Rihanna-Fanaccount funktioniert jedoch nach anderen Spielregeln: Hier dokumentiert sich ein Social-Media-Gebrauch, der eher an (journalistischer?) Professionalisierung orientiert ist. Die Anzahl der Likes, so Bele, würde davon abhängen, zu welcher Uhrzeit man etwas poste. So würden morgens am Weg zur Schule etwa besonders viele Likes verteilt werden.

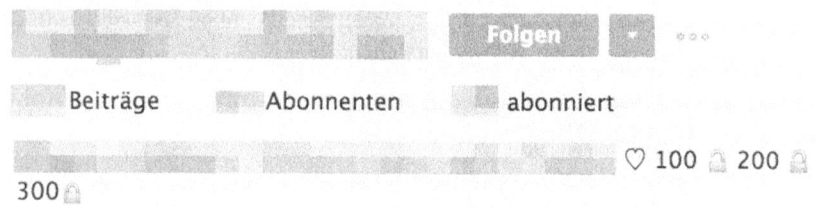

Abbildung 34: Screenshot von Beles Instagram-Account; verpixelt und in Grautönen bearbeitet von M.S.

In dieser professionalisierten Kuratierpraxis dokumentiert sich auch das Quantifizieren der Follower und Likes als durchaus legitime und abbildbare Praxis, wie sich auch auf Beles Fan-Account zeigt:
In der Accountbeschreibung (Abbildung 35) wird mit den offenen Schlössern kommuniziert, dass die Meilensteine 100 und 200 Follower zu haben, bereits erreicht wurden, das Ziel mit 300 Followern aber noch bevorsteht. Das Symbol des Schlosses verweist hier auf eine spielerische Wettbewerbs-Logik, da etwa bei Computerspielen auch durch gute Leistungen neue Herausforderungen und Levels freigeschalten werden können.

---

[128]   Vielen Dank für diesen Begriff an Tobias Boll, der in seinem Dissertationsprojekt zu Autopornografie (JGU Mainz) ein ähnliches Phänomen rekonstruierte.

5.4.5.3 „Verdammt schön!" – kollaboratives Aushandeln von Bedeutung als Verbindung von Identität und Sozialität

Zum Abschluss soll ein Beispiel genauer ausgeführt werden, in dem deutlich wird, wie die Bedeutung eines Bildes ikonisch aufgeworfen und kollaborativ ausgehandelt wird, und welche Bedeutung dabei die Struktur der Software Instagram einnimmt – im Sinne eines Hybridakteurs. In diesem Beispiel dokumentiert sich deutlich, wie Medialität, Identität und Sozialität in digitalen Bildpraktiken dieser Gruppe untrennbar miteinander verzahnt sind.

Ästhetische Praxis ist körperliche Praxis (und umgekehrt), die innerhalb bestimmter technologisch-medialer Strukturen stattfindet, die wiederum ein kollaboratives Aushandeln von Bedeutung erlauben oder sogar forcieren.

Die detaillierten Interpretationen und Analysen des Bildes finden sich in (Schreiber und Kramer 2016). Im Folgenden wird die Interpretation verdichtet dargestellt.

Abbildung 35: Bild ‚Anna Selfie'; verpixelt und Raster (Mitte) sowie Planimetrie (rechts) eingezeichnet von M.S.

Anna hat das quadratische Portraitbild in Graustufen auf ihrem Instagram-Account gepostet. Zu sehen ist sie selbst, ihre Haare sind locker zusammengebunden, sie trägt dunkle Kleidung mit einem U-förmigen Ausschnitt – während der Schnitt des Oberteils an ein sportliches Hoodie erinnert, ist der Ausschnitt sehr feminin. Fokussiert werden durch den Close-Up-Bildausschnitt, den neutral-leeren Hintergrund, die Kopfhaltung sowie die Zentralperspektive das Gesicht und vor allem der frontale Blick. Die dunkelste Fläche ist das Oberteil. Die innere Kontur ihres Ausschnitts tritt durch den Kontrast nackt/bedeckt deutlich hervor, aber auch die äußere Kontur ihres Körpers gegenüber der diffus-abstrakten Umwelt. Die Graustufen abstrahieren das Sujet, weisen auf die mediale Vermittlung, die Fotohaftigkeit des Bildes hin. Bezogen auf Entwicklungsphasen scheint sich Anna im Stadium zwischen geschlechtsundifferenzierter Kindheit und weiblich-sexualisierter Adoleszenz zu befinden. Ihr Körper ragt flächig in das Bild hinein, gleichsam einem Scherenschnitt oder einer Schattenfigur, die aufpoppt und sagt ‚Hallo hier bin ich'. Das Mona-Lisa-Lächeln markiert Uneindeutigkeit: Spielt

ein Kind mit seiner Weiblichkeit oder eine Frau mit ihrer Infantilität? Ironie oder
Ernst? Das Bild erlaubt das Zeigen der Gleichzeitigkeit von scheinbar Gegen-
sätzlichem, was gerade am adoleszenten Übergang von Kind zu Jugendlicher zu
Frau virulent ist. Im ‚Aufpoppen' und dem direkten Blick in die Kamera dokumentiert sich auch eine Kontaktaufnahme mit den antizipierten Betrachtenden,
das Wissen, dass sie die Art und Weise dieser Kommunikation im Bild verstehen
werden.

In der Bildunterschrift zitiert Anna einen Dialog zwischen den Comic-Fi-
guren Winnie the Pooh und Piglet, die gleichzeitig ein populäres Internet-Meme
ist, wovon es auch Adaptionen und Ironisierungen gibt (vgl. Schreiber & Kramer
2016 für eine detaillierte Interpretation des Bildtextes). Das unkommentierte Zi-
tieren des Dialogs ist Ausdruck dafür, dass Anna den Dokumentsinn des Zitats
validiert und für sie als relevant und sinnhaft autorisiert. Ein Leben ‚in den Tag
hinein' ist in dieser Altersphase eher enaktierbar, wenn auch begrenzt durch die
zeitliche Struktur der Schule. Dem Kind in seiner Lebenswelt wird ein Leben im
Augenblick mit eher kurzfristigen Horizonten und Terminen jedenfalls eher zu-
gestanden.

In den Kommentaren lassen sich zwei Dialogstränge identifizieren: Obwohl
ein Kommentar nicht unbedingt eine Antwort verlangt, reagiert Anna auf beide
Kommentare mit Dank und adressiert ihre Reaktionen auch direkt an diese. Beide
Kommentare beziehen sich auf Annas Aussehen, worin sich dokumentiert, dass
das Bild als Portrait und damit als Abbild von Annas körperlicher Erscheinung
wahr- und ernst genommen wird.

Das Bild, und hier besonders der Blick in die Kamera, stellte hier ein In-
Kontakt- und Kommunikation-Treten, den ersten Diskursschritt dar. Die Reduktion von Ambivalenzen und Polyvalenzen durch eine Bildunterschrift bzw.
Hashtags scheint relevant für die weitere gemeinsame Elaboration der Orientierung. So elaborieren auch hier Bildtext und Kommentare den Orientierungsge-
halt kollektiv. Die Betrachtenden unterhalten sich mit Anna über die ‚Bild-Anna'.
Die Betonung der Schönheit als tendenziell eher ‚erwachsenes' Kriterium wird
durch kindlich-ironisierendes Antworten ausgeglichen: „fänk ju".

Anna macht sich ein Bild von ihrem Körper, einen Bildkörper – doch nicht
nur für sich selbst. Das Bild wird auf Instagram gepostet, einer Plattform die eine
bestimmte Ästhetik, Formatierung und auch Kommentierung nahelegt bzw. pro-
voziert. Das Zeigen von Bildern auf Social-Media-Plattformen wie dieser ist jedenfalls daran orientiert, von anderen gesehen zu werden. Es dokumentiert sich
ein Einüben in weibliche Körperlichkeit, die verschränkt ist mit einem Einüben
in eine noch eher unbestimmte mediale Ästhetik. Gleichzeitig ist dieses Einüben
eine Form der Selbstvergewisserung, die aber kollektiv und kollaborativ stattfindet.

Wenn hier Identität konstruiert wird, dann ist diese ganz klar temporär und prozessual angelegt. Das ist der medialen Logik der Software inhärent und schlägt
sich auch in den Praktiken nieder, etwa darin, dass dieses Bild mittlerweile nicht
mehr auf Annas Account zu finden ist. Diese Temporalität des Ichs verbindet
sich also auch mit einem entwicklungsphasentypischen Einüben in unterschiedliche Stile und Körperlichkeiten. Diese Körperlichkeiten sind tendenziell immer
geschlechtsspezifisch eindeutig markiert, also es kann stilistisch viele Annas geben, aber es sind immer weibliche Annas.

5.4.6   Zusammenfassung und Verdichtung

Die Gruppe Teen befindet sich mitten in einer Phase adoleszenter Umbrüche:
Am *Übergang von (geschlechtsundifferenzierter) Kindheit zum (weiblich-sexu-
alisierten) Erwachsensein* ist der eigene, formbare Körper besonders präsent und
relevant. Dazu kommt ein ständiges Aushandeln von *freundschaftlichen und
auch stilistisch-ästhetischen Zugehörigkeiten*. Die Peergroup zeigt sich als zentraler Ort, an dem diese Zugehörigkeiten ausgehandelt werden, und kann dabei
zur Schutz- aber auch Konfliktzone werden.

Sämtliche soziale Praktiken der Gruppe sind von digitaler, visueller Kommunikation komplett durchdrungen – sie finden mit ihr und durch sie statt. Das
Smartphone ist *souverän-spielerisch* in diverse Formen und Modi der Kommunikation eingelassen, egal ob die Mädchen sich ein Treffen ausmachen, beim
Einkauf um Rat fragen, ein Video drehen oder Bilder einer Boyband anhimmeln.
Die humanen und nicht-humanen Handlungsprogramme schmiegen sich in dieser Gruppe gleichsam aneinander und ergeben *innige Hybridakteure*. Verdichtete
visuelle Kommunikation wird als selbstverständlicher Modus der Verständigung
integriert. Digitale Bildpraktiken dokumentieren sich dementsprechend als vielfältig und komplex:

Die Medialität der Bildpraktiken wird voll ausgeschöpft, ebenso die Plastizität des digitalen Bildes. Durch *korporierte Praktiken des Posens und durch
mediale Praktiken der Bildbearbeitung* kann mit imaginierten Identitäten (mit
Bildkörpern) gespielt werden. Wie fühlt sich das an, wenn ich erwachsene Weiblichkeit imaginiere, wie fühlt sich das an, wenn ich so tue als ob? Mimesis ist ein
essentieller Modus der Aneignung von sozialem Wissen und gerade in dieser
Altersphase in Bezug auf Körperlichkeit bedeutsam. Stars stellen dabei *mediale*
Orientierungspunkte dar, wie am Beispiel von Beles Fanaccount zu Rihanna
deutlich sichtbar wird.

Die *Sozialitätsformen*, die durch und mit digitalen (Bild-)Praktiken entstehen,
sind – weiter forciert durch *Software-Strukturen – stark ausdifferenziert.* Unterschiedliche Grade von halböffentlicher Sichtbarkeit und/oder Intimität werden

von der Gruppe genau unterteilt, etwa in Hinblick auf die Anordnung verschiedener Gruppen auf WhatsApp. Die Mädchen differenzieren außerdem deutlich unterschiedliche Kommunikationsmodi und dazugehörige Darstellungskonventionen: Auf jenen Plattformen, die an eine öffentlichere Öffentlichkeit gerichtet sind (wie Facebook und Instagram) und einer *Präsentationslogik* gehorchen, werden ‚schöne' Bilder gezeigt, was eine konventionalisiert-kommerzielle Ästhetik impliziert. *Messaging-Programme* (wie WhatsApp oder Snapchat) forcieren hingegen eine reziproke Bildkommunikation (etwa über ‚hässliche Bilder'), bei der *bildkommunikativen Verständigung* mit einem intimeren, privateren Gegenüber im Vordergrund steht.

Auch die stattfindenden Anerkennungspraktiken sind mitkonstituiert bzw. eingeschrieben in die Struktur der Software. Im Liken auf Präsentationsplattformen dokumentiert sich etwa auch das *An-Gesehen-Sein*, Nicht-Liken ist gleichsam ein Entzug von Aufmerksamkeit, Affirmation und Anerkennung. Ein positiver Horizont für die Mädchen ist es, ohne Anstrengung möglichst beliebt zu sein, cool zu sein ohne es „nötig" zu haben.

5.5   Komparative Analyse und Zwischenfazit

In diesem Kapitel werden die habituellen Handlungsmuster der Interviewten entlang der Fragestellung der vorliegenden Arbeit verglichen. Besonders interessieren also jene Orientierungen, die die Integration von Medienpraktiken in den Lebenswelten der Interviewten betreffen (erste Spalte der Tabelle), sowie natürlich Orientierungen, die digitale Bildpraktiken strukturieren (zweite und dritte Spalte der Tabelle). Die Tabelle bietet einen Überblick über die Fälle und die dazugehörigen empirischen Aspekte. Diese wurden auf Basis jener Daten rekonstruiert, die jeweils zu einem Fall zur Verfügung standen. Am Ende jeder Falldarstellung sind die Interpretationen abstrahiert und zusammengefasst.

Ausgehend von einem hybriden Verständnis digitaler Bildpraktiken sind die hier diskutierten Orientierungen in Relation zu den technischen Bedingungen von Hardware und Software zu verstehen. Jene Orientierungen, in denen diese Hybridität besonders deutlich hervortritt, sind in der Tabelle kursiv gesetzt.

Wie bereits in Kapitel 3 ausgeführt, erhebt die vorliegende Arbeit keinerlei Anspruch auf Aussagekraft für strukturelle, soziogenetische Zusammenhänge. Vielmehr ging es darum theoriegenerierend auszuloten, auf welch unterschiedliche Art und Weise die Konstellation von Praktiken, Bildern und Medien sich gestalten kann und welche Bedingungen und Spannungsfelder dabei relevant werden.

Tabelle 5: Überblick Orientierungen der Interviewten

	Orientierungen in Bezug auf Lebenswelt & Medienpraktiken	Orientierungen in Bezug auf Bildpraktiken	
		im materialen Zeigen und Teilen (Bildhandeln)	Korporiert-ikonisch (Bildkommu-nikation)
Fanny, W78	Enthusiastisch-experimentell, kokettierend, Professionsorientierung Smartphone-Kamera als Konvergenz von Kamera, Telefon, Computer *Differenzierungen der Medienpraktiken über Hardware und Software*	Streben nach Sichtbarkeit und Konnektivität Spaß am An-Gesehen-Sein, kommunikative Verständigung in und mit Bildern *Modi der Präsentation (Facebook) und Konversation (WhatsApp)*	Enthusiastisch-spielerisch, Sozialität medial und bildlich herstellend
Agnes, W68	Autonomie, Gerätebiografie, zupackende Macherin, Professionalisierung Smartphone-Kamera als Konkurrenz zu Kamera, ambitionierte Foto-Amateurin *Differenzierungen über Hardware*	Archivierend- Anhäufend Sichtbarkeit für genau definierte Kreise, zurückhaltende (bürgerliche) Privatheit Zuständigkeit in der Familie *Konversation (WhatsApp)*	Prozessual-dokumentierend in Bezug auf Reisen, Alltag, Familie
Poldi, W62 Otto, M62	Familiär-kollektivierend, Kontrollieren, Präsentieren; Smartphone-Kamera als ständiger Begleiter komplementär zu ,richtiger' Kamera Poldi vorsichtig-distanziert, Otto professionalisiert-euphorisch *Differenzierungen über Hardware*	Poldi: Stiften von intimer, emotionaler Verbindung Otto: Spielerisch-posende Konnektivität durch Wissens-Quiz gemeinsam: Familiäre Vergemeinschaftung *Konversation (WhatsApp)*	Bewahrend-dokumentierend in Bezug auf Familienhabitus
Anna, Bele, Clara, W14/15	Adoleszenter Übergang zwischen Kind-Sein und Frau-Sein, soziale und ästhetische Konjunktion und Distinktion vollkommen in Medien eingelassen *Spielerische, flüssig-souveräne Medienpraktiken, innige Hybridakteure, Differenzierungen über Software*	Sozialität wird in und durch Bild konstituiert, kommunikative Verständigung in und mit Bildern Formbare Bildkörper und Körperbilder *Präsentation (Facebook, Instagram, etc.), Konversation (WhatsApp, Snapchat etc.)*	Imaginierend-auslotend, ständige mediale und bildliche Festigung von Sozialität, Fokus Peer-Group

5.5.1 Medienpraktiken & Lebenswelt

Auf Basis der Falldarstellungen kann – auch im Einklang mit anderen aktuellen Studien (vgl. Kapitel 1) – gezeigt werden, dass digital-vernetzte visuelle Kommunikation zu einer alltäglichen Kulturtechnik geworden ist. Jedoch zeigt sich in meiner empirischen Studie deutlich, dass ‚Alltag' und ‚Kommunikation' für jede_n etwas anderes bedeutet. So spiegeln sich die unterschiedlichen Lebenswelten der Interviewten auch in unterschiedlichen Medien- und Bildwelten wider.

Anhand der vier Fälle ist deutlich zu sehen, dass inhaltlich das bildlich geteilt und gezeigt wird, was aktuell in der Lebenswelt vorkommt und relevant ist. Es wird außerdem stilistisch in der Art und Weise geteilt und gezeigt, wie es dem jeweiligen ästhetischen und medialen Habitus entspricht. Bilder sind somit ästhetisch-mediale Ausdrücke des Habitus und zudem Elemente interpersonaler visueller Kommunikationsprozesse. Die Verwobenheit von Visualität und Medialität kommt in den digitalen Bildpraktiken der Beforschten deutlich zur Geltung.

Hybridakteure ernst nehmen

Auf Basis der Fälle hat sich gezeigt, dass sich die Passung von humanen und nicht-humanen Akteuren unterschiedlich gestaltet. Die älteren Interviewten orientieren sich tendenziell eher an einer Differenzierung von unterschiedlichen Hardware-Angeboten (z.B. Smartphone vs. Fotokamera), die jüngeren Interviewten hingegen entlang der Spezifika unterschiedlicher Software (z.B. Instagram vs. Snapchat).

Wie sich die älteren Interviewten dem Smartphone nähern, ist sehr unterschiedlich: Während etwa Agnes ohne Scheu mit dem Gerät herumprobiert, ohne die Anleitung zu lesen, studiert Poldi diese sehr genau und eignet es sich eher zögerlich-kognitiv an. Bei Agnes kann außerdem auch das Gerät schuld am Nicht-Funktionieren von etwas sein, während Poldi sich Ungeschick eher selbst zuschreibt. Ökonomisches Kapital zeigt sich bei den älteren Interviewten durchgehend als Voraussetzung für das Vorhandensein neuer technischer Geräte.

Mit Latours Begriffsinventar (vgl. Kapitel 2.1.3) lassen sich die unterschiedlichen Erfahrungen mit Technik noch genauer analysieren: Auf der Mikroebene gestaltet sich die ‚Übersetzung' der Handlungsprogramme von humanen und nicht-humanen Akteuren verschieden. Eine grundlegende Haltung, ein habituelles Muster der humanen Akteur_innen, wie man Technik überhaupt gegenübertritt, scheint dabei strukturierend zu sein. So ist etwa Fanny enthusiastisch - experimentell, Agnes hingegen wartet nüchtern-interessiert den jeweils nächsten technischen Entwicklungsschritt ab.

Deutlich wird jedoch auch, dass die Relevanz digitaler Bildpraktiken biografisch-dynamisch ist: Poldi hat das Smartphone dann freudig in ihre Alltagspraxis integriert, als ihre Enkelkinder in ihr Leben getreten sind. Hier ist also ein Handlungsprogramm, das der nicht-humane Akteur Smartphone anbietet (Kamera ist ständig dabei), kongruent mit einem lebensweltlich aktuell relevanten Handlungsprogramm (Aufwachsen der Enkelkinder dokumentieren). Was vorher unwichtig war, wird nun sehr praktisch. Ähnlich scheint der technisch verankerte Präsentationsmodus von Facebook Fannys lebensweltliches Streben nach An-Gesehen-Werden ideal zu ergänzen: Präsenz und Sichtbarkeit online herzustellen geht für sie mitunter einfacher als offline, und entspricht ihrem heterogenen, globalen Netzwerk an Kontakten.

Oft werden Praktiken, die immer schon wichtig und habitualisiert waren, durch neue oder konvergierende Technologien vereinfacht und/oder amplifiziert: Etwa wenn Ottos Sammelfimmel ihn nicht mehr dazu zwingt, Zeitungen in Kaffeehäusern zu zerreißen, sondern er Artikel einfach abfotografieren kann[129]. Mit Latour lässt sich Konvergenz als ‚Blackboxen von Subprogrammen' verstehen. Smartphones sind aus unzähligen Subprogrammen zusammengesetzt. Die älteren Interviewten haben die Subprogramme von Fotografie, Computer und Mobiltelefon als getrennte Geräte kennengelernt, während sie für die Gruppe Teen von Anfang an verschränkt und in einem Gerät vereint existieren. Mit dieser Verschränkung aufzuwachsen, bedeutet mit der Verschränkung von Fotografie und digitaler Kommunikation aufzuwachsen, das hat innige Hybridakteure zur Folge. Visuelle Kommunikation als Modus der interpersonalen Verständigung ist für sie also bereits im frühen Alter korporiert und habituell verankert. Bei den älteren Interviewten sind Kamera und digitale Kommunikation erst an einem späteren Zeitpunkt in ihrem Leben konvergiert. Das heißt jedoch nicht, dass sie nichts damit anfangen können – im Gegenteil: Vieles, was jetzt in digitalen Bildpraktiken konvergiert (z.B. intim-vergemeinschaftende Kommunikation in WhatsApp) wurde vorher offline getrennt betrieben, etwa Zeit miteinander zu verbringen und Fotos anzuschauen. Nun fallen diese Praktiken zusammen.

Generationsspezifische Medienpraxiskulturen?

Kontinuitäten und Veränderungen von Bildpraktiken sind vor allem bei den älteren Interviewten von zentralem Interesse, da diese sinnvollerweise nur im biografischen Verlauf erforscht werden können. Dazu muss es einfach einen längeren biografischen Verlauf geben, das Leben der Gruppe Teen ist daher sozusagen

---

129 Weitere Beispiele, wie habituelle Muster sich über analog-digitale Transformationen hinweg amplifiziert fortsetzen, finden sich in (Schreiber 2016a)

noch zu kurz, um Kontinuitäten und Veränderungen in ihren Bildpraktiken deutlich hervortreten zu lassen.

Hier stellt sich nun die Frage, inwiefern das Konzept der ‚generationsspezifischen Medienpraxiskulturen' (vgl. Kapitel 2.1.3) für die vorliegende Arbeit einen sinnvollen Bezugspunkt darstellt. Zahlreiche großangelegte Studien wie die ARD/ZDF Onlinestudie oder der OECD Census weisen auf große generationale Unterschiede in der Mediennutzung hin, ebenso aktuelle Studien in den Medien- und Kommunikationswissenschaften, hierbei vor allem in der Medienpädagogik (Colombo und Fortunati 2011; Friemel 2014; Pietraß und Schäffer 2011; Schäffer 2007c). In quantitativen Studien, die lediglich ‚Nutzung' erforschen, sind diese Unterschiede besonders augenfällig: Ältere nutzen quantitativ gesehen weniger Medien als Junge, die Nicht-Nutzung durch Ältere wird dabei oft als Defizit interpretiert (Schäffer 2006, S. 17).

Der überwiegende Teil der Forschung zu digitalen Bildpraktiken und auch zu digitalen Medienpraktiken überhaupt widmet sich jungen Menschen (Autenrieth 2014; Boyd 2014; Hepp et al. 2014; Reißmann 2015). Diese Studien zeigen deutlich, dass man keineswegs von einer homogenen Generation sprechen kann. Auch die wenigen vorhandenen qualitativen Studien zur Medienpraktiken Älterer zeigen die Heterogenität der Lebenswelten von Senioren deutlich auf und betonen auch die vielfältigen Zusammenhänge, in die Medienpraktiken eingebettet sind (Schorb 2009).

Ein Verständnis von ‚digital natives' als technologie-affines generationales Kollektiv und ‚digital immigrants' als ihr diametrales Gegenteil (Prensky 2001) wurde immer wieder kritisiert (Aroldi 2011; Corsten 2011; Crawford und Robinson 2013; Hartmann 2003). Auch ich schließe mich auf Basis eigener empirischer Untersuchungen[130] der Kritik dahingehend an, dass dieses Verständnis eine simplifizierte, binäre und technologie-deterministische Gegenüberstellung darstellt. Die Vielfalt der sozialen Einbettungen und Zusammenhänge von Medienpraktiken werden damit schlichtweg ignoriert. Wie (Crawford und Robinson 2013) weiters konzise zuspitzen, wohnt dem Sprechen über ‚natives' und ‚immigrants' zudem eine koloniale Perspektive der Fremdheit inne.

Geht man in der Forschung rekonstruktiv vor (vgl. Kapitel 3), zeigt sich, dass strukturelle Zusammenhänge wesentlich vielfältiger sein können, etwa in Bezug auf Geschlecht, Bildungsmilieu, ästhetische Milieus etc. Ein Fokus auf generationsspezifische Unterschiede würde andere wichtige Faktoren wie z.B. Geschlecht und Milieu vernachlässigen und auch Gemeinsamkeiten in den Praktiken und Orientierungen der Untersuchten mitunter übersehen. Gerade im Kontext von Medienpädagogik können möglichst differenzierte Analysen sinnvolle Ansatzpunkte für konkrete Konzepte liefern. Rekonstruktive Ansätze scheinen

---

[130]   Neben der vorliegenden Arbeit vgl. Schreiber 2006, 2015b, 2016a, 2017

jedenfalls besonders geeignet dafür, die vielschichtigen strukturellen Bedingungen von digitalen Medienpraktiken auf Basis unterschiedlicher Datensorten aufzudecken und zu ergründen, und dabei konjunktive und distinktive Zusammenhänge nachzuvollziehen (vgl. Kapitel 2.1).

Die Relevanz einer Analysedimension wie ‚Generation' ist letztendlich vor allem durch die Fragestellung einer Studie bedingt. Obwohl ich in meiner Arbeit und auch im Sampling der Interviewten ursprünglich von generationsspezifischen Unterschieden ausgegangen bin, haben sich im Laufe der Arbeit andere Dimensionen als relevanter herausgestellt. Die Teilnehmenden verorten sich dann selbst in Generationen, wenn es darum geht Distinktionen in Bezug auf Medienkompetenz zu betonen (vgl. Kapitel 5.1.4, 5.3.2, 5.4.4), der Erfahrungsraum Generation (Mannheim 1928) ist aber trotzdem wenig handlungsleitend. Durch die enge Verzahnung von Bildpraktiken mit Fragen der Körperlichkeit und Ästhetik wurden altersphasenspezifische kommunikative Herausforderungen sowie Geschlecht und (sich ästhetisch ausdrückendes) Milieu zu wichtigen strukturellen Bezugsgrößen, wie folgend ausgeführt wird.

Kommunikative Herausforderungen in Bezug auf Altersphase und Geschlecht

In den vier analysierten Fällen hat sich gezeigt, dass Bildpraktiken und Körperbilder stark im Zusammenhang mit altersspezifischen kommunikativen Herausforderungen stehen: Die Gruppe Teen schöpft die differenzierten Möglichkeiten der Bildkommunikation und des Teilens und Zeigens von Bildern in Social Media am intensivsten aus. Sie sind auch jene Gruppe, die mit altersphasentypischen Aushandlungsprozessen in Hinblick auf Zugehörigkeit, Körperlichkeit/Geschlechtlichkeit und Identität beschäftigt ist (Flaake und King 1992; Hoffmann und Mikos 2010; Hoffmann 2013; Reißmann 2014a). Dass Großelternsein im Großelternalter schön, aber auch anstrengend sein kann, zeigt sich wiederum bei Otto, Poldi und Agnes. Familiäre Vergemeinschaftung und Integration (im Fall von Agnes) findet ganz wesentlich über digitale Bildpraktiken statt. Die penible Dokumentation und das stolze Zeigen der Nachkommen ist typisch für diese Altersphase (Keightley und Pickering 2014).

Während Autonomie bei Fanny und Agnes als positiver Horizont rekonstruiert werden konnte, wird von Fanny auch eine damit zusammenhängende mögliche Ambivalenz darin antizipiert, nämlich Einsamkeit. Digitale, vernetzte Kommunikation kann hier als Chance begriffen werden, um auch im höheren Alter trotz möglicher Einschränkungen in Bezug auf physische Mobilität mit anderen in Verbindung zu bleiben.

Besonders bei den älteren Interviewten deutet sich außerdem an, dass Diskurse zu einer vermeintlichen Technik-Inkompetenz von Frauen mitunter sehr wirkmächtig sind – implizit und explizit: Fanny beweist sich in einer technikaffinen Männerdomäne, Agnes kommt großteils allein zurecht, aber lässt sich auch von männlichen Bekannten helfen, und Poldi stellt sich selbst als eher ungeschickt dar, während Otto sich als versierter Technikfan gibt. Die Gruppe Teen thematisiert hingegen geschlechtsspezifische Technikaffinität überhaupt nicht. In ihren Bildpraktiken dokumentiert sich ein souveräner und habituell verankerter Umgang mit verschiedensten Handlungsprogrammen. Möglicherweise geht mit der selbstverständlichen Verbreitung und Individualisierung von Smartphones auch eine Auflösung von geschlechtsspezifischen Unterschieden einher. Da dieses Themenfeld nicht im Kern des Erkenntnisinteresses der vorliegenden Arbeit lag, kann eine Analyse an dieser Stelle leider nicht weiter vertieft werden – für weiterführende Forschung besonders im Kontext von Körperbildern ist Geschlecht als Analysedimension jedoch von zentralem Interesse.

5.5.2 Bildpraktiken des Teilens und Zeigens

Teilen und Zeigen als kommunikative Verständigung

Dass das Teilen und Zeigen von Bildern mit und am Smartphone stark kommunikativen Charakter hat, zeigt sich unter anderem in folgender Beobachtung: Sowohl Fanny als auch Agnes haben auf meine Bitte, mir ein Foto zur Verfügung zu stellen, das sie mit dem Smartphone gemacht und geteilt haben, eher zögerlich reagiert. Beide haben dann den gleichen, offenbar für sie naheliegendsten Weg gewählt, meiner Aufforderung nachzukommen – sie haben ein Foto (bzw. mehrere Fotos) von mir gemacht, und mir diese direkt per WhatsApp geschickt. Offenbar ist es also seltsam oder sinnfrei, mir einfach irgendein Bild zu schicken, das für mich gar keine persönliche Bedeutung bzw. keinen Bezug haben kann – so wurde einfach eines hergestellt.

Abbildung 36: Die Forscherin; Während der Interviews fotografiert von Fanny (links) und Agnes (rechts) (Originalbild in Farbe)

Wie weiters herausgearbeitet werden konnte, sind Bilder in besonderer Art und Weise dazu geeignet, korporierte Praktiken zu fassen und zu zeigen, *Wie* sie etwas zeigen, ist dabei interessanter als *was* sie zeigen, weil sich erst darin der ästhetische Habitus zeigt. Qualitativ-empirisch kommen Forschende durch Bilder somit an eine Ebene heran, die durch Interviews etc. nicht zugänglich ist, nämlich die Ebene der Hexis, des korporierten Habitus. Zudem sind Bilder dazu geeignet, stilistisch-ästhetische Orientierungen zu zeigen, die schwer verbalisierbar sind. Was man cool, schön, lässig, etc. findet ist oft schwer sprachlich zu explizieren, aber leicht korporiert und/oder ikonisch zu zeigen.

Wie Przyborski in ihrer Arbeit zu Bildkommunikation zeigt, sind Bilder auch in besonderer Weise dazu geeignet, Ambivalenzen und damit auch Dilemmata zu bearbeiten, Identitätsentwürfe zu imaginieren, Lifestyles zu erproben, habituelle Sicherheit einzuüben (Przyborski 2017, S. 289): Das wird etwa in Annas Selfie (vgl. Kapitel 5.4.5) deutlich, das sie mittlerweile wieder von ihrem Instagram-Account entfernt hat. Sie imaginiert Weiblichkeit, lotet sie aus am Übergang vom Kind-Sein zum Frau-Sein. Fanny erprobt mit ihrem Selfie enthusiastisch-spielerisch ein Bildgenre auf seine Passung zu ihrer Persönlichkeit und Körperlichkeit.

Andere Bildpraktiken wiederum sind weniger an Imagination orientiert, sondern machen sich vielmehr den indexikalen Charakter von Fotografie zu Nutze: Wenn etwa von der Gruppe Teen Schulbücher fotografiert werden oder Otto seine Ratespielchen auf WhatsApp betreibt, ist vor allem der Verweis auf eine außerbildliche ‚Realität' relevant. Zeitlichkeit hat natürlich auch gerade im Kontext der Dokumentation von Kindern und Kindeskindern große Relevanz, wie sich in den bewahrend-dokumentierenden Praktiken der Familienfotografie bei Poldi, Otto und Agnes zeigt. Die prozessuale Entwicklung und das Fortschreiten der Zeit ist dabei mal mehr (Agnes), mal weniger (Poldi) positiver Horizont.

Ikonografisch deutet sich an, dass Kamera und Motiv im Vergleich zu älteren Studien (Starl 1995; Vogel et al. 2006) näher aneinander heranrücken. Die Smartphone-Kameras sind durch ihre Handlichkeit immer mehr in Situationen eingelassen und nicht distanziert-abbildend. Damit stellt sich die Frage, ob die situative Kontextualisierung der abgebildeten Körper weniger prominent wird – ist also quasi im historischen Vergleich die Einbettung in die soziale Situation (und damit Orte, Möbel, Besitztum) wichtiger gewesen? Und ist jetzt immer mehr der Körper (und damit Kleidung, Haut und Haar) die hauptsächliche Bildfläche? Es scheint, dass der Körper immer mehr mit der Kamera verschmilzt, der Körper also mehr Raum im Bild einnimmt und damit zur primären sozialen Spielfläche wird. Diese Vermutung konnte man z.B. mit Big Data genauer verfolgen.

Mediale Einbettung als Aushandlung von Sichtbarkeit

In Praktiken des Zeigens und Teilens gestaltet sich das Streben nach Sichtbarkeit unterschiedlich: Während die Gruppe Teen sehr genau differenziert, was wem wo gezeigt wird, will Fanny vor allem überhaupt gesehen werden und Poldi sind Selbstbilder grundsätzlich eher suspekt. Otto interessiert es auch weniger sich selbst zu zeigen, aber er strebt danach, sein Wissen bzw. seine gesammelten Artefakte zu präsentieren. Auch Agnes will nicht selbst sichtbar werden, aber fotografiert sonst eigentlich alles. Die archivierten Bilder davon kursieren aber nur in einer enger definierten Privatheit.

Auf Ebene der Bilder ist das Vorhandensein von Selfies bei Fanny schon bemerkenswert, die anderen älteren Interviewten waren höchstens testweise (vgl. Beispiel Otto in Kapitel 2.1) an Selfies bzw. an halböffentlichen Social Media Plattformen interessiert. Im Vergleich mit den Selfies der jüngeren Gruppe wird sichtbar, dass Fannys Selfies noch etwas weniger souverän sind. Doch in ihrer Präsenz auf einer Plattform wie Facebook dokumentiert sich auch verstärkt die Orientierung an Aufmerksamkeit, Fanny will also gesehen und auch kommentiert werden, sie will wissen, dass sie gesehen wurde. Ähnlich gestaltet es sich in der Gruppe Teen, die jedoch in Bezug auf unterschiedliche Plattformen noch genauer differenzieren, wo sie von wem gesehen werden wollen. Beide sind also an einem An-Gesehen-Werden interessiert – jedoch stellt Fanny darüber

Sozialität her, während bei den Teenagern diese bereits etabliert ist und es eher um die konkrete Form und Intensität geht.

Während also die Bildpraktiken der Gruppe Teen und von Fanny stark in mediale Strukturen und Selbst-Präsentationen eingebettet sind, scheinen die Bildpraktiken von Poldi, Otto und Agnes noch an eher traditionellen Modi der Familienfotografie orientiert zu sein. Hier steht weniger das An-Gesehen-Werden, sondern vielmehr die (familiäre) Selbstvergewisserung im Vordergrund.

Die Praktiken des Teilens und Zeigens sind dabei stark habituell verankert, und nicht notwendigerweise strategisch. Das implizite Handeln ist außerdem eng mit den Software-Strukturen und deren Möglichkeiten und Begrenzungen für visuelle, vernetzte Kommunikation verbunden (vgl. Kapitel 4).

6 Diskussion der Ergebnisse

Ziel der Arbeit war es zu rekonstruieren, wie digitale Bildpraktiken des Zeigens und Teilens von fotografischen (Körper-)Bildern mit und am Smartphone strukturiert und bedingt sind. Dazu wurden zuerst die theoretischen Implikationen von Praktiken (2.1), Bildern (2.2) und Medien (2.3) diskutiert und zugespitzt. Wie in der Einleitung skizziert, konvergieren diese drei Elemente im Forschungsgegenstand der vorliegenden Arbeit, den digitalen, fotografischen Bildpraktiken. Diese werden definiert als *Praktiken der Kommunikation in und mit digitalen Bildern, die innerhalb bestimmter medialer Bedingungen stattfinden.* In den theoretischen und empirischen Analysen wurde das relationale Verhältnis der drei Elemente rekonstruiert. Auch das Theoriekapitel ist somit als Ergebnis der Forschung zu verstehen, das in Auseinandersetzung mit den empirischen Tiefenbohrungen entstand.

Im folgenden Abschnitt (6.1) wird die spezifische theoretische Perspektive der vorliegenden Arbeit zusammengefasst und ihr Beitrag zum Forschungsfeld diskutiert. Darauf aufbauend wird schließlich das abstrahierte Ergebnis der Dissertation vorgestellt: Die drei Handlungsdimensionen digitaler Bildpraktiken.

6.1 Theoretische Rahmenbedingungen

Welchen Beitrag leistet die vorliegende Arbeit zum Forschungsfeld privater digitaler Fotografie bzw. vernetzter visueller Kommunikation? Der überwiegende Teil der existierenden Studien zu privater (digitaler) Fotografie hat zum Ziel, „Funktionen" oder „Motive" von privater Fotografie zu kategorisieren und systematisieren (Daniel 2014; Sarvas und Frohlich 2011; Van House 2011b; Van House et al. 2004; Kindberg et al. 2004, 2005; Lehtinen et al. 2008). Diese Studien folgen weitgehend einem zweckrational-intentionalen Verständnis von Fotografie als sozialer Aktivität. Als entsprechende soziale Funktionen werden etwa Beziehungen, Information, Kommunikation, Erinnerung, Imagination, Emotion, Selbstpräsentation, Selbstreflexion u.ä. genannt (ebd.).

Die Ergebnisse der vorliegenden Arbeit widersprechen hier keineswegs. In der Breite und Schwammigkeit der genannten Funktionen zeigt sich jedoch, dass private Fotografie und Bildkommunikation eigentlich Medium und Element für jegliche Form sozialer und identitätsstiftender Praxis sein kann. Würde man nach den Funktionen von ,zwischenmenschlicher Kommunikation' fragen, würde man wohl auf ähnliche Kategorien kommen.

Es war somit ein Anliegen der vorliegenden Arbeit, eine alternative Betrachtungsweise digitaler Bildpraktiken zu entwickeln, die Kommunikation oder Ästhetik nicht als strategische Motive von Nutzer_innen, sondern als basale Eigenschaften des Phänomens versteht. Während Kategorisierungen wie die oben genannten also einerseits herausstellen, wie vielfältig Funktionen und Motive digitaler Bildpraktiken sein können, verschleiern sie andererseits, wie tiefgreifend sich Medialität und Sozialität dabei gegenseitig bedingen.

Bandbreite und Möglichkeitsräume zwischenmenschlicher digitaler Bildpraktiken haben sich durch das Zuhandensein der mobilen, vernetzten Kamera enorm erweitert (vgl. Kapitel 1.2, sowie Lehmuskallio 2012). Die entsprechenden Apps erneuern ständig ihre Interfaces und technischen Funktionen. Doch letztendlich scheinen diese Transformationen vor allem sichtbarer zu machen, was bereits für Höhlenmalerei, Renaissance-Portraits und Polaroids galt: Bildpraktiken sind kommunikativ, visuell und hybrid.

Digitale Bildpraktiken sind kommunikativ.

Jedem materialen Bild und damit auch jeder digitalen Fotografie kann kommunikatives Potential zugeschrieben werden, weil Sinn vermittelt wird. Wie sich dieses entfaltet, ist wiederum stark verknüpft mit der Art und Weise wie, wo und mit wem es (medial) geteilt und gezeigt wird.

Um herauszufinden bzw. deutlich zu machen, was nun Spezifika *digitaler fotografischer Bildkommunikation* sind – etwa auch im Gegensatz zu analoger Fotografie oder sprachlicher Kommunikation – muss der Blick vor allem auf die Überschneidungen von Sozialität, Bildlichkeit und Medialität gerichtet werden: So hat sich anhand eines Beispiels (Bild „Park" der Gruppe Spatz, Kapitel 5.4.5) gezeigt, dass ein Bild für eine Gruppe natürlich die Funktion der Vergemeinschaftung und Stiftung von Gruppenidentität haben kann. In der Art und Weise der Gestaltung des Bildes, der spezifischen Komposition und Farbgebung wird jedoch deutlich, dass der ästhetische Selbstausdruck weiters elementarer Teil der nicht-sprachlichen, korporiert-ästhetischen Vergemeinschaftung ist. Das Bild ist zudem auf einem individuellen Instagram-Account gepostet, steht also auch für die Account-Besitzerin und ihre Identität bzw. sie als Teil der Gruppe. Die mediale Struktur der Plattform erlaubt bzw. forciert wiederum die kollaborative Bedeutungsaushandlung des Bildes durch Likes und Kommentare. Was an dem Beispiel auch deutlich wird, ist, dass eine Trennung in kollektive und individuelle Motive gerade im Kontext digital vernetzter kommunikativer Praktiken wenig hilfreich ist. Individuum und Gruppe/Gesellschaft werden immer in Relation zueinander konstituiert (vgl. Kapitel 2.1.2). Das wurde darin deutlich, dass Praktiken des Zeigens immer im Kontext bestimmter Sichtbarkeiten für andere stattfinden. Darauf wird weiter unten noch genauer eingegangen.

An dieser Stelle ist wichtig anzumerken, dass sich die vorliegende Arbeit zwar auf von den Interviewten selbst erstellte Fotos bezogen hat, aber digitale Bildpraktiken weit darüber hinausgehen: Auch Bilder von Stars (vgl. Kapitel 5.4.2), Postkarten (vgl. Kapitel 5.3.4), Memes, Instagram-Posts, Comics, digitalisierte Gemälde etc. können Elemente vernetzter visueller Kommunikation werden. Ein Bild wird als relevant autorisiert, indem es geteilt und gezeigt wird (Przyborski und Wohlrab-Sahr 2014, S. 157 ff.). Es wird dadurch auch Teil des visuellen Ausdrucks der Autorisierenden und so auch für empirische Analysen interessant. Dies ist besonders im Kontext von WhatsApp und Facebook interessant, da in diesen Plattformen zahlreiche unterschiedliche visuelle Elemente zirkulieren und diese leicht weitergeleitet bzw. re-postet werden können. Die visuell kommunikative Ebene wird auch durch Algorithmen und Interfaces forciert, da diese Bilder präferieren bzw. besonders herausstellen.

Digitale Bildpraktiken sind visuell.

Bilder drücken etwas auf spezifisch visuelle, bildliche Art und Weise aus (vgl. Kapitel 2.2) – egal ob das nun ein Foto des Hamsters oder das Oscar-Selfie ist: *Wie* etwas zum Ausdruck gebracht wird, ist für visuelle Kommunikation von zentraler Bedeutung. Begriffe wie „expressiveness" (Van House 2011b) oder „werkzentrierte Bildpraxis" (Reißmann 2015), die bestimmten Bildern und Praktiken zugeschrieben werden und anderen nicht, konzipieren Stil und Ästhetik als eigene Handlungsebene. Eine solche Kategorisierung verschleiert meines Erachtens ein zentral bedeutsames Spezifikum visueller Kommunikation, nämlich dass sie *immer* bildlich-expressiv ist, und selbst in der „unbedeutendsten" Fotografie etwas visuell zum Ausdruck kommt (Bourdieu 2006a, S. 17). Insofern gilt es, diesen spezifischen Modus der Kommunikation und die ästhetischen und medialen Bedingungen besser zu verstehen und empirisch zu integrieren. Gerade im Kontext digitaler fotografischer Körperbilder wird deutlich, dass ikonisch mitunter hervortreten kann, was etwa sprachlich schwierig erfahrbar, wahrnehmbar oder sagbar ist. Durch und in Bildern erfahren wir etwas über die (ästhetischen) Habitus der Abgebildeten und Abbildenden. In manchen Bildern tritt auch der Quasi-Habitus der Technik (der sonst eher verborgen bleibt) noch deutlicher hinzu, etwa durch Snapchat-Filter.

Digitale Bildpraktiken sind hybrid.

Die medialen Strukturen, in denen digitale Bildpraktiken stattfinden, werden in den meisten aktuellen Studien grundlegend ausgeblendet, mitunter zwar empirisch (Autenrieth 2014, S. 86 ff.), aber nicht theoretisch-konzeptuell integriert. Die vorliegende Arbeit plädiert daher für eine ‚Rückkehr der Medien', jedoch nicht in einem deterministischen, technisch-evolutionären Sinne. Digitale Medienpraktiken finden immer in und mit komplexen Strukturen statt, die Handlungsspielräume anbieten und einengen – wie diese jeweils ausgeschöpft, genutzt, boykottiert oder umgangen werden, gilt es empirisch und kontextspezifisch zu erforschen. In der vorliegenden Arbeit wurde dafür das Konzept des Hybridakteurs bzw. hybriden Habitus fruchtbar gemacht (vgl. 2.1.3): Der hybride Habitus ergibt sich auf unterschiedliche Art und Weise aus dem Zusammenwirken von Habitus (Mensch) und Quasi-Habitus (Technik), und wird jeweils konkret empirisch rekonstruiert. Für die Medien- und Kommunikationswissenschaft scheint dieser Ansatz besonders anschlussfähig, ebenso weitere ganzheitliche und flexible Konzepte wie Affordanzen, Polymedia oder Medienrepertoires (vgl. Kapitel 2.3.4). Die beiden letztgenannten Ansätze fragen vor allem danach, wie kommunikative Praktiken innerhalb einer Reihe von Medienangeboten differenziert stattfinden. Gleichzeitig stellt sich auch die Frage, ob es übergreifende kollektive und biografische Muster gibt, die den Umgang mit Medien strukturieren und lebensweltlich verankern.

Diese Suche nach hybriden Habitus, die die digitalen Bildpraktiken der Beforschten strukturieren, wurde in der vorliegenden Arbeit auf mikroskopische Art und Weise umgesetzt: Im empirischen Teil wurden zuerst die strukturellen Bedingungen der relevanten Apps rekonstruiert (Kapitel 4), und im Anschluss die (u.a. darauf bezogenen) habituellen Orientierungen der Interviewten (Kapitel 5). Wie sich an Interfaces und Default-Einstellungen zeigte, legen die medialen Strukturen der Apps jeweils bestimmte Modi der visuellen Kommunikation und Formen der Sichtbarkeit nahe. In den Interviews dokumentierte sich eine große Bandbreite digitaler Bildpraktiken des Teilens und Zeigens. Diese sind eng verzahnt mit den Lebenswelten und biografischen Kontinuitäten und Veränderungen der Interviewten, aber auch mit altersphasenspezifischen kollektiven kommunikativen Herausforderungen (vgl. Kapitel 5.5).

Letztendlich ging es in der vorliegenden Arbeit nicht darum, eine repräsentative, empirische Aussage etwa über Generationen oder Nutzungsverhalten zu treffen. Vielmehr wurden durch die erhobenen Daten theoretische Zusammenhänge empirisch ausgelotet, um die Relationen von Praktiken, Bildern und Medien genauer zu beleuchten. Das zugespitzte Ergebnis der vorliegenden Arbeit speist sich daher aus einem ‚Dialog' von Theorie und Empirie (Hirschauer

2008). Es beschreibt drei Handlungsdimensionen, die sich durch die Relationen von Sozialität, Visualität und Medialität ergeben. Damit sind drei Konzepte genannt, die für digitale Bildpraktiken essentiell sind – und zwar nicht im Sinne zweckrationaler Funktionen, sondern als mögliche sozial-medial-visuelle Handlungsspielräume: Plastizität, Sichtbarkeit und Konnektivität. In diesen Dimensionen können die untersuchten digitalen Bildpraktiken und hybriden Habitus jeweils verortet werden. Die drei Dimensionen können daher auch als ‚Schichten' der zu Beginn konzipierten Trias dargestellt werden:

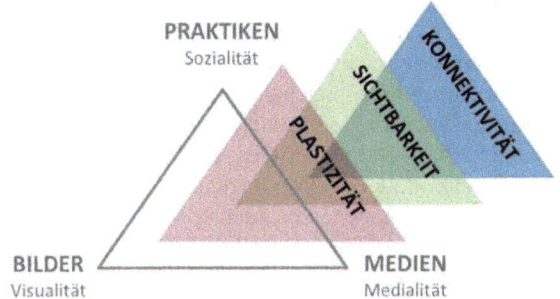

Abbildung 37: Drei Handlungsdimensionen visueller, vernetzter Kommunikation (Eigene Darstellung)

6.2   Dimension Plastizität: Digitale Bildpraktiken zwischen Imagination und Dokumentation

Die Dimension *Plastizität* thematisiert die mediale und bildliche Formbarkeit des digitalen Bildes. Folgen wir der These vom Zusammenhang äußerer und innerer Bilder, geht mit der medialen Formbarkeit des (Ab-)Bildes auch eine andere Wahrnehmung der Formbarkeit des (leiblichen) Körpers bzw. des Sozialen einher. Digitale Bildpraktiken bewegen sich daher zwischen *Dokumentation* und *Imagination*: Ihnen wird einerseits ein indexikaler Charakter zugeschrieben, sie verweisen also möglichst ‚naturgetreu' auf etwas, das irgendwo war. Durch ihre körperliche und bildliche Gestaltbarkeit können digitale Bilder andererseits auch zu Medien der Imagination werden, indem sie Aspekte zeigen, die im Möglichkeitsraum existieren.

Wie unter anderem Reißmann (2015) und Hand (2012) herausgearbeitet haben, wird dem digitalen, fotografischen Bild durch seine einfache Bearbeitbarkeit eine hohe Plastizität bzw. Malleabilität zugeschrieben: Digitale Bilder sind auch ohne professionelles Know-How einfach gestaltbar. Es stellt sich hier also die Frage, inwiefern diese Plastizität in digitalen Bildpraktiken wahrgenommen und praktiziert wird.

Fotos wird vor allem im privaten und journalistischen Bereich (und auch von der Forscherin) Indexikalität zugeschrieben, d.h. sie zeigen etwas, das irgendwo irgendwann einmal war (vgl. Kapitel 2.3.2). Dieser dokumentierende Charakter steht klar im Vordergrund bei jenen Bildpraktiken, die an der Übermittlung von Informationen orientiert sind (z.b. Fotos von Schulbüchern bei der Gruppe Teen oder Fotos in Ratespielchen bei Otto) und auch bei jenen, die der schnellen visuellen Konversation etwa auf WhatsApp dienen (z.b. wenn Fanny sieht, was ihre Enkel essen). Dokumentierende Bildpraktiken sind also stark von einem Verweis auf außerbildliche Zusammenhänge gerahmt.

Der Grad der wahrgenommenen und auch praktizierten Plastizität des digitalen Bildes ist in den vielfältigen Bildpraktiken der Fallstudien sehr unterschiedlich. So werden etwa Fotos, die mit einer Digitalkamera im Urlaub gemacht werden, von Otto am Computer nachbearbeitet, Smartphone-Fotos jedoch von ihm als indexikal bedeutsame Bilder großteils unverändert gelassen. Von ihm wird Gestaltbarkeit also stark in Bezug auf Hardware differenziert. In der Gruppe Teen hingegen werden Bilder eher je nach Software, nach Plattform unterschiedlich bearbeitet oder auch nicht. Grundsätzlich wird die digitale Gestaltung von Bildern aber nicht notwendigerweise als Reduktion von Authentizität gesehen, wie etwa die Snapchat-Praktiken in dieser Altersgruppe zeigen.

Doch was ist eigentlich ‚authentisch'? Vielfach wird im Kontext von digitalen Bildpraktiken von Authentizität gesprochen. Doch der Begriff scheint nur dann hilfreich, wenn er nicht normativ oder absolut im Sinne von „Natürlichkeit" oder „Echtheit" verwendet wird. Im Kontext von Bildkommunikation ist es sinnvoll, von einem relationalen Authentizitätsbegriff auszugehen: Authentisch ist etwas nie grundsätzlich, es ist keine Eigenschaft, die einem Mensch oder Ding anhaften kann. Authentisch kann etwas immer nur *für* jemanden sein. Dies ist im Kontext von Bildpraktiken in engem Zusammenhang mit der Vertrautheit und Habitualisierung jeweiliger Konventionen und Darstellungsmodi zu verstehen (vgl. im Detail dazu Kapitel 2.2.3). Ob jemand oder etwas als ‚natürlich' oder ‚echt' wahrgenommen wird, ist jeweils aus der Perspektive der Wahrnehmenden zu denken. ‚Authentisch' kann für die Gruppe Teen daher etwa auch ein Snapchat-Bild sein, das stark mit Filtern und Stickern bearbeitet und verziert wurde. Diese Art von Ästhetik und Kommunikation mag für Außenstehende seltsam, ja sogar künstlich anmuten. Im Sinne relationaler Authentizität ist jedoch nur relevant, ob ein bestimmter Stil auch dem Stil der kommunizierenden Person entspricht, und zwar in der Form, die die jeweiligen Kommunikationspartner_innen kennen und anerkennen.

Die Gestaltbarkeit des digitalen Abbilds des eigenen Körpers wird von den Teenagern jedenfalls intensiver praktiziert als von den älteren Interviewten. Das Gestalten an sich macht Spaß, das Anprobieren und Erproben von Stilen und Identitäten verweist zudem auf altersphasentypische mimetische Prozesse (vgl. Kapitel 5.5). Gerade in diesem Kontext wird Imagination, die intrinsischer Teil von Bildlichkeit ist, virulent und tritt als relevante Größe in diesen Praktiken deutlich hervor: Im und mit dem Bild werden Ästhetiken, Stile, Identitäten, Sozialitäten, etc. ausgelotet und erprobt, die in der Handlungspraxis noch nicht oder nicht mehr existieren oder vielleicht auch an den Rand gedrängt werden[131]. Das zeigt sich zum Beispiel am Bild selbstständig essender (vgl. Kapitel 5.2.3) oder eigenständig stehender (vgl. Kapitel 5.3.3) Kleinkinder, deren Entwicklungsprozess bildlich imaginiert wird. Oder auch dann, wenn weibliche Teenager sich in Bezug auf Weiblichkeit, Status und Medienarbeit an YouTuber_innen oder der Sängerin Rihanna orientieren (vgl. Kapitel 5.4.2).

Gestaltbarkeit bezieht sich dabei nicht nur auf das Bearbeiten von Pixeln auf einem digitalen Display. Gestaltbar ist auch die korporierte Praxis, das Formen der Körper in ihrer spezifischen Pose, Gestik und Mimik vor der Kamera.

Wie herausgearbeitet werden konnte (vgl. Kapitel 2.2.3), sind Bilder des Körpers zentral für das Begreifen und Spiegeln des eigenen Körpers. Sozialität, Visualität und Medialität bedingen dabei einander, sind ko-konstitutiv. Gesten, Mimik etc. werden mimetisch durch materiale Bilder angeeignet, die somit auch zu mentalen Bildern werden. Tendenziell stehen seit der Verbreitung digitaler Fotografie mehr Bilder des eigenen Körpers zur Verfügung, ‚private' Körper werden sozusagen quantitativ sichtbarer. Doch was ändert sich qualitativ?

Es ist zu vermuten, dass mit der Habitualisierung der Plastizität des digitalen Bildes, der einfachen Gestaltbarkeit von Pixeln, auch eine Habitualisierung der Plastizität des Körpers als gestaltbar einhergeht. Wie wir wahrgenommen werden und werden wollen, können wir in digitalen Bildpraktiken, mit dem Smartphone und Körperbildern, einfach und mobil üben und sichtbar machen.

In Bezug auf die empirischen Falldarstellungen kann rekonstruiert werden, dass gerade in der Gruppe Teen die reflexive Auseinandersetzung mit der eigenen, sich stark verändernden Körperlichkeit und das Feedback von anderen darauf virulent und potentiell konflikthaft ist, während sich die älteren Interviewten tendenziell schon eher an den eigenen Körper gewöhnt zu haben scheinen. Natürlich

---

[131] Besonders kritisch wird dies in der Auseinandersetzung mit „Erwartungsstrukturen virtualer sozialer Identität" (Przyborski 2017, S. 289), also normativen Anforderungen und antizipierten Fremdbildern.

kann die Auseinandersetzung mit dem eigenen Körper unabhängig von Geschlecht, Alter, Milieu aus den unterschiedlichsten Zusammenhängen heraus virulent werden. Das zeigen etwa zahlreiche Studien zum Thema ‚quantified self', Fitness, aber auch zu therapeutischen, partizipativen Ansätzen[132]. Durch das einfache Zuhandensein der digitalen, vernetzten Kamera besteht für User_innen die Möglichkeit, sich kommunikativ-reflexiv auszutoben.

Genau dieser Punkt ist kritisch: Vorschnelle Diagnosen kommen hier gerne entweder zum kulturpessimistischen Schluss, dass wir nun alle zu Narzissten werden – oder feiern euphorisch Praktiken des Empowerments. Digitale Körperbilder und Selbstbilder haben das Potential, beides zu sein. Inwiefern das jeweils unterschiedlich ausgeschöpft wird, ist allerdings eine kontextspezifische und damit empirische Frage.

Digitale Bildpraktiken sind zudem im historischen bzw. remediatisierten Kontext mit früheren Techniken der Selbst-Spiegelung zu sehen, wie Rettberg (2014) in ihrer Studie „Seeing Ourselves Through Technology" schlüssig und spannend herleitet: Sie sieht Tagebücher, christliche Beichtpraktiken, etc. immer im Spannungsfeld zwischen (Selbst-)Kontrolle und (Selbst-)Ausdruck. Digitale Technologien hätten somit auch eine Demokratisierung ästhetischen Handelns ermöglicht: Was früher nur Künstler_innen zugänglich war, ist nun selbstverständliche Alltagspraxis – das digitale, fotografische Bild als Medium für sozialen Ausdruck und Kommunikation. Inwiefern das eine typisch postmoderne Entwicklung sein mag, wird erst aus größerer Distanz erkennbar werden.

In den Fallstudien hat sich jedenfalls gezeigt, dass das spezifisch bildliche Potential, Gegensätzliches und Ambivalentes simultan zeigen zu können (vgl. Kapitel 2.2), auch in scheinbar banalen digitalen Bildpraktiken zum Vorschein kommt: Etwa in Form von Fannys einsam-zweisamen Bild mit Hund und Annas kindlich-weiblichem Selfie. Bilder vermögen es, mehrdeutige Sinnangebote machen und bringen so vermeintlich widersprüchliche, dilemmatische oder uneindeutige Sachverhalte, Gefühlslagen und Zustände zum Vorschein.

In Bezug auf die Hybridität und mediale Einbettung von digitalen Bildpraktiken ist dabei zudem interessant, wie Bildsinn in der Anschlusskommunikation von und mit anderen kollaborativ gerahmt und ausgehandelt wird (Thiel-Stern 2012). Durch die Einbettung in diverse Plattformen wird das Bild quasi nicht einfach so ‚stehengelassen', Plattformen spielen eine Rolle, weil sie eine Kommentierfunktion anbieten. Somit steht das Körperbild zur Debatte. Digitale

---

[132] Hier haben soziologische und kunstpädagogische Arbeiten bereits ein wesentlich differenzierteres Verständnis von den komplexen Zusammenhängen von etwa Körperbild und Körperwahrnehmung als Medien- und Kommunikationswissenschaften (Schindler und Boll 2011; Hahn 2002; Hahn und Stempfhuber 2015; Hogan 2010; Keller und Meuser 2011)

Bildlichkeit und vernetzte Medialität verstärken hierbei einander – das wird im Kontext von Mobbing, Cyberstalking und Manipulationsvorwürfen besonders virulent, sowohl in intimen als auch in öffentlichen Kontexten: Wenn z.b. Nacktfotos im Freundeskreis kursieren (vgl. Kapitel 5.4.4) oder Youtuberin ,Verena Marie Mew' vorgeworfen wird, dass sie auf Instagram-Bildern ihren Körper schlanker retuschiert hat[133][134]; oder wenn Jahr für Jahr Gewinnern des ,World Press Photo Awards' Manipulation ihrer Fotos unterstellt wird. Die Glaubwürdigkeit von Bildern wird genau wie jene von anderen Medieninhalten immer öfter angezweifelt – Stichwort ,fake news'. An der Dimension der Plastizität wird somit deutlich, dass die Expertise und Reflexionskompetenz der Kommunikationswissenschaft in (medien)pädagogischen und professionell-journalistischen Kontexten dringend gefragt wäre und entsprechende Forschung stark forciert werden sollte.

Eine weitere Handlungsdimension ist die unterschiedlich ausgeformte Sichtbarkeit von digitalen Bildern, die im Folgenden dargelegt wird.

6.3   Dimension Sichtbarkeit: Digitale Bildpraktiken als Aushandeln von Intimität und Öffentlichkeit

Die Dimension der *Sichtbarkeit* ist essentiell für jegliche Auseinandersetzung mit Bildpraktiken und steht immer in Relation zu Unsichtbarkeit. In Bezug auf ,private' Fotografie stellt sich die Frage, wie durch das (Un-)Sichtbarmachen von Bildern Formen von *Intimität* und/oder *Öffentlichkeit* hergestellt werden.

Digitale Medien ermöglichen ein differenziertes Herstellen unterschiedlichster sozialer Kommunikationsräume und -formen. Wie an mehreren Stellen aufzeigt wird (Boyd 2011; Miller et al. 2016; Wagner 2014), ist mit binären Gegenüberstellungen von ,privat' und ,öffentlich' in neuen Medienkontexten nicht viel anzufangen. Die Herstellung dessen, was für wen wie privat oder öffentlich ist, ist durch Mediatisierung und Digitalisierung facettenreicher und damit komplexer

---

[133] https://www.vice.com/de/article/8qbd5a/wenn-der-traum-vom-youtube-star-zum-albtraum-wird, 20. 3. 2017

[134] https://www.zeit.de/2015/28/fotografie-wahrheit-luege-propaganda, 20. 3. 2017

geworden (vgl. Kapitel 4). Ich folge hier Wagner, die in ihrer detaillierten und empirisch fundierten praxeologischen Konzeptionierung zu dem Schluss kommt, dass Privatheit und Öffentlichkeit stets aufs Neue und immer aufeinander bezogen in und durch Praktiken hergestellt werden. Die Veränderung und Transformation der Relation von Privatheit und Öffentlichkeit ist dabei eng mit spezifischen Medien verbunden (Boyd und Marwick 2011, S. 52; Wagner 2014, S. 125). Also zum Beispiel gehört ein Festnetztelefon zu einem Familienhaushalt und befindet sich aufgrund des Kabels an einer bestimmten Stelle, während ein Smartphone individueller Besitz ist und mobil flexibel verwendet werden kann. In Bezug auf die vernetzte Kamera des Smartphones wurde das auch von Lehmuskallio (2012) diskutiert.

Das digital mediatisierte und vernetzte Teilen und Zeigen von Bildern mit dem Smartphone erfolgt immer in und mit ‚networked publics' (Boyd 2011), die ganz wesentlich in und mit den Möglichkeiten und Einschränkungen spezifischer Software entstehen. Die Einstellungen, die in den unterschiedlichen Apps dafür getroffen werden können, wurden und werden immer weiter differenziert, z.B. das Einrichten von Freundeslisten auf Facebook oder unterschiedlicher Gruppen auf WhatsApp.

Während boyd & Marwick in ihrem kanonischen Text von 2011 noch unsichtbare Publika und ‚context collapse' als konfliktreiche Dynamiken von ‚networked publics' nennen (vgl. Kapitel 2.3), haben sich diese Herausforderungen durch die immer feiner gewordenen technischen Differenzierungen in Bezug auf Sichtbarkeit weiter transformiert: Wie User_innen mit der Sichtbarkeit vernetzer Praktiken umgehen, ist selten Gegenstand strategisch-intentionaler Entscheidungen, meist habitualisieren sich bestimmte Muster über einige Zeit hinweg in Relation zu Kommunikationspartner_innen – und in engem Zusammenspiel mit den jeweiligen Strukturen der Apps. In diesen tritt mehr oder weniger deutlich hervor, was für wen sichtbar gemacht werden kann (vgl. Kapitel 4). Als Beispiel sei hier etwa genannt, dass Facebook einen „audience selector" direkt in die Postings integriert hat, bei dem mit einem Drop-Down-Menü die Sichtbarkeit des Postings eingestellt werden kann. Ein solches Hervorheben der Sichtbarkeitspolitiken in den Interfaces der Apps kann mitunter zu einer erhöhten Wahrnehmung bzw. Reflexion davon führen, wie wir unterschiedliche Formen von Sozialität herstellen.

Dies zeigt auch die kürzlich publizierte Studie „How the world changed Social Media"[7]: Die Autor_innen verwenden dem Begriff der ‚scalable socialities', „to show how social media has colonised the space of group sociality between the private and the public. In so doing it has created scales, including the size of the group and the degree of privacy." (D. Miller et al 2016). Die Forscher_innen zeigen, dass Social Media auf diese Weise sowohl existierende soziale Gruppen stärken würde, aber auch neue und auch nur temporäre Verbindungen stiften könne. Unterschiedliche Plattformen würden zudem von den U-ser_innen (global recht unterschiedlich) als ‚öffentlicher' und ‚privater' wahrgenommen (vgl. 105ff.).

Was von wem wo und wie gesehen werden soll, ist die ständig im Hintergrund schwebende Frage jeder Praxis des Teilens und Zeigens von Bildern, egal ob offline oder online[8]. Diesbezügliche Entscheidungen sind selten explizit-strategischer Natur, viel öfter implizit-habitualisiert. Die spannende empirische Frage dahinter lautet daher, wie unterschiedliche Arten von Sichtbarkeit in einem Zusammenwirken von Mensch und Technik hergestellt werden.

In den Fallstudien der vorliegenden Arbeit hat sich gezeigt, dass bei den älteren User_innen Formen des ko-präsenten Sharing wesentlich wichtiger und häufiger sind als bei jüngeren. Je größer das Spektrum der genutzten Apps ist, desto deutlicher und differenzierter werden die diesbezüglichen Sichtbarkeitspolitiken. So werden in der Gruppe Teen (vgl. Kapitel 5.4) etwa „hässliche" Bilder mit den engsten Freundinnen auf Snapchat geteilt, während „schöne", polierte Bilder auf Instagram eine andere Form von Sichtbarkeit erlangen. Hier wird wieder die enge Relation von Sozialität, Visualität und Medialität besonders deutlich: Die ästhetisch-bildliche Gestaltung wird differenziert, je nachdem, wer ein Bild sieht (oder sehen darf) und wo dieses gezeigt wird:.So ist etwa Snapchat in der Gruppe Teen der Ort für "hässliche" Bilder, womit eine spezifische Insider-Ästhetik gemeint ist (Kapitel 5.4.5). Mitunter wird sogar in einer Art intimen "Backstage" ausgehandelt, was auf der "Frontstage" gezeigt werden kann oder soll (vgl. Kapitel 5.4.4). Differenzierungen und Sichtbarkeitspolitiken sind teilweise strategisch-intendiert im Sinne eines impression management (Goffman 2003). Ob und wie eine bestimmte Darstellungsweise gewollt ist oder nicht, ist jedoch aus rekonstruktiver Perspektive zweitrangig (vgl. Kapitel 2.1.2). Primär interessiert die performative, habituelle Struktur, die dem intendierten Ausdruckssinn zugrunde liegt und die auch in anderen kommunikativen Alltagspraktiken (z.B. Chat und SMS) zum Vorschein kommen kann.

Die Auswahl, mit welcher App kommuniziert wird, markiert also jeweils bereits einen bestimmten kommunikativen Rahmen. Die zur Verfügung stehenden Apps können im Sinne von Polymedia oder Medienrepertoires (vgl. Kapitel 2.3.4) auch als kommunikative Medienumwelten verstanden werden.

Die ästhetisch-bildliche Gestaltung des Bildes ist wiederum stark an dessen kommunikativen Charakter orientiert, also wem wird was *wie* gezeigt? Um dies erschöpfend zu diskutieren, hätte eine größere Menge an Bildern erhoben und interpretiert werden müssen. Es deutet sich jedoch an, dass sich expliziter Inhalt (Motiv) und impliziter Stil (Ästhetik) sowie der Grad der Privatheit bzw. Öffentlichkeit ebenfalls gegenseitig bedingen:

Bei öffentlicheren, kommunikativ eher entgrenzten Plattformen wie Facebook und Instagram werden tendenziell kollektiv anschlussfähige, semantisch geschlossene, ein-eindeutige Motive gepostet. Kommerzielle und konventionalisierte Stile, Ikonografien und Sehgewohnheiten werden bedient, auch deswegen, weil das Gezeigte meist für ein heterogenes Publikum verständlich sein soll. Bilder sind in diesen Kontexten eher bearbeitet und gefiltert, weichgezeichnet oder auch aspirational im Sinne eines ‚wie ich gerne wäre'.

Im Gegensatz dazu stehen intimere Kommunikationsformen, die aktuell zunehmend zum Gegenstand der Medien- und Kommunikationswissenschaft werden (Hjorth 2011; Prieto-Blanco und Schreiber 2016; Velez 2014): In der Messaging-Kommunikation (etwa in WhatsApp oder Snapchat), in der das jeweilige Gegenüber genau definiert ist, sind Motive mitunter komplett indexikal, also nur für die Kommunikationspartner_innen verständlich. Ästhetik ist zweitrangig bzw. entspricht noch viel genauer dem jeweiligen geteilten Erfahrungsraum der Kommunizierenden im Sinne eines Insider-Stils. Innerhalb dieser intimeren Kommunikationsformen ist die ‚Schönheit' eines Bildes weniger relevant, sondern eher Reziprozität und Timing. Das bestätigt sich auch in einer kleinen Studie, die die Autorin zum Zusammenhang von Körperbildern und Software durchgeführt hat (Schreiber und Götzenbrucker 2018). Es zeigt sich, dass Sichtbarkeit und Stil von digitalen Bildpraktiken eng mit den jeweiligen Modi von Online-Kommunikation zusammenhängt – das wird im nächsten Abschnitt näher ausgeführt.

6.4 Dimension Konnektivität: Digitale Bildpraktiken als Kommunikationsmodi zwischen Reziprozität und Theatralität

In der Dimension der *Konnektivität* stellt sich die Frage, in welche Formen von Kommunikation digitale Bilder eingebettet sind. Im Zusammenspiel mit den vorigen Dimensionen der Plastizität und Sichtbarkeit zeigen sich verschiedene Modi der Konnektivität, die sich zwischen *reziproken*, wechselseitigen, an Konversationen orientierten Formen, und eher *theatralen*, präsentierenden, an größere Publika gerichtete Formen abspielen.

Digitale Bildpraktiken sind alltägliche Kommunikationspraktiken, in denen auf unterschiedliche Art und Weise kommuniziert wird, d.h. unterschiedliche Arten von Verbindungen, Beziehungen und Konnektivitäten hergestellt werden.

Konnektivität wird hier erstens ganz basal im Sinne digitaler Vernetzung verstanden: Das Smartphone als vernetztes Device, das wir ständig bei uns tragen, erweitert zeitliche und räumliche Handlungsmöglichkeiten (vgl. Kapitel 2.3). Eine Trennung von ‚offline' und ‚online' im Sinne von virtueller und realer Welt ist in den Praktiken der Beforschten nicht relevant. Vielmehr geht es um die vielfältige Verschränkung und Verstrickung von digitalen Technologien mit dem Alltag. Klar ist, dass „Any time we use Internet technologies, we extend beyond our physical limits" (Markham 2013b). Während diese Extension und Verbindung jedoch lange vor allem textbasiert hergestellt wurde, wird durch die Integration der Kamera am Smartphone nun viel öfter bildlich, unter anderem digital-fotografisch kommuniziert[135].

Zweitens sind Art und Weise der Konnektivität, und damit auch die möglichen Modi der Kommunikation, stark durch Hardware und Software mitstrukturiert. Mediale Strukturen, also auch Interfaces, strukturieren jede Art von Kommunikation, sie gestalten mit ihren Möglichkeiten und Einschränkungen Praktiken des Teilens und Zeigens mit.

In der Analyse der Apps (vgl. Kapitel 4) hat sich gezeigt, dass die ‚Quasi-Habitus' der Apps sich in der Upload-Dramaturgie, den Interfaces und Defaults zeigen. Mit Villi (2013) kann in der Analyse zwischen den beiden grundlegenden Modi des „Messaging" und „Publishing" von Fotos differenziert werden. Zum Zeitpunkt von Villis Analyse und auch in meiner eigenen App-Analyse im November 2016 konnten die Modi des Messaging und Publishing noch relativ deutlich als primäre Kommunikationsformen der jeweiligen Apps identifiziert werden. So haben Facebook und Instagram vor allem Modi des Publishing angeboten, während WhatsApp und Snapchat reziprokes Messaging ermöglicht. Doch die technischen Funktionen und Interfaces der Apps werden ständig erweitert und modifiziert – vor allem werden sie einander immer ähnlicher. So kann man mittlerweile z.B. auch in Instagram Direktnachrichten verschicken und in WhatsApp einen Status posten. Trotzdem können die beschriebenen Modi der Kommunikation auch innerhalb der Apps differenziert werden, etwa wenn auf Facebook etwas theatreal in der Timeline gepostet wird oder reziprok per Messenger gesendet wird.

In reziproken Kommunikations- und Konnektivitätsformen werden Logiken von Medien interpersonaler Kommunikation wie SMS, Brief und Chat remediatisiert. Sie folgen einer Konversations-Logik, in der die Abfolge von

---

[135] Nicht-fotografische visuelle bzw. multimodale Kommunikationsformen wie z.B. Memes, (Reaction-)GIFs, Emojis, Ultrashort-Videos etc. waren nicht Gegenstand der vorliegenden Arbeit, sind aber ebenfalls noch wenig erforscht.

Nachrichten sowie deren Zeitlichkeit konstitutiv sind[136]. Oft findet diese Art von Kommunikation in Echtzeit statt. Das Herstellen von Nähe und Intimität ist eine wichtige, implizite Eigenschaft dieses Kommunikationsmodus. Einige aktuelle Studien rahmen dies als „phatische" Kommunikation (Kulkarni 2013; Miller 2008; Prieto-Blanco 2010). Da dieser Begriff meines Erachtens darüber hinwegtäuscht, dass im Grunde jede Art von Kommunikation mehr oder weniger stark auf einer sozialen bzw. Beziehungsebene stattfindet, habe ich ihn für meine Analyse nicht als hilfreich erachtet.

Das Smartphone und die vernetzte Kamera ermöglichen bildlich mediatisierte Präsenz, die aber immer physische Absenz impliziert. Das bedeutet, dass mediatisierte Präsenz immer ambivalent ist, denn wird man sich ihrer Mediatisierung gewahr, wird die physische Absenz mitunter emotional noch präsenter. Auch das Phänomen der „ambient intimacy" (Hjorth, Wilken, et al. 2012) ist in diesem Kontext zu sehen: Man ist latent präsent, sobald man online ist, ohne überhaupt tatsächlich kommunizieren zu müssen. Dadurch wird mitunter aber auch ein gewisser Druck geschaffen, verfügbar und erreichbar zu sein.

So weiß Fanny (vgl. Kapitel 5.1.4) zum Beispiel, was ihre Enkel auf der ganzen Welt essen – was sie einerseits mit ihnen verbindet, aber eben auch deutlich macht, dass sie nicht miteinander essen können. Ein Spielen mit Präsenz und Absenz muss keineswegs nur affektiv-intim und positiv gerahmt sein. Das wurde besonders deutlich am Beispiel vom fastenden Otto, der aus einem gemeinsamen Essen von Frau und Sohn ausgeschlossen wurde, aber trotzdem ein Bild davon bekommen hat (vgl. Kapitel 5.3.4). Ein- und Ausschlüsse beginnen schon dort, wo bestimmte Personen, etwa in WhatsApp-Gruppen, angeordnet werden, z.B. wenn die Gruppe Teen eine beständige Gruppe zu dritt hat, aber anlassbezogen die Runde erweitert (vgl. Kapitel 5.4.4). Mit jedem Akt der (visuellen) Kommunikation wird die jeweilige Gruppe als soziale Form gepflegt und bestätigt.

Im Kontext von Präsenz/Absenz wird deutlich, dass die Dimension der Konnektivität eng mit der Dimension der Sichtbarkeit verbunden ist – wer verbunden ist, ist potentiell sicht- und damit wahrnehmbar. Ein- und Ausschlussmechanismen, Konjunktionen und Distinktionen konstituieren sich im Zusammenwirken dieser beiden Dimensionen.

Am anderen Ende des Spektrums lassen sich Formen präsentativer, theatraler Kommunikation verorten, die vor allem in Apps wie Facebook und Instagram stattfinden, bzw. in den Feeds dieser Apps. Theatrale Kommunikationsformen sind tendenziell an eine größere, heterogene Gruppe von Menschen gerichtet, die einem Account als „Freunde" oder „Follower" folgen, bzw. dazu autorisiert wurden. In Bezug auf Sichtbarkeit sind Formen theatraler Kommunikation daher

---

[136] Im Kontext von digital mediatisierter Textkommunikation gibt es hierzu einige wenige Studien, zB. (Gershon 2010; McVeigh-Schultz und Baym 2015; Wagner 2014)

meist halböffentlich oder öffentlich. In theatraler Kommunikation wird die Logik einer Bühne, einer Homepage oder auch eines Foto-Albums remediatisiert. Bilder werden in diesen Kontexten sorgfältiger kuratiert und ausgewählt als in reziproken Formen. Sie haben oft repräsentativen Charakter im Sinne eines strategischen Impression Managements (Goffman 2003), was bereits in mehreren Studien genauer ausgearbeitet wurde (Autenrieth 2014; Boyd 2014; Neumann-Braun und Autenrieth 2011; Reißmann 2014a). In Bezug auf die Dimension der Plastizität konnte rekonstruiert werden, dass gerade in theatraler Kommunikation auch gerne imaginative Bildpraktiken stattfinden, bzw. erstrebenswerte oder idealisierte Bilder gezeigt werden, wie etwa an den Selfies von Anna und Fanny deutlich wird.

Zudem halten die chronologischen, quasi-biografischen Strukturen von theatralen Plattformen wie Facebook oder Instagram quasi dazu an, die Online-Präsenz zu aktualisieren bzw. upzudaten und damit auch sich selbst zu erneuern, weil immer das neueste Posting zuerst gezeigt wird. Die Prozessualität und Plastizität von Identität werden also medial forciert. Gleichzeitig kann auch der Blick in die Vergangenheit medial erzwungen werden, wenn einer_einem etwa Facebook ein drei Jahre altes Bild zeigt und fragt, ob man sich noch an diesen Moment erinnern könne. Im Anschluss an Walker-Rettberg (Walker-Rettberg 2014) kann die Frage gestellt werden, wie mediale Strukturen Anteil an Praktiken der Subjektivierung nehmen. Das wird auch im Vergleich mit analogen Medien besonders deutlich: An Fannys Facebook-Präsenz und Agnes' Weihnachtsbrief wird etwa sichtbar, dass die beiden ganz unterschiedliche Modalitäten der Selbst(re)präsentation wählen: Einem prozessual-konstant vernetzten Selbst steht ein jährlich-zusammenfassend-reflektierendes Selbst gegenüber.

Mit den medialen Formen verändern und transformieren sich also auch die Praktiken der Subjektivierung und Praktiken des Herstellens von Sozialität und Kommunikationsräumen. Jedoch ist das nicht deterministisch zu denken, sondern als gemeinsame Transformation. So wurden etwa bei Instagram Funktionen kreiert, die konkrete Bedürfnisse der User aufgegriffen haben: z.B. auf Kommentare antworten zu können oder der Videokanal IG-TV für längere Videos. Wie bereits erwähnt, haben sich die in Kapitel 4 analysierten Apps Anfang 2017 immer weiter angeglichen, unterschiedliche Funktionen zum Teilen und Zeigen von Bildern (z.B. Feed, Direktnachricht) werden innerhalb einer App integriert. Mit der Einführung des Kurzvideoformats „Story" auf Instagram, das Snapchats „MyStory" mehr oder weniger kopiert hat, scheint aktuell (März 2017) eine Bildpraxis des Storytelling bzw. Storystreaming besonders populär zu werden. Diese Art der Bildkommunikation erinnert in mancher Hinsicht an Youtuber bzw. Vlogging, unterscheidet sich aber in Ästhetik und Modalität. In diesem Kontext tauchen jedenfalls auch schon sogenannte „Influencer" oder „Micro-Celebrities"

auf, die primär aufgrund ihrer Snapchat bzw. Instagram-Präsenz Berühmtheit erlangen (Abidin 2016a, 2016b; Rentemeister 2016). „Stories" bestehen meist aus
kurzen VideoClips. An dieser Form der Kommunikation ist spannend, dass sie
auf dem eben aufgefalteten Spektrum von reziprok bis theatral eigentlich beide
Pole bedient: Einerseits sind Stories wie On-Demand-Fernsehen abrufbar. Andererseits wird oftmals direkt in die Kamera gesprochen, während sich die Person
bewegt, wodurch das Video einen intimen, face-to-face Gesprächscharakter bekommt. Welchen neuen Genres, Formate und Marktlogiken daraus hervorgehen,
muss zukünftige Forschung zeigen.

Die Gretchenfrage ist letztendlich für alle Formen der Konnektivität, welches Bild für welche Formen von Kommunikation von den Zeigenden autorisiert
wird (Przyborski und Wohlrab-Sahr 2014, S. 157 ff.) – und wie kommunikativ
anschlussfähig das jeweils für das Gegenüber ist. Was Bourdieu für die Fotografie formuliert[137], gilt grundsätzlich für jede Form von Bildpraxis: Zwar scheint
die Menge existierender (und auch am Smartphone individuell verfügbarer) Bilder schier endlos, doch werden nur bestimmte Bilder für bestimmte Menschen
kommunikativ und ästhetisch relevant. Interessant ist deswegen eben gerade,
welche Bilder für wen als teilbar und zeigbar autorisiert werden.

Wie bereits weiter oben herausgearbeitet wurde, ist an digitalen Bildpraktiken auf Social Media weiters spannend, dass sie medial meist so eingebettet sind,
dass bildlich mehrdeutige Sinnangebote in der Anschlusskommunikation weiter
ausgehandelt und verhandelt werden (können).
Wie können nun digitale Bilder und Bildpraktiken in den Handlungsdimensionen
verortet werden?

Dies soll an zwei Beispielen verdeutlicht werden – wichtig ist hier noch
einmal zu betonen, dass sich die Analyse nicht nur auf das Bild sondern immer
auch auf die darauf bezogene Praxis des Teilens und Zeigens bezieht.

---

[137] „Es zeigt sich, dass das Feld dessen, was sich einer bestimmten gesellschaftlichen Klasse
als wirkliche Objekte der Photographie darstellt (d.h. die Teilmenge der "machbaren"
Photographien, im Unterschied zur Universalmenge der Realitäten, die objektiv
photographiert werden können, sofern der Apparat die technischen Möglichkeiten hierzu
bietet), durch implizite Modelle definiert wird, die sich über die photographische Praxis
und ihre Produkte dingfest machen lassen" (Bourdieu 2006b, S. 17).

Abbildung 38: Bild ‚Anna Selfie'; Verortung in den Handlungsdimensionen

Annas Selfie (vgl. im Detail in Kapitel 5.4) lässt sich innerhalb der Dimension Plastizität zwischen dokumentierend und imaginativ einordnen. Es ist ein Foto, das eindeutig sie zeigt, aber Anna imaginiert durch ihre Pose und Kleidung auch eine Weiblichkeit des Körpers, die noch nicht ganz sichtbar ist. Das Bild wurde ursprünglich auf Instagram gezeigt, auf einem Account, der öffentlich zugänglich war. Daher konnte das Bild in der Dimension Sichtbarkeit als öffentlich sichtbar verortet werden. Jedoch wurde es mittlerweile entfernt, ist also nun komplett unsichtbar und damit nur für sie zugänglich – hier wird klar, dass Zuordnungen in den Handlungsdimensionen stets dynamisch verstanden werden müssen. In seiner ursprünglichen Einbettung auf Instagram war das Bild in Bezug auf die Dimension Konnektivität durch die Software-Strukturen stark theatral, zusätzlich reagiert Anna in den Kommentaren reziprok auf einzelne Äußerungen.

Ein anderes Beispiel wäre das Bild ‚Bank' (vgl. im Detail in Kapitel 5.2) von Poldi. Es dokumentiert und bewahrt vor allem familiäre Intimität in einer bestimmten Situation. Sie hat es auf WhatsApp mit Freundinnen geteilt, also in einer privateren Sphäre, und innerhalb eines reziproken Zirkulationsmodus. Dass dies auch ihr präferierter Modus ist, wird in ihrer Rede vom „Hin- und Herschicken" von Bildern deutlich.

Abbildung 39: Bild ‚Bank'; Verortung in den Handlungsdimensionen

Warum kann eine Einordnung und Systematisierung von digitalen Bildpraktiken in den vorgestellten Dimensionen sinnvoll und gewinnbringend sein? Die Dimensionen erlauben ein tieferes Verständnis davon, wie eng Bildpraktiken mit sozialen Beziehungen technischen Medialitäten verwoben sind. Weiters zeigen sie auf, wie das vielfältige, ausdifferenzierte Potential visueller Kommunikation durch das Teilen und Zeigen von Bildern ausgeschöpft werden kann.

6.5 Zusammenfassung und Ausblick

Wie gezeigt werden konnte, sind Formen digitaler Bildpraktiken mittlerweile breit gefächert. In digitalen Bildpraktiken und visueller Kommunikation wird auf vielfältige Art und Weise Identität und Sozialität hergestellt und verhandelt. Bildpraktiken sind zudem immer hybride Praktiken, das bedeutet, sie finden in und mit medialen Strukturen statt. Wir scheinen jene Medien und Plattformen intensiver in unser Leben zu integrieren, die habituell zu jeweiligen Lebenswelten und -herausforderungen passen. Das verändert sich biografisch und je nachdem, welche kommunikativen Kontexte relevant sind. In digitalen Bildpraktiken drückt sich deshalb auch deutlich aus, was im Leben gerade wichtig ist. Es werden jene kommunikativen Herausforderungen und sozio-identitären Themen bearbeitet, die gerade präsent sind. Bildgenres und Kommunikationspraktiken stehen zudem immer im historisch-kulturellen kollektiven Zusammenhängen und individuell-biografischen Dynamiken – es zeigen sich somit Veränderungen und gleichzeitig Kontinuitäten. In der Art und Weise, wie aktuelle

Herausforderungen bearbeitet werden, zeigt sich der Habitus als dynamische, aber trotzdem relativ stabile Größe. Dieser scheint sich auch im Umgang mit Medien immer wieder durchzusetzen.

Praktiken, Bilder und Medien – und damit Sozialität, Visualität und Medialität – bedingen sich gegenseitig. In Bezug auf digitale Bildpraktiken konnten als zentrales Ergebnis der vorliegenden Arbeit drei Handlungsdimensionen rekonstruiert werden, die dabei maßgeblich sind: Plastizität, Sichtbarkeit und Konnektivität.

Wie bereits mehrfach erwähnt, hatte die vorliegende Arbeit nicht den Anspruch, repräsentative Aussagen über bestimmte Nutzungsweisen zu machen. Um Kontinuitäten und Veränderungen auch im Sinne des Konzepts der Mediatisierung als Metaprozess genauer zu untersuchen, wäre es sinnvoll und fruchtbar, stärker auf qualitative Langzeit-Studien zu setzen (ARD/ZDF Onlinestudie 2016; Paus-Hasebrink und Kulterer 2014). Zwar konnten durch biografische Elemente in den Interviews mit den Älteren einzelne Aspekte auch in ihrer historischen Veränderung beleuchtet werden, jedoch wäre ein über Jahrzehnte hinweg angelegtes Forschungsdesign hierfür aufschlussreicher. Eine weitere spannende Frage für weiterführende, eher quantitativ orientierte Forschung wäre jene nach Medienrepertoires im Kontext von Bildpraktiken – wie werden unterschiedliche Apps genutzt und kombiniert, was wird jeweils ausgeschöpft und gebraucht? Gibt es unterschiedliche Kombinationstypen? Was ist der gemeinsame Nenner, was ist die Differenzierung?

Ebenso wichtig und interessant scheinen Fragen nach geschlechtsspezifischen Differenzen im Umgang mit Körperbildern und technischer Kompetenz – Frauen und Mädchen sind (wie auch in der vorliegenden Studie) viel öfter Gegenstand entsprechender Forschung, was leider wenig an relativ konstant sexistischen Blickregimen ändert. Ebenso sind Jugendliche gegenüber älteren Menschen in der Forschung konstant überrepräsentiert (vgl. Kapitel 5.5) und auch kulturspezifische Vergleiche scheinen im Kontext digitaler Bildpraktiken spannend.

Im Fokus meiner Studie standen von den Beforschten produzierte, fotografische (Körper-)Bilder – unzählige andere boomende visuelle Kommunikationsformen wie Emojis, Memes, GIFs, etc. sind aber noch kaum beforscht, hier kann aber sicher nahtlos an den vorliegenden Ergebnissen und Handlungsdimensionen angeschlossen werden.

Was und wie kommuniziert wird, ist nicht Inhalt bestimmter Kanäle. In und durch visuelle Kommunikation werden bestimmte Formen von mediatisierter Sozialität konstituiert und aufrechterhalten – egal wie intim oder öffentlich diese sind. In postmodernen Zeiten, wo die Frage von Zugehörigkeiten immer komplexer zu werden scheint, ist Bildkommunikation für die Herstellung von

Sozialität in besonderer Art und Weise geeignet. Denn durch visuelle Kommunikation kann auf ästhetisch-stilistischer Ebene dort Gemeinsamkeit gestiftet werden, wo scheinbar Ambivalenzen und Widersprüche vorliegen[138].

An Simmel, Goffman und Mannheim anschließend stellt sich die Frage nach einer „Prismatic Identity"[139] – zeigen wir auf unterschiedlichen Plattformen unterschiedliche Seiten von uns? Jeweils eine andere Fläche des Prismas? Diese Frage wird oftmals auch im Kontext mit jener Frage gestellt, die zu Beginn der Onlineforschung virulent war: Was ist unser ‚wahres' Ich? Und was ist ‚Fake'?

Digitale Bildpraktiken machen sichtbar, dass eine solche binäre Differenzierung sinnlos ist, und eigentlich immer schon war. Mit Goffman können wir von unterschiedlichen Bühnen sprechen, auf denen gespielt wird, ohne dass dabei eine Performance mehr oder weniger echt oder wahr ist – sie ist lediglich am jeweiligen Raum und Publikum orientiert. Auch Simmel spricht von einer „Mannigfaltigkeit von Kreisen" (Simmel 1992, S. 479), denen das Individuum angehört, um „jeder Wesensseite einer mannichfach beanlagten Persönlichkeit Zusammenschluß und genossenschaftliche Bethätigung zu gewähren" (Simmel 1989, S. 244). Bei Mannheim bilden sich „konjunktive Erfahrungsräume" durch das Teilen von Erfahrungen, Ritualen, Kollektivvorstellungen. Sprache und Bild als Ausdrucksmedien sind wesentlich für die „Aufrechterhaltung einer Erfahrungsgemeinschaft" (Mannheim 1980, S. 222). Hier kann die Frage gestellt werden (das tun auch alle drei Autoren), wie bewusst oder reflexiv es Akteur_innen ist, welchen Erfahrungsräumen oder Kreisen sie angehören bzw. auf welchen Bühnen oder Räumen sie spielen. Wie herausgearbeitet werden konnte, vermögen Social Media als Handlungsräume diese Relationen mitunter sichtbarer und damit potentiell reflexiver zu machen. Letztendlich muss die Frage jeweils kontextspezifisch und empirisch beantwortet werden.

Öffne ich selbst auf meinem Smartphone WhatsApp, sehe auch ich jene Individuen und Gruppen, die mir am nächsten stehen, die ich auch physisch und nicht-mediatisiert oft sehe. Meine Familie, die mir ebenfalls sehr nahe steht, taucht dort jedoch wiederum gar nicht auf – dafür muss ich Signal öffnen, ebenfalls eine Messaging-App. Deren höhere Sicherheitsstandards waren meinem Bruder wichtig und deswegen kommunizieren wir als Familie dort.

---

[138]   Vgl. z.B. das düstere und gleichzeitig hippiehafte Bild von Lena, ein Fall aus Michaela Kramers Dissertationsprojekt (Schreiber und Kramer 2016, S. 93 ff.) oder die ironisch gebrochene hegemoniale Männlichkeit in der Gruppe ‚Pulp Fiction' (Przyborski 2017, S. 162 ff.).

[139]   Ein Begriff, der von Chris Poole, Gründer der Sharing-Website 4chan und ‚Anti Zuckerberg', in diversen Kommentaren und Videos geprägt wurde, https://www.youtube.com/watch?v=e3Zs74lH0mc, 7. 3. 2017   -

Vernetzte visuelle Kommunikation verändert die Art und Weise, wie wir Sozialität leben nicht unbedingt radikal – aber sie intensiviert und erweitert unsere sozialen Praktiken, indem sie das sichtbar macht, was sonst selbstverständlich in unsere Handlungen eingelassen ist.

Literatur

Abidin, Crystal. 2016a. "Aren't These Just Young, Rich Women Doing Vain Things Online?": Influencer Selfies as Subversive Frivolity. *Social Media+ Society* 2.

Abidin, Crystal. 2016b. Visibility labour: Engaging with Influencers' fashion brands and #OOTD advertorial campaigns on Instagram. *Media International Australia* 161: 86–100.

Abraham, Anke, und Beatrice Müller. 2010. Körperhandeln und Körpererleben - Einfürhung in ein „brisantes Feld". In *Körperhandeln und Körpererleben. Multidisziplinäre Perspektiven auf ein brisantes Feld.*, Hrsg. Anke Abraham und Beatrice Müller, 9–38. Bielefeld: transcript.

Alpagu, Faime. 2017. Migration Narratives Juxtaposed: A Sociological Analysis of Photos, Letters and Biographies of „Guest Workers" from Turkey living in Austria. https://visualstudies.univie.ac.at/ueber-uns/mitglieder/faime-alpagu/.

Amling, Steffen. 2015. *Peergroups und Zugehörigkeit. Empirische Rekonstruktionen und ungleichheitstheoretische Reflexionen.* Wiesbaden: Springer VS.

ARD/ZDF Onlinestudie. 2016. ARD/ZDF Onlinestudie. http://www.ard-zdf-onlinestudie.de/index.php?id=568 (Zugegriffen Januar 1, 2017).

Ardèvol, Elisenda, und Edgar Gómez-Cruz. 2013. Digital Ethnography and Media. In *The International Encyclopedia of Media Studies: Research Methods in Media Studies.*, Hrsg. F Darling-Wolf, 498–518. Wiley-Blackwell.

Aroldi, Piermarco. 2011. Generational Belonging Between Media Audiences and ICT Users. *Broadband Society and Generational Changes* 51–67.

Autenrieth, Ulla. 2014. Die Bilderwelten der Social Network Sites. 321 S. b:DE-101 application/pdf http://d-nb.info/1047120259/04 DNB-TOC Inhaltsverzeichnis 2.

Bakardjieva, Maria. 2005. Internet society; the Internet in everyday life.

Bal, M. 2003. Visual essentialism and the object of visual culture. *Journal of Visual Culture* 2: 5–32.

Barthes, Roland. 1989. *Die helle Kammer. Bemerkungen zur Photographie.* 15. Aufl. Frankfurt am Main: suhrkamp.

Baxandall, Michael. 1972. *Painting and Experience in Fifteenth Century Italy. A Primer in the Social History of Pictorial Style.* Oxford: Clarendon Press.

Baym, Nancy K. 2010. *Personal Connections in the Digital Age.*

Belting, Hans. 2001. *Bild-Anthropologie.* München: Fink.

Belting, Hans. 2005. Image , Medium , Body : A New Approach to Iconology. *Critical Inquiry* 31: 302–319.

Binder, Werner. 2013. Abu Ghraib und die Folgen; Ein Skandal als ikonische Wende im Krieg gegen den Terror.

Boehm, Gottfried. 1994. *Was ist ein Bild?* München: Wilhelm Fink.

Boehm, Gottfried. 2007. *Wie Bilder Sinn erzeugen: die Macht des Zeigens.* Berlin University Press.

Böhme, Hartmut. 1997. Aby M. Warburg. In *Klassiker der Religionswissenschaft. Von Friedrich Schleiermacher bis Mircea Eliade*, Hrsg. Axel Michaels, 133–157.

Bohnsack, Ralf. 2013a. Die dokumentarische Methode in der Bild- und Fotointerpretation. In *Die dokumentarische Methode und ihre Forschungspraxis. Grundlagen qualitativer Sozialforschung.*, Hrsg. Ralf Bohnsack, Iris Nentwig-Gesemann und Arnd-Michael Nohl. Springer.

Bohnsack, Ralf. 1995. *Die Suche nach Gemeinsamkeit und die Gewalt der Gruppe; Hooligans,*

Musikgruppen und andere Jugendcliquen. Opladen: Leske + Budrich.

Bohnsack, Ralf. 2013b. Dokumentarische Methode und die Logik der Praxis. In *Pierre Bourdieus Konzeption des Habitus*, Hrsg. Alexander Lenger. Springer.

Bohnsack, Ralf. 2014. Habitus, Norm und Identität. In *Schülerhabitus, Studien zur Schul- und Bildungsforschung 50*, Hrsg. Werner Helsper, 33–42. Wiesbaden.

Bohnsack, Ralf. 2007. Performativität, Performanz und die dokumentarische Methode. In *Pädagogik des Performativen. Theorien, Methoden, Perspektiven*, Hrsg. Christoph Wulf und Jörg Zirfas, 200–212. Beltz.

Bohnsack, Ralf. 2011. *Qualitative Bild- und Videointerpretation; die dokumentarische Methode.* 2., durchg. Opladen [u.a.]: Budrich.

Bohnsack, Ralf. 2008. *Rekonstruktive Sozialforschung; Einführung in qualitative Methoden.* 7., durchg. Opladen [u.a.]: Budrich.

Bohnsack, Ralf, Burkard Michel, und Aglaja Przyborski. 2015a. Dokumentarische Bildinterpretation. In *Dokumentarische Bildinterpretation. Methodologie und Forschungspraxis.*, Hrsg. Ralf Bohnsack, Burkard Michel und Aglaja Przyborski, 11–36. Budrich.

Bohnsack, Ralf, Burkard Michel, und Aglaja Przyborski. 2015b. *Dokumentarische Bildinterpretation. Methodologie und Forschungspraxis.* Verlag Barbara Budrich.

Bohnsack, Ralf, und Aglaja Przyborski. 2015. Habitus, Pose und Lifestyle in der Ikonik. In *Dokumentarische Bildinterpretation. Methodologie und Forschungspraxis.*, 343–364. Budrich.

Bourdieu, Pierre. 1987. *Die feinen Unterschiede.* Frankfurt am Main: suhrkamp.

Bourdieu, Pierre. 2006a. *Eine illegitime Kunst; die sozialen Gebrauchsweisen der Photographie.* Hamburg: EVA Europäische Verlagsanstalt.

Bourdieu, Pierre. 2006b. Einleitung. In *Eine illegitime Kunst. Die sozialen Gebrauchsweisen der Photographie.*, Hrsg. Pierre Bourdieu und Luc Boltanski. Hamburg: Europäische Verlagsanstalt.

Bourdieu, Pierre. 2009. *Entwurf einer Theorie der Praxis.* 2. Auflage. Frankfurt am Main: suhrkamp.

Boyd, Danah. 2014. *It's Complicated: The Social Lives of Networked Teens.* New Haven + London: Yale University Press.

Boyd, Danah. 2011. Social Network Sites as Networked Publics. In *A Networked Self. Identity, Community, and Culture on Social Network Sites.*, Hrsg. Zizi Papacharissi, 39–58. New York: Routledge.

Boyd, Danah, und Alice E Marwick. 2011. Social Privacy in Networked Publics : Teens ' Attitudes , Practices , and Strategies. 1–29.

Bräuchler, Birgit, und John Postill. 2010. *Theorising Media and Practice.* New York: Berghahn.

Breckner, Roswitha. 2009. Migrationserfahrung – Fremdheit – Biografie; Zum Umgang mit polarisierten Welten in Ost-West-Europa.

Breckner, Roswitha. 2014. Offenheit - Kontingenz - Grenze? Interpretation einer Porträtfotografie. In *Grenzen der Bildinterpretation.*, Hrsg. Michael R. Müller, Jürgen Raab und Hans-Georg Soeffner, 123–153. Wiesbaden: Springer VS.

Breckner, Roswitha. 2010. *Sozialtheorie des Bildes. Zur interpretativen Analyse von Bildern und Fotografien.* Bielefeld: transcript.

Breckner, Roswitha, und Jürgen Raab. 2016. Materiale Visuelle Soziologie Einführung in den Themenschwerpunkt. 5–9.

Bredekamp, Horst. 2003. A Neglected Tradition? Art History as Bildwissenschaft. *Critical Inquiry* 29: 418–428.

Bredekamp, Horst. 2006. Kunsthistorische Erfahrungen und Ansprüche. In *Bild und Medium*, Hrsg. Klaus Sachs-Hombach. Köln: Halem.

Bredekamp, Horst. 2010. *Theorie des Bildakts; Frankfurter Adorno-Vorlesungen 2007.* Berlin:

Suhrkamp.

Brown, Bill. 2010. Materiality. In *Critical Terms for Media Studies*, Hrsg. WJT Mitchell und Mark B. Hansen, 49–63. Chicago: The University of Chicago Press.

Bruns, Axel. 2016. User-Generated Content. In *The International Encyclopedia of Communication Theory and Philosophy*, Hrsg. Klaus Bruhn Jensen und Robert T. Craig, 1–5. John Wiley & Sons.

Bucher, Taina, und Anne Helmond. 2017. The Affordances of Social Media Platforms. In *The SAGE Handbook of Social Media*, Hrsg. Jean Burgess, Thomas Poell und Alice Marwick, 30–44. SAGE Publ.

Burri, R. V. 2008. Bilder als soziale Praxis: Grundlegungen einer Soziologie des Visuellen. *Zeitschrift für Soziologie* 37: 342–358.

Butler, Judith. 1993. *Bodies that matter; on the discursive limits of „sex"*. New York, NY [u.a.]: Routledge.

Carnap, Anna. o. J. „Die Genderfiktion. Eine Studie zum Umgang mit Uneindeutigkeit in Fotogruppendiskussionen mit Lehrer_innen und Künstler_innen." Leuphana Universität Lüneburg.

Castells, Manuel. 2007. Communication, Power and Counter-power in the Network Society. *International Journal of Communication* 1: 238–266.

Chalfen, Richard. 1987. *Snapshot Versions of Life*. Popular Press.

Clarke, Adele. 2003. Situational Analyses: Grounded Theory Mapping After the Postmodern Turn. *Symbolic Interaction* 26: 553–576.

Cobley, Paul, und Nick Haeffner. 2009. Digital cameras and domestic photography: communication, agency and structure. *Visual Communication* 8: 123–146.

Colombo, Fausto, und Leopoldina Fortunati. 2011. Introduction: Broadband, Media and Generational Approach: A New Starting Point? In *Broadband Society and Generational Changes. Volume 5 in Series Participation in Broadband Society.*, Hrsg. Fausto Colombo und Leopoldina Fortunati. Peter Lang.

Corsten, Michael. 2011. Media as the „Historical New" for Young Generations. *Broadband Society and Generational Changes* 37–49.

Couldry, Nick. 2012. *Media, Society, World: Social Theory and Digital Media Practice*. 1. publ. Cambridge [u.a.]: Polity.

Couldry, Nick. 2004. Theorising media as practice. *Social Semiotics* 14: 115–132.

Couldry, Nick, und Andreas Hepp. 2013. Conceptualizing Mediatization: Contexts, Traditions, Arguments. *Communication Theory* 23: 191–202.

Crawford, K., und Penelope Robinson. 2015. Beyond Generations and New Media. In *A Companion to New Media Dynamics*, Hrsg. J Hartley, Jean Burgess und Axel Bruns, 472–479. John Wiley & Sons.

Crawford, Kate, und Penelope Robinson. 2013. Beyond Generations and New Media. *A Companion to New Media Dynamics* 472–479.

Daniel, Ines. 2014. *Lebensstilsegmentierung aufgrund einer inhaltsbasierten Auswertung digitaler Bilder*. Wiesbaden: Springer Gabler.

Dausien, Bettina. 2004. Biografieforschung: Theoretische Perspektiven und methodologische Konzepte für eine re-konstruktive Geschlechterforschung. *Handbuch der Frauen- und Geschlechterforschung. Theorie, Methoden, Empirie* 314–325.

Deuze, Mark. 2006. Participation, Remediation, Bricolage. *The Information Society: An International Journal*. 22: 63–75.

Didi-Huberman, Georges. 2010. *Das Nachleben der Bilder; Kunstgeschichte und Phantomzeit nach Aby Warburg*. Berlin: Suhrkamp.

Diehl, Kristin, Gal Zauberman, und Alixandra Barasch. 2016. How Taking Photos Increases Enjoyment of Experiences. *Journal of Personality and Social Psychology* 111: 119–140.

van Dijck, José. 2008. Digital photography: communication, identity, memory. *Visual*

Communication 7: 57–76.
van Dijck, José. 2013a. *The culture of connectivity; a critical history of social media*. Oxford [u.a.]: Oxford Univ. Press.
van Dijck, José. 2013b. „You have one identity": performing the self on Facebook and LinkedIn. *Media, Culture & Society* 35: 199–215.
Donegan, TJ. 2013. Reviewed.com: Smartphone cameras are taking over. *USA TODAY*. http://www.usatoday.com/story/tech/2013/06/06/reviewed-smartphones-replace-point-and-shoots/2373375/ (Zugegriffen Oktober 1, 2014).
van Doorn, N. 2011. Digital spaces, material traces: How matter comes to matter in online performances of gender, sexuality and embodiment. *Media, Culture & Society* 33: 531–547.
Finke, Marcel. 2014. Materialitäten und Praktiken. In *Bild. Ein interdisziplinäres Handbuch*, Hrsg. Stephan Günzel und Dieter Mersch, 26–32. Stuttgart: Metzler.
Finke, Marcel, und Marc Halawa. 2012. Materialität und Bildlichkeit. Einleitung. In *Materialität und Bildlichkeit. Visuelle Artefakte zwischen Aisthesis und Semiosis.*, Hrsg. Marc Halawa und Marcel Finke. Berlin: Kadmos.
Flaake, Karin, und Vera King. 1992. Psychosexuelle Entwicklung, Lebenssituation und Lebensentwürfe junger Frauen. Zur weiblichen Adoleszenz in soziologischen und psychoanalytischen Theorien. In *Weibliche Adoleszenz. Zur Sozialisation junger Frauen.*, Hrsg. Karin Flaake und Vera King. Beltz.
Friemel, Thomas N. 2014. The digital divide has grown old: Determinants of a digital divide among seniors. *New Media & Society*.
Fritzsche, Bettina. 2007. Mediennutzung im Kontext kultureller Praktiken als Herausforderung an die qualitative Forschung. In *Die dokumentarische Methode und ihre Forschungspraxis. Grundlagen qualitativer Sozialforschung*, Hrsg. Ralf Bohnsack, Iris Nentwig-Gesemann und Arnd-Michael Nohl, 29–44.
Fritzsche, Bettina. 2003. *Pop-Fans. Studie einer Mädchen-Kultur*. Opladen.
Frosh, Paul. 2015. The Gestural Image : The Selfie , Photography Theory , and Kinesthetic Sociability. *International Journal of Communication* 9: 1607–1628.
Frosh, Paul. 2003. *The Image Factory: Consumer Culture, Photography and the Visual Content Industry*. Oxford: Berg.
Fuchs, Christian. 1997. Der Feminismus Donna Haraways und die materialistisch- feministische Kritik der Postmoderne. 1–14. http://fuchs.uti.at/wp-content/uploads/infogestechn/haraway.html.
Galloway, Alexander. 2012. *The Interface Effect*. Cambridge: Polity Press.
Gebauer, Gunter, und Christoph Wulf. 1992. *Mimesis; Kultur - Kunst - Gesellschaft*. Orig.-Ausg. Reinbek bei Hamburg: Rowohlt.
Geimer, Peter. 2009. *Theorien der Fotografie zur Einführung*. 3. verb. A. Hamburg: Junius.
Geise, Stephanie, und Katharina Lobinger. 2012. *Bilder - Kulturen - Identitäten; Analysen zu einem Spannungsfeld visueller Kommunikationsforschung*. Köln: Halem.
Gentzel, Peter. 2015. *Praxistheorie und Meditatisierung. Grundlagen, Perspektiven und eine Kulturgeschichte der Mobilkommunikation*. Wiesbaden: Springer VS.
Gershon, Ilana. 2010. Breaking Up Is Hard To Do : Media Switching and Media Ideologies. *Linguistic Anthropology* 20: 389–405.
Gibson, James. 1977. The theory of affordances. In *Perceiving, Acting and Knowing.*, Hrsg. Robert Shaw und John Bransford, 67– 82. New York.
Gillespie, Tarleton. 2010. The politics of 'platforms'. *New Media & Society* 12: 347–364.
Gillespie, Tarleton. 2013. The Politics of "Platforms". In *A Companion to New Media Dynamics*, 407–416. Wiley-Blackwell.
Goffman, Erving. 1987. *Gender Advertisements*. New York.: Harper Torchbooks.
Goffman, Erving. 2003. *Wir alle spielen Theater. Die Selbstdarstellung im Alltag*. Piper.
Goggin, Gerard. 2013. Changing Media with Mobiles. *A Companion to New Media Dynamics* 191–

208.
Goggin, Gerard, und Larissa Hjorth. 2012. Introduction. Mobile Media Research — State of the
    Art. In *The Routledge Companion to Mobile Media*, 1–8.
Gómez-Cruz, Edgar, und Asko Lehmuskallio. 2016. *Digital Photography and Everyday Life.
    Empirical Studies on Material Visual Practices*. London: Routledge.
Gómez-Cruz, Edgar, und H. Thornham. 2015. Selfies beyond self-representation: the (theoretical)
    f(r)ictions of a practice. *Journal of Aesthetics & Culture* 7: 1–10.
Good, K. D. 2013. From scrapbook to Facebook: A history of personal media assemblage and
    archives. *New Media & Society* 15: 557–573.
Göttlich, Udo. 2008. Aspekte der Alltagsdramatisierung in der Medienkultur. Produzierte
    Wirklichkeiten in mediensoziologischer Perspektive. *Medienkultur und soziales Handeln*
    143–156.
Grusin, Richard, und Jay David Bolter. 2000. *Remediation. Understanding New Media*. Cambridge
    and London: The MIT Press.
Haddon, Leslie. 2004. *Information and communication technologies in everyday life; a concise
    introduction and research guide*. Oxford [u.a.]: Berg.
Haddon, Leslie. 2013. Mobile media and children. *Mobile Media & Communication* 1: 89–95.
Hahn, Kornelia. 2002. *Körperrepräsentationen. Die Ordnung des Sozialen und der Körper*.
    Konstanz: UVK-Verl.-Ges.
Hahn, Kornelia, und Martin Stempfhuber. 2015. *Präsenzen 2.0. Körperinszenierung in
    Medienkulturen*. Springer VS.
Hampl, Stefan. 2013. Die Videointerpretation von Fernsehshows und Musikvideos; ausgewählte
    Fallbeispiele zur methodologischen Erweiterung der dokumentarischen Methode.
Hand, Martin. 2012. *Ubiquitous Photography*. Cambridge: Polity Press.
Hansen, Mark B. 2010. New Media. In *Critical Terms for Media Studies*, Hrsg. WJT Mitchell und
    Mark B. Hansen, 172–185. University of Chicago Press.
Haraway, Donna. 2000. A Cyborg Manifesto. Science, technology and socialist-feminism in the
    late twentieth century. In *The Cyberculture Reader*, Hrsg. David Bell und Barbara Kennedy,
    291–324. Routledge.
Hartmann, Maren. 2013a. *Domestizierung*. 1. Aufl. Baden-Baden: Nomos.
Hartmann, Maren. 2013b. From domestication to mediated mobilism. *Mobile Media &
    Communication* 1: 42–49.
Hartmann, Maren. 2006a. Media ethnography: Method, methodology or research philosophy? In
    *Researching Media, Democracy and Participation. The intellectual Work of the 2006
    European Media and Communication Doctoral Summer School*, Hrsg. Carpentier Nico.
Hartmann, Maren. 2009. Roger Silverstone. Medienobjekte und Domestizierung. In *Schlüsselwerke
    der Cultural Studies*, Hrsg. Andreas Hepp, 304–315. VS Verlag für Sozialwissenschaften.
Hartmann, Maren. 2017. Soziale Medien Raum und Zeit. In *Handbuch Soziale Medien*, Hrsg. Jan-
    Hinrik Schmidt und Monika Taddicken, 367–388.
Hartmann, Maren. 2006b. The triple articulation of ICTs. Media as technological objects, symbolic
    environments and individual texts. In *Domestication of Media and Technology*, Hrsg.
    Thomas Berker, 80–102. Maidenhead: Open University Press.
Hartmann, Maren. 2003. The Web Generation? Users , Morals and Consumption Everyday Life
    Network , 2000-2003. *Technology* 2000–2003.
Hartmann, Maren, und Andreas Hepp. 2010. Mediatisierung als Metaprozess: Der analytische
    Zugang von Friedrich Krotz zur Mediatisierung der Alltagswelt. In *Die Mediatisierung der
    Alltagswelt*, Hrsg. Maren Hartmann und A Hepp, 9–20. VS Verlag für
    Sozialwissenschaften.
Hartmann, Maren, Andreas Hepp, und Udo Göttlich. 2010. Der Alltag der Mediatisierung: Eine
    Skizze zu den praxistheoretischen Herausforderungen der Mediatisierung des
    kommunikativen Handelns. In *Die Mediatisierung der Alltagswelt*, 23–34. VS Verlag für

Sozialwissenschaften.
Hartung, Anja. 2010. Biographischer Ansatz. In *Handbuch Mediensozialisation*, Hrsg. Ralf Vollbrecht und Claudia Wegener. Wiesbaden: VS Verlag für Sozialwissenschaften.
Hasebrink, Uwe. 2013. Modi audiovisueller Kommunikation. In *Medienwelten im Wandel. Kommunikationswissenschaftliche Positionen, Perspektiven und Konsequenzen*, Hrsg. Christine W Wijnen, Sascha Trültzsch und Christine Ortner, 55–70.
Hasebrink, Uwe, und Hanna Domeyer. 2010. Zum Wandel von Informationsrepertoires in konvergierenden Medienumgebungen. *Die Mediatisierung der Alltagswelt* 48–64.
Heidegger, Martin. 1986. *Sein und Zeit*. Tübingen: Mohr.
Hentschel, Linda. 2001. *Pornotopische Techniken des Betrachtens; Raumwahrnehmung und Geschlechterordnung in visuellen Apparaten der Moderne*. Marburg: Jonas-Verl.
Hepp, Andreas. 2013. *Medienkultur. Die Kultur mediatisierter Welten*. 2. *Auflage*. Springer VS.
Hepp, Andreas, Matthias Berg, und Cindy Roitsch. 2014. *Mediatisierte Welten der Vergemeinschaftung. Kommunikative Vernetzung und das Gemeinscahftsleben junger Menschen*.
Heßler, Martina, und Dieter Mersch. 2009. *Logik des Bildlichen. Zur Kritik der ikonischen Vernunft*. transcript.
Hine, Christine. 2015. *Ethnography for the Internet. Embedded, embodied and everyday*. London: Bloomsbury.
Hirschauer, Stefan. 2008. Die Empiriegeladenheit von Theorien und der Erfindungsreichtum der Praxis. In *Theoretische Empirie. Zur Relevanz qualitativer Forschung*, Hrsg. Herbert Kalthoff, Stefan Hirschauer und Gesa Lindemann, 165–187. Frankfurt am Main: suhrkamp.
Hirschauer, Stefan. 2004. Praktiken und ihre Körper. Über materielle Partizipanden des Tuns. In *Doing Culture. Neue Positionen zum Verhältnis von Kultur und sozialer Praxis*, 73–90. Bielefeld: transcript.
Hjorth, Larissa. 2011. Mobile specters of intimacy: A case study of women and mobile intimacy. In *The Mobile Communication Research Series: Volume II, Mobile Communication: Bringing us together or tearing us apart.*, Hrsg. Richard Ling und S Campbell, 37–60. Transaction Books.
Hjorth, Larissa, Jean Burgess, und Ingrid Richardson. 2012. *Studying mobile media; cultural technologies, mobile communication, and the iPhone*. 1. publ. New York, NY [u.a.]: Routledge.
Hjorth, Larissa, und Sarah Pink. 2013. New visualities and the digital wayfarer: Reconceptualizing camera phone photography and locative media. *Mobile Media & Communication* 2: 40–57.
Hjorth, Larissa, Rowan Wilken, und Kay Gu. 2012. Ambient Intimacy. A Case Study of the iPhone, Presence and Location-based Social Media in Shanghai, China. In *Studying mobile media: cultural technologies, mobile communication, and the iPhone*, Hrsg. Larissa Hjorth, Jean Burgess und Ingrid Richardson, 43–62. Routledge.
Hoffmann, Dagmar, und Lothar Mikos. 2010. *Mediensozialisationstheorien. Modelle und Ansätze in der Diskussion. 2. überarbeitete und erweiterte Auflage*. Wiesbaden: Springer VS.
Hoffmann, Nora Friederike. 2013. „Szene und soziale Ungleichheit. Eine rekonstruktive Studie zu habituellen Stilen in der Szene elektronischer Tanzmusik." Martin-Luther-Universität Halle-Wittenberg.
Hoffmann, Nora Friederike. 2015. „There is no magic in triangulation". Gruppendiskussionen und Gruppenfotos in Triangulation und Typenbildung. In *Dokumentarische Bildinterpretation. Methodologie und Forschungspraxis.*, Hrsg. Ralf Bohnsack, Burkard Michel und Aglaja Przyborski, 325–342. Budrich.
Höflich, Joachim, und Maren Hartmann. 2006. *Mobile Communication in Everyday Life: Ethnographic Views, Observations and Reflections*. Frank & Timme GmbH.
Hogan, Bernie. 2010. The Presentation of Self in the Age of Social Media: Distinguishing Performances and Exhibitions Online. *Bulletin of Science, Technology & Society* 30: 377–

386.

Hörnig, Karl, und Jutta Reuter. 2004. Doing Culture: Kultur als Praxis. In *Doing Culture. Neue Positionen zum Verhältnis von Kultur und sozialer Praxis*, 9–15.

Horst, Heather, und Daniel Miller. 2006. *The Cell Phone. An Antropology of Communication.*

Van House, Nancy A. 2011a. Feminist HCI meets facebook: Performativity and social networking sites. *Interacting with Computers* 23: 422–429.

Van House, Nancy A. 2011b. Personal photography, digital technologies and the uses of the visual. *Visual Studies* 26: 125–134.

Van House, Nancy A, Marc Davis, und Yuri Takhteyev. 2004. From "what?" to "why?": the social uses of personal photos. *Proc. of CSCW ...* 1–10.

Hutchby, Ian. 2014. Communicative affordances and participation frameworks in mediated interaction. *Journal of Pragmatics* 72: 86–89.

Imdahl, Max. 1980. *Giotto, Arenafresken. Ikonographie, Ikonologie, Ikonik.* München: Wilhelm Fink.

Imdahl, Max. 1994. Ikonik. Bilder und ihre Anschauung. In *Was ist ein Bild?*, Hrsg. Gottfried Boehm, 300–324. München: Wilhelm Fink.

Ishii, Kae. 2009. Mizuko Ito, Daisuke Okabe and Misa Matsuda (eds.), personal, portable, pedestrian: Mobile phones in Japanese life. *East Asian Science, Technology and Society* 3: 147–151.

Jenkins, Henry. 2006. *Convergence culture; where old and new media collide.* New York, NY [u.a.]: New York Univ. Press.

John, Rosa. 2015. Bolex and the Act of Filming. In *Cinematographic Objects. Things and Operations.*, Hrsg. V. Pantenburg. Berlin: August Verlag.

Jurgenson, Nathan. 2011. The Faux-Vintage Photo: Full Essay (Parts I, II and III). *Cyborgology* 1–44. http://thesocietypages.org/cyborgology/2011/05/14/the-faux-vintage-photo-full-essay-parts-i-ii-and-iii/ (Zugegriffen April 7, 2016).

Kanter, Heike. 2016. *Ikonische Macht. Zur sozialen Gestaltung von Pressebildern.* Budrich.

Kanter, Heike. 2015. Vom fotografierten Körper zum veröffentlichten Bild – Zur dokumentarischen Interpretation von Pressefotografie. In *Dokumentarische Bildinterpretation. Methodologie und Forschungspraxis.*, Hrsg. Ralf Bohnsack, Burkard Michel und Aglaja Przyborski, 147–170. Budrich.

Katzenbach, Christian. 2016. „Governance – Technik – Kommunikation. Perspektiven einer kommunikationswissenschaftlichen Governance-Forschung". Freie Universität Berlin.

Keightley, E., und M. Pickering. 2014. Technologies of memory: Practices of remembering in analogue and digital photography. *New Media & Society* 16: 576–593.

Keller, Reiner, und Michael Meuser. 2011. *Körperwissen.*

Kindberg, Tom, A Sellen, R Fleck, und M Spasojevic. 2004. How and why people use camera phones.

Kindberg, Tom, Mirjana Spasojevic, Rowanne Fleck, und Abigail Sellen. 2005. An In-Depth Study of Camera Phone Use.

Kitchin, Rob, und Martin Dodge. 2011. *Code/Space. Software and Everyday Life.* MIT Press.

Kneidinger, Bernadette. 2010. Facebook und Co; Eine soziologische Analyse von Interaktionsformen in Online Social Networks.

Knieper, Thomas, und Marion Müller. 2003. *Authentizität und Inszenierung von Bilderwelten.* Köln: Halem.

Koch, Wolfgang, und Beate Frees. 2016. Dynamische Entwicklung bei mobiler - Internetnutzung sowie Audios und Videos. *Media Perspektiven* 9: 418–437.

Krajina, Z., Shaun Moores, und D. Morley. 2014. Non-media-centric media studies: A cross-generational conversation. *European Journal of Cultural Studies.*

Krämer, Sybille. 1998. Das Medium als Spur und Apparat. In *Medien, Computer, Realität. Wirklichkeitsvorstellungen und neue Medien.*, Hrsg. Sybille Krämer, 73–90. Frankfurt am

Main: suhrkamp.

Krotz, Friedrich. 2014. Apps und die Mediatisierung der Wirklichkeit. *Medien und Erziehung* 3: 10–16.

Krotz, Friedrich, Cathrin Despotovic, und Merle-Marie Kruse. 2014. *Die Mediatisierung sozialer Welten. Synergien empirischer Forschung.* Springer VS.

Kulkarni, D. 2013. Exploring Jakobson's „phatic function" in instant messaging interactions. *Discourse & Communication* 8: 117–136.

Labov, William, und Joshua Waletzky. 1967. Narrative analysis; oral versions of personal experience. In *Essays on the verbal and visual arts*, Hrsg. June Helm, 12–44. Univ. of Washington Press.

Larsen, Jonas, und Mette Sandbye. 2013. The New Face of Snapshot Photography. In *Digital Snaps: The New Face of Photography*, Hrsg. Jonas Larsen und Mette Sandbye, xv–xxxiii. London: IB Tauris.

Latour, Bruno. 2002a. Die Hoffnung der Pandora. Frankfurt am Main: Suhrkamp.

Latour, Bruno. 2002b. Die Hoffnung der Pandora. Frankfurt am Main: Suhrkamp.

Lehmuskallio, Asko. 2012. *Pictorial Practices in a " Cam Era " Studying non-professional camera use.* Tampere: Tampere University Press.

Lehmuskallio, Asko. 2016. The camera as a sensor. The visualization of everyday digital photography as simulative, heuristic and layered pictures. In *Digital Photography and Everyday Life. Empirical Studies on Material Visual Practices.*, Hrsg. Edgar Gómez-Cruz und Asko Lehmuskallio, 243–266. Routledge.

Lehmuskallio, Asko, und Edgar Gómez-Cruz. 2016. Why Material Visual Practices? In *Digital Photography and Everyday Life. Empirical Studies on Material Visual Practices.*, Hrsg. Edgar Gómez Cruz und Asko Lehmuskallio, 1–16. Routledge.

Lehtinen, Vilma et al. 2008. *Snapshot Media: „Kodak Culture" in the 21 st Century. Working Paper.*

Lepa, Steffen, Anne-Kathrin Hoklas, Hauke Egermann, und Stefan Weinzierl. 2015. Sound, materiality and embodiment challenges for the concept of 'musical expertise' in the age of digital mediatization. *Convergence* 21: 294–300.

Licoppe, Christian. 2004. „Connected" presence: the emergence of a new repertoire for managing social relationships in a changing communication technoscape. *Environment and Planning D: Society and Space* 22: 135–156.

Linke, C. 2013. Mobile media and communication in everyday life: Milestones and challenges. *Mobile Media & Communication* 1: 32–37.

Livingstone, S. 2007. On the material and the symbolic: Silverstone's double articulation of research traditions in new media studies. *New Media & Society* 9: 16–24.

Lobinger, Katharina. 2015. Praktiken des Bildhandelns in mediatisierten Gesellschaften - eine Systematisierung. In *Visualisierung - Mediatisierung. Bildliche Kommunikation und bildliches Handeln in mediatisierten Gesellschaften.*, 37–58. Köln: Halem.

Lobinger, Katharina. 2014. Visuelle Kommunikation. In *Kommunikationswissenschaft als Integrationsdisziplin*, 66–81.

Lobinger, Katharina. 2012. *Visuelle Kommunikationsforschung. Medienbilder als Herausforderung für die Kommunikations- und Medienwissenschaft.* Wiesbaden: Springer VS.

Lobinger, Katharina, und Cornelia Brantner. 2015. In the Eye of the Beholder : Subjective Views on the Authenticity of Selfies. *International Journal of Communication* 9: 1848–1860.

Lobinger, Katharina, und Stephanie Geise. 2015. *Visualisierung - Mediatisierung; bildliche Kommunikation und bildliches Handeln in mediatisierten Gesellschaften.* Köln: von Halem.

Luhmann, Niklas. 2002. *Die Wissenschaft der Gesellschaft.* 1. Aufl.,. Frankfurt am Main: Suhrkamp.

Madianou, Mirca. 2014. Smartphones as Polymedia. *Journal of Computer-Mediated Communication* 19: 667–680.

Mannheim, Karl. 1928. Das Problem der Generationen. *Kölner Vierteljahreshefte für Soziologie* 7: S. 157-185.

Mannheim, Karl. 1980. *Strukturen des Denkens*. Frankfurt am Main: suhrkamp.

Manovich, Lev. 2002. *The language of new media*. Cambridge, Mass. [u.a.]: MIT Press.

Markham, Annette. 2013a. Remix Cultures, Remix Methods. Reframing Qualitative Inquiry for Social Media Contexts. In *Global Dimensions of Qualitative Inquiry*, Hrsg. Norman K Denzin und Michael D Giradina, 63–81. Walnut Creek: Left Coast Press.

Markham, Annette. 2013b. The Dramaturgy of Digital Experience. In *The Drama of Social Life: A Dramaturgical Handbook.*, vol. 11, Hrsg. C Edgley, 279–94. Farnham: Ashgate Press.

Markham, Annette. 2016. Working Draft. Ethnography in the Digital Internet Era. In *Sage Handbook of Qualiative Research*, Hrsg. Norm Denzin und Yvonne Lincoln. SAGE.

Markham, Annette, und Nancy K Baym. 2009. *Internet inquiry; conversations about method*. Los Angeles, Calif. [u.a.]: SAGE.

Maynard, Patrick. 1997. *The engine of visualization: Thinking through photography*. Cornell University Press.

McVeigh-Schultz, J, und Nancy K Baym. 2015. Thinking of You: Vernacular Affordance in the Context of the Microsocial Relationship App, Couple. *Social Media + Society* 1: 1–13.

Miller, Daniel. 2012. *Das wilde Netzwerk. Ein ethnologischer Blick auf Facebook*. edition un. suhrkamp.

Miller, Daniel et al. 2016. *How The World Changed Social Media*. UCL Press.

Miller, J. 2014. The fourth screen: Mediatization and the smartphone. *Mobile Media & Communication* 2: 209–226.

Miller, V. 2008. New Media, Networking and Phatic Culture. *Convergence* 14: 387–400.

Milne, Esther. 2010. *Letters, Postcards, Email*. New York: Routledge.

MindTake Research. 2015. Mobile Communications Report – MMA 2015.

Mirzoeff, Nicholas. 1998. *The Visual Culture Reader*. London and New York: Routledge.

Mitchell, WJT. 2010. Image. In *Critical Terms for Media Studies*, Hrsg. WJT Mitchell und Mark B. Hansen, 35–48. Chicago: The University of Chicago Press.

Mitchell, WJT. 1994. *Picture Theory. Essays on verbal and visual representation*. Chicago University Press.

Mitchell, WJT. 2002. Showing seeing: a critique of visual culture. *Journal of Visual Culture* 1: 165–181.

Mitchell, WJT. 1992. *The reconfigured eye. Visual truth in the postphotographic era*. Cambridge: MIT Press.

Moon, Jang Ho, Eunji Lee, Jung-Ah Lee, Tae Rang Choi, und Yongjun Sung. 2016. The role of narcissism in self-promotion on Instagram. *Personality and Individual Differences* 101: 22–25.

Moores, Shaun. 2007. Media and Senses of Place : On Situational and Phenomenological Geographies. *EWP 12 - Media @ LSE Electronic Working Papers* 12.

Moxey, K. 2008. Visual Studies and the Iconic Turn. *Journal of Visual Culture* 7: 131–146.

Müller, Marion. 2001. Bilder – Visionen – Wirklichkeiten. Zur Bedeutung der Bildwissenschaft im 21. Jahrhundert. In *Kommunikation visuell: das Bild als Forschungsgegenstand – Grundlagen und Perspektiven*, Hrsg. Thomas Knieper und Marion Müller, 14–21. Halem.

Müller, Marion, und Stephanie Geise. 2015. *Grundlagen der visuellen Kommunikation. Theorieansätze und Analysemethoden*. UVK, Univ.-Verl. Konstanz.

Müller, Michael R. 2011. Das Körperbild als Selbstbild. In *Körper Haben. Die symbolische Formung der Person.*, Hrsg. Michael R. Müller, Hans-Georg Soeffner und Anne Sonnenmoser, 87–106. Velbrück.

Müller, Michael R. 2012. Figurative Hermeneutik. Zur methodologischen Konzeption einer Wissenssoziologie des Bildes. *Sozialer Sinn* 129–161.

Müller, Silke. 2014. Fotografie und Abdruck. In *Bild. Ein interdisziplinäres Handbuch*, Hrsg.

Stephan Günzel und Dieter Mersch, 201–208. J.B. Metzler.

Neumann-Braun, Klaus, und Ulla Autenrieth. 2011. *Freundschaft und Gemeinschaft im Social Web Bildbezogenes Handeln und Peergroup-Kommunikation auf Facebook & Co.* Baden-Baden: Nomos.

Norman, Donald. 1999. Affordance, conventions, and design. 6: 38–43.

Panofsky, Erwin. 1975. Ikonographie und Ikonologie. Eine Einführung in die Kunst der Renaissance. In *Sinn und Deutung in der bildenden Kunst.*, Hrsg. Erwin Panofsky, 36–63. Köln: Dumont.

Panofsky, Erwin. 1979. Zum Problem der Beschreibung und Inhaltsdeutung von Werken der bildenden Kunst. In *Bildende Kunst als Zeichensystem 1: Ikonographie und Ikonologie.*, Hrsg. E Kaemmerling. Dumont.

Paus-Hasebrink, Ingrid. 2010. Lebens-Herausforderungen. Medienumgang und Lebensaufgaben . Was muss kommunikationswissenschaftliche Forschung leisten? In *Die Mediatisierung der Alltagswelt*, Hrsg. Maren Hartmann und Andreas Hepp, 195–209.

Paus-Hasebrink, Ingrid, und Jasmin Kulterer. 2014. *Praxeologische Mediensozialisationsforschung; Langzeitstudie zu sozial benachteiligten Heranwachsenden.* 1. Aufl. Baden-Baden: Nomos.

Payson, Juliana. 2013. Decline of the Point and Shoot, Rise of the Smartphone Camera. *Gadget Review*. http://www.gadgetreview.com/2013/06/decline-of-the-point-and-shoot-rise-of-the-smartphone-camera.html (Zugegriffen Oktober 1, 2014).

Pentzold, Christian, Claudia Fraas, und Stefan Meier. 2013. Online-mediale Texte: Kommunikationsformen, Affordanzen, Interfaces. *Zeitschrift für germanistische Linguistik* 41.

Petersen, Thomas, und Clemens Schwender. 2009. *Visuelle Stereotype*. Köln: Halem.

Philipps, Axel. 2016. Das Problem des Bildsinns und der bildlichen Vielfalt in der Soziologie. *Soziale Welt* 67: 5–22.

Pietraß, Manuela, und Burkhard Schäffer. 2011. Mediengeneration. Vom Kohortenvergleich zu generationsspezifischen Habitus. In *Bildung der Generationen*, Hrsg. Thomas Eckert, Aiga von Hippel, Manuela Pietraß und Bernhard Schmidt-Hertha, 323–332. Wiesbaden: Springer VS.

Pilarczyk, Ulrike. 2009. *Gemeinschaft in Bildern. Jüdische Jugendbewegung und zionistische Erziehungspraxis in Deutschland und Palästina/Israel.* Wallstein Verlag.

Pilarczyk, Ulrike, und Ulrike Mietzner. 2005. *Das reflektierte Bild; die seriell-ikonografische Fotoanalyse in den Erziehungs- und Sozialwissenschaften.* Bad Heilbrunn: Klinkhardt.

Pink, Sarah. 2011. Amateur photographic practice, collective representation and the constitution of place. *Visual Studies* 26: 92–101.

Pink, Sarah et al. 2015. Ethnography in a Digital World. In *Digital Ethnography. Principles and Practice.*, Hrsg. Sarah Pink et al. SAGE.

Pohn-Lauggas, Maria. 2016. In Worten erinnern , in Bildern sprechen Zum Unterschied zwischen visuellen und mündlichen The difference between visual and verbal practices of. *Zeitschrift für qualitative Sozialforschung* 1_2: 59–80.

Postill, John. 2010. Introduction: Theorising Media and Practice. In *Theorising Media and Practice*, Hrsg. Birgit Bräuchler und John Postill, 1–34. Oxford: Berghahn.

Postill, John, und Sarah Pink. 2012. Social Media Ethnography: The Digital Researcher in a Messy Web. In *Media International Australia*.

Prensky, Marc. 2001. Digital Natives, Digital Immigrants, Part 1. *On the Horizon* 9: 1–6.

Prieto-Blanco, Patricia. 2010. Family Photography as a phatic construction. *Networking Knowledge: Journal of the MeCCSA-PGN* 3: 1–20.

Prieto-Blanco, Patricia. 2016. „Transnational (dis) affect in the Digital Age . Photographic practices of Irish - Spanish families living in Ireland .“ National University of Ireland, Galway.

Prieto-Blanco, Patricia, und Maria Schreiber. 2016. Together While Apart ? Mediating Relationships and Intimacy. An Introduction. *Networking Knowledge: Journal of the MeCCSA-PGN* 9: 1–7.

Prinz, Sophia. 2014. *Die Praxis des Sehens; über das Zusammenspiel von Körpern, Artefakten und visueller Ordnung.* Bielefeld: Transcript-Verl.

Przyborski, Aglaja. 2018. *Bildkommunikation. Qualitative Bild- und Medienforschung.* De Gruyter. Oldenbourg.

Przyborski, Aglaja. 2017. Bildkommunikation. Qualitative Bild- und Medienforschung. Oldenbourg: DeGruyter.

Przyborski, Aglaja. 2004. *Gesprächsanalyse und dokumentarische Methode; qualitative Auswertung von Gesprächen, Gruppendiskussionen und anderen Diskursen.* Wiesbaden: Springer Fachmedien.

Przyborski, Aglaja, und Günther Haller. 2014. *Das politische Bild; Situation Room: ein Foto – vier Analysen.* Opladen [u.a.]: Budrich.

Przyborski, Aglaja, und Thomas Slunecko. 2012. Linie und Erkennen : Die Linie als Instrument sozialwissenschaftlicher Bildinterpretation. *Journal für Psychologie* 20: 1–37.

Przyborski, Aglaja, und Monika Wohlrab-Sahr. 2014. *Qualitative Sozialforschung.* 4., erw. A. München: Oldenbourg.

Raab, Jürgen. 2008. *Visuelle Wissenssoziologie; theoretische Konzeption und materiale Analysen.* Konstanz: UVK, Univ.-Verl. Konstanz.

Raab, Jürgen. 2012. Visuelle Wissenssoziologie der Fotografie. Sozialwissenschaftliche Analysearbeit zwischen Einzelbild, Bildkontexten und Sozialmilieu. *Österreichische Zeitschrift für Soziologie* 37: 121–142.

Reckwitz, Andreas. 2003. Grundelemente einer Theorie sozialer Praktiken. *Zeitschrift für Soziologie* 32: 282–301.

Reißmann, Wolfgang. 2014a. Bildhandeln und Bildkommunikation in Social Network Sites. In *Digitale Jugendkulturen. Digitale Kultur und Kommunikation.* 2. *Auflage.*, Hrsg. Kai-Uwe Hugger. Wiesbaden: Springer Fachmedien Wiesbaden.

Reißmann, Wolfgang. 2016. Mediatisierung und Digitalisierung als Rahmenbedingungen des „visuellen Zeitalters". In *Handbuch Kommunikationsforschung.*

Reißmann, Wolfgang. 2015. *Mediatisierung visuell. kommunikationstheoretische Überlegungen und eine Studie zum Wandel privater Bildpraxis.* 1. Auflage. Nomos.

Reißmann, Wolfgang. 2014b. Vom „home mode" zum „image stream"? Domestizierungstheoretische Überlegungen zum Wandel privater Bildpraxis. *Studies in Communication Sciences* 121–128.

Rentemeister, Elke. 2016. 'Let me be your TV' (Phillips 1996, 1). *Networking Knowledge: Journal of the MeCCSA Postgraduate Network. Special Issue „Together While Apart: Mediating Relationships and Intimacy"* 9.

Rose, Gillian. 2010. *Doing Family Photography. The Domestic, The Public and The Politics of Sentiment.* Farnham, Burlington: Ashgate Pub Co.

Rose, Gillian. 2003. Family photographs and domestic spacings: a case study. *Transactions of the Institute of British Geographers* 28: 5–18.

Rose, Gillian. 2014. How Digital Technologies Do Family Snaps, Only Better. In *Digital Snaps: The New Face of Photography*, Hrsg. Jonas Larsen und Mette Sandbye, 67–86. New York: IB Tauris.

Rose, Gillian. 2012. *Visual methodologies; an introduction to researching with visual materials.* 3. ed. London: SAGE Publ.

Rose, Gillian, und Divya Tolia-Kelly. 2012. *Visuality/Materiality: Images, Objects and Practices.* Surrey: Ashgate Publishing, Ltd.

Rosenthal, Gabriele. 1995. *Erlebte und erzählte Lebensgeschichte; Gestalt und Struktur biographischer Selbstbeschreibungen.* Frankfurt: Campus Verlag.

Sachs-Hombach, Klaus. 2005. *Bildwissenschaft; Disziplinen, Themen, Methoden.* 1. Aufl. Frankfurt am Main: Suhrkamp.

Sachs, Melanie. 2014. Ikonologie und Stilanalyse. Bilder als Dokumente. In *Bild. Ein interdisziplinäres Handbuch*, 88–94. Metzler.

Sarvas, Risto, und David M Frohlich. 2011. *From snapshots to social media; the changing picture of domestic photography.* London: Springer.

Schade, Sigrid. 2008. «Bildwissenschaft» – Eine «neue» Disziplin und die Abwesenheit von Frauen. In *Die Institute der Zürcher Hochschule der Künste*, Hrsg. Hans Peter Schwarz, S. 106-115. ZHdK.

Schade, Sigrid, und Silke Wenk. 2011. *Studien zur visuellen Kultur. Einführung in ein transdisziplinäres Forschungsfeld.* Bielefeld: transcript.

Schäffer, Burkhard. 2006. Die Bildung Älterer mit neuen Medien : Zwischen Medienkompetenz, ICT-Literacy und generationsspezifischen Medienpraxiskulturen. *Bildungsforschung* 3: 1–28.

Schäffer, Burkhard. 2003. *Generationen - Medien - Bildung.* Opladen: Leske + Budrich.

Schäffer, Burkhard. 2007a. „Kontagion" mit dem Technischen. Zur dokumentarischen Interpretation der generationsspezifischen Einbindung in die Welt medientechnischer Dinge. In *Die dokumentarische Methode und ihre Forschungspraxis. Grundlagen qualitativer Sozialforschung*, Hrsg. Ralf Bohnsack, Iris Nentwig-Gesemann und Arnd-Michael Nohl, 45–67.

Schäffer, Burkhard. 2007b. The digital literacy of seniors. *Research in Comparative and International Education* 2: 29–42.

Schäffer, Burkhard. 2007c. The Digital Literacy of Seniors. *Research in Comparative and International Education* 2: 29.

Schindler, Larissa, und Tobias Boll. 2011. Visuelle Medien und die (Wieder-)Herstellung von Unmittelbarkeit. In *Visuelle Medien und Forschung : über den wissenschaftlich-methodischen Umgang mit Fotografie und Film*, Hrsg. Irene Ziehe, 219–233. München: Waxmann.

Schirmer, Dominique, Nadine Sander, und Andreas Wenninger. 2015. Die qualitative Analyse internetbasierter Daten; Methodische Herausforderungen und Potenziale von Online-Medien.

Schmidt, Jan-Hinrik. 2009. *Das neue Netz; Merkmale, Praktiken und Folgen des Web 2.0.* Konstanz: UVK-Verl.-Ges.

Schmidt, Jan-Hinrik, und Monika Taddicken. 2017. Soziale Medien: Funktionen, Praktiken, Formationen. In *Handbuch Soziale Medien*, Hrsg. Jan-Hinrik Schmidt und Monika Taddicken, 23–40. Springer Reference Sozialwissenschaften.

Schmidt, Robert. 2012. *Soziologie der Praktiken. Konzeptionelle Studien und empirische Analysen.* Frankfurt am Main: suhrkamp.

Schneider, Irmela. 2000. Anthropologische Kränkungen - Zum Zusammenhang von Medialität und Körperlichkeit in Mediendiskursen. In *Was vom Körper übrig bleibt. Körperlichkeit - Identität - Medien*, Hrsg. Barbara Becker und Irmela Schneider, 13–40. Campus Verlag.

Schorb, Bernd. 2009. Erfahren und neugierig – Medienkompetenz und höheres Lebensalter. In *Medien und höheres Lebensalter. Theorie – Forschung – Praxis.*, Hrsg. Anja; Reißmann Wolfgang Schorb Bernd; Hartung, 319–337. Wiesbaden: VS Verlag für Sozialwissenschaften.

Schorb, Bernd, Anja Hartung, und Wolfgang Reißmann. 2009. Medien und höheres Lebensalter; Theorie – Forschung – Praxis.

Schreiber, Maria. 2015a. "The smartphone is my constant companion". Digital photographic practices and the elderly. In *Journalism, Representation and the Public Sphere*, Hrsg. Leif Kramp, Nico Carpentier und Andreas Hepp, 93–103. Bremen: edition lumière.

Schreiber, Maria. 2014. Als das Bild aus dem Rahmen fiel . Drei Tagungsberichte aus einem trans-

und interdisziplinären Feld. *IMAGE* 20: 86–97.

Schreiber, Maria. 2016a. Amplification and Heterogeneity: Seniors and Digital Photographic Practices. In *Digital Photography and Everyday Life. Empirical Studies on Material Visual Practices.*, Hrsg. E. Gomez Cruz und Asko Lehmuskallio, 52–69. London: Routledge.

Schreiber, Maria. 2015b. Freundschaftsbilder – Bilder von Freundschaft . Zur körperlich-ikonischen Konstitution von dyadischen Beziehungen in Fotografien. In *Dokumentarische Bildinterpretation. Methodologie und Forschungspraxis.*, Hrsg. Ralf Bohnsack, Burkard Michel und Aglaja Przyborski, 241–260. Budrich.

Schreiber, Maria. 2018. Körperbilder als medienbiografische Kristallisationspunkte? Eine rekonstruktive Analyse altersspezifischer Bildpraktiken. Im Erscheinen. In *Körpergeschichten.*, Hrsg. Ralf Vollbrecht und Christine Dallmann. Nomos.

Schreiber, Maria. 2006. „Weibliche Sexualität und Medien. Eine rekonstruktive Studie zur generationsspezifischen Medienpraxis im Kontext von Sexualität. Diplomarbeit.“ Universität Wien.

Schreiber, Maria. 2016b. What about Selfies?! *Medium.com*. https://medium.com/@perceptionalize/what-about-selfies-8b5c318c8a96#.jalwhf2ss.

Schreiber, Maria, und Gerit Götzenbrucker. 2018. Körperbilder - Softwarebilder? In *Körperbilder – Körperpraktiken*, Hrsg. Elke Grittmann, Katharina Lobinger, Irene Neverla und Monika Pater, 29–50.

Schreiber, Maria, und Michaela Kramer. 2016. Verdammt schön. Methodologische und methodische Herausforderungen der Rekonstruktion von Bildpraktiken auf Instagram. *Zeitschrift für qualitative Sozialforschung.* 17: 81–106.

Schrock, Andrew Richard. 2015. Communicative Affordances of Mobile Media : Portability , Availability , Locatability , and Multimediality. *International Journal of Communication* 9: 1229–1246.

Schuhmacher, Florian. 2013. Bourdieus Adaption von Erwin Panofskys kunsttheoretischem Entwurf epochaler „Mental Habits". In *Pierre Bourdieus Konzeption des Habitus*, Hrsg. Alexander Lenger, Christian Schneickert und Florian Schumacher, 109–122. Wiesbaden: Springer.

Schwarz, O. 2010. Negotiating Romance in Front of the Lens. *Visual Communication* 9: 151–169.

Senft, Theresa M, und Nancy K Baym. 2015. What Does the Selfie Say ? Investigating a Global Phenomenon Introduction. *International Journal of Communication* 9: 1588–1606.

Sheldon, Pavica, und Katherine Bryant. 2016. Instagram: Motives for its use and relationship to narcissism and contextual age. *Computers in Human Behavior* 58.

Silverman, Kaja. 1996. *The threshold of the visible world.* New York, NY [u.a.]: Routledge.

Silverstone, Roger. 1994. *Television and everyday life.* Reprint. London [u.a.]: Routledge.

Simmel, Georg. 1995. Die ästhetische Bedeutung des Gesichts. In *Aufsätze und Abhandlungen 1901-1908. Band 1.*, Hrsg. Georg Simmel, 36–42. Frankfurt am Main: suhrkamp.

Slunecko, Thomas, und Aglaja Przyborski. 2009. Kulturdialog als Mediendialog. *Journal für Psychologie* 17: 1–21.

Social Media Radar Austria. 2015. Social Media Radar Austria. http://socialmediaradar.at/ (Zugegriffen Oktober 25, 2015).

Soeffner, Hans-Georg. 2000. *Gesellschaft ohne Baldachin; über die Labilität von Ordnungskonstruktionen.* Weilerswist: Velbrück Wiss.

Sontag, Susan. 1977. *On Photography*. London: Penguin Modern Classics.

Starl, Timm. 1995. *Knipser. Die Bildgeschichte der privaten Fotografie in Deutschland und Österreich von 1880 bis 1980.* München [u.a.]: Koehler & Amelang.

Striphas, Ted. 2015. Algorithmic Culture. *European Journal of Culture Studies* 18: 395–412.

Taddicken, Monika, und Jan-Hinrik Schmidt. 2017. Entwicklung und Verbreitung sozialer Medien. In *Handbuch Soziale MedienHandbuch Soziale Medien*, 3–22.

Thiel-Stern, Shayla. 2012. Collaborative, Productive, Performative, Templated: Youth, Identity and

Breaking the Fourth Wall. In *Produsing Theory in a Digital World*, Hrsg. Rebecca Anne Lind, 87–103. New York: Peter Lang.

Thielmann, Tristan. 2015. Der einleuchtende Grund digitaler Bilder. Die Mediengeschichte und Medienpraxistheorie des Displays. In *Display I Dispositiv*, Hrsg. Ursula Frohne und Lilian Haberer. München: Fink.

Tifentale, Alise, und Lev Manovich. 2016. *Competitive Photography and the Presentation of the Self*. http://lab.softwarestudies.com/2016/02/a-new-article-by-alise-tifentale-and.html.

Tiidenberg, Katrin, und Edgar Gómez-Cruz. 2015. Selfies, Image and the Re-making of the Body. *Body & Society* 21: 77–102.

Tinkler, Penny. 2013. *Using Photographs in Social and Historical Research*. London: SAGE Publ.

Velez, Emma. 2014. Intimate Publics and Ephemerality , Snapchat : A Case Study. *The Second Shift. Academic Feminism After Hours*. http://www.secondshiftblog.com/2014/09/intimate-publics-and-ephemerality-snapchat-a-case-study/.

Villa, Paula-Irene. 2006. *Sexy Bodies*.

Villi, Mikko. 2015. "Hey, I'm here Right Now": Camera phone photographs and mediated presence. *Photographies* 8: 3–22.

Villi, Mikko. 2013. Publishing and Messaging Camera Phone Photographs : Patterns of Visual Mobile Communication on the Internet. In *Mobile Media Practices, Presence and Politics: The Challenge of Being Seamlessly Mobile*, Hrsg. Kathleen Cumiskey und Larissa Hjorth, 214–228. Routledge.

Villi, Mikko, und Matteo Stocchetti. 2011. Visual mobile communication, mediated presence and the politics of space. *Visual Studies* 26: 102–112.

Vogel, Matthias, Ulrich Binder, und Flavia Caviezel. 2006. *Das Menschenbild im Bildarchiv*. Zürich: Limmat Verlag.

Wagner, Elke. 2014. Intimate Publics 2.0. Zur Transformation des Privaten und des Öffentlichen in Social Network Sites. In *E.Motion. Intimität in Medienkulturen*, Hrsg. Kornelia Hahn, 125–150. Wiesbaden: Springer VS.

Wajcman, Judy. 2007. From Women and Technology to gendered Technoscience. *Information, Communication & Society* 10: 287–298.

Walker-Rettberg, Jill. 2014. *Seeing Ourselves Through Technology*. Palgrave Macmillan.

Walser, Rahel, und Klaus Neumann-Braun. 2013. Freundschaftsnetzwerke und die Welt ihrer Fotoalben – gestern und heute. In *Medienwelten im Wandel SE - 12*, Hrsg. ChristineW. Wijnen, Sascha Trültzsch und Christina Ortner, 151–166. Wiesbaden: Springer.

Warfield, Katie, Maria-Carolina Cambre, und Crystal Abidin. 2016. Introduction to the Social Media + Society Special Issue on Selfies: Me-diated Inter-faces. *Social Media + Society* 2: 1–5.

Watkins, Jerry, Larissa Hjorth, und Ilpo Koskinen. 2012. Wising up: Revising mobile media in an age of smartphones. *Continuum* 26: 665–668.

Weber, Mathias. 2015. *Der soziale Rezipient*. Wiebaden: Springer VS.

Whitlock, Gillian, und Anna Poletti. 2008. Self-Regarding Art. *Biography* 31: V–XXXIII.

Wimmer, Jeffrey, und Maren Hartmann. 2014. Mobilisierung, mobile Medien und kommunikative Mobilität aus kommunikations- und mediensoziologischer Perspektive. In *Medienkommunikation in Bewegung*, Hrsg. Jeffrey Wimmer und Maren Hartmann, 11–27. Springer Fachmedien Wiesbaden.

Wirth, Werner, Thilo von Pape, und Veronika Karnowski. 2007. Ein integratives Modell der Aneignung mobiler Kommunikationsdienste. In *Computervermittelte Kommunikation als Innovation*, Hrsg. Simone Kimpeler und Wolfgang Schweiger, 77–90. Wiesbaden: VS Verlag für Sozialwissenschaften.

Wolff, J. 2012. After Cultural Theory: The Power of Images, the Lure of Immediacy. *Journal of Visual Culture* 11: 3–19.

Wopfner, Gabriele. 2012. Zwischen Kindheit und Jugend – ein sehender Blick auf

Kinderzeichnungen. *Journal für Psychologie* 20: 1–28.
Wyss, Beat. 2014. Die Wende zum Bild: Diskurs und Kritik. In *Bild. Ein interdisziplinäres Handbuch*, 7–15. J.B. Metzler.
Zillien, Nicole. 2008. Die (Wieder-)Entdeckung der Medien das Affordanzkonzept in der Mediensoziologie. *Sociologia Internationalis : Internationale Zeitschrift für Soziologie, Kommunikations- und Kulturforschung* 46: 161–181.

Anhang

Transkriptionsregeln

⌐	Beginn einer Überlappung, bzw. direkter Anschluss beim Sprecherwechsel
⌐	Ende einer Überlappung
(.)	Pause bis zu einer Sekunde
(2)	Anzahl der Sekunden, die eine Pause dauert
<u>Nein</u>	Betont
Nein	Laut
°nee°	Sehr leise (in Relation zu üblicher Lautstärke des Sprechers/der Sprecherin)
.	Stark sinkende Intonation
;	Schwach sinkende Intonation
?	Stark steigende Intonation
,	Schwach steigende Intonation
Viellei-	Abbruch eines Wortes
oh=nee	Wortverschleifung
Nei::n	Dehnung, Häufigkeit von : entspricht der Länge der Dehnung
(doch)	Unsicherheit bei Transkription, schwer verständliche Äußerung
( )	Unverständliche Äußerung, Länge der Klammer entspricht etwa Länge der Äußerung
((stöhnt))	Kommentare und Anmerkungen zu parasprachlichen, nicht-verbalen oder gesprächsexternen Ereignissen.
@nein@	Lachend gesprochen
@(.)@	Kurzes Lachen
@(3)@	3 Sekunden Lachen

Nach Przyborski (2004, S. 177 ff.)

© Springer Fachmedien Wiesbaden GmbH, ein Teil von Springer Nature 2020
M. Schreiber, *Digitale Bildpraktiken*, https://doi.org/10.1007/978-3-658-30788-2

Einverständniserklärung

INFORMATION – BLEIBT BEI TEILNEHMENDEN

Dissertationsprojekt Mag. Maria Schreiber, Projekt „Bildpraktiken".
Finanziert durch die Österreichische Akademie der Wissenschaften, angesiedelt an der Universität Wien, Institut für Publizistik- und Kommunikationswissenschaft

NUTZUNG VON BILDERN - EINVERSTÄNDNISERKLÄRUNG

Sie haben im oben genannten Forschungsprojekt im Zeitraum 2013 - 2016 im Rahmen eines Interviews Fotografien in digitaler oder analoger Form zur Verfügung gestellt. Vielen Dank dafür!

Die Bilder werden digital gespeichert und für eine Doktorarbeit verwendet. Ergebnisse der Forschung werden – *in anonymisierter (verpixelter) Form* – in wissenschaftlichen Publikationen (print und online), bei Konferenzen und in der Lehre präsentiert. Sehr gerne würde ich dabei auch die Bilder zeigen, die in der Studie von den Teilnehmenden zur Verfügung gestellt wurden.

Wenn Sie damit einverstanden sind, unterschreiben Sie bitte das Formular.

Bei Rückfragen kontaktieren Sie bitte:
Maria Schreiber, 0650/ 321 05 86, maria.schreiber@univie.ac.at

Herzlichen Dank für Ihre Unterstützung!

Dissertationsprojekt Mag. Maria Schreiber, Projekt „Bildpraktiken".
Finanziert durch die Österreichische Akademie der Wissenschaften, angesiedelt an der Universität Wien, Institut für Publizistik- und Kommunikationswissenschaft

NUTZUNG VON BILDERN - EINVERSTÄNDNISERKLÄRUNG

Ich bin einverstanden, dass die Bilder, die ich im Rahmen des Projekts

„Bildpraktiken" (Dissertation Maria Schreiber) zur Verfügung gestellt habe, für wissenschaftliche Zwecke genutzt werden.

Folgende Bilder dürfen in wissenschaftlichen Publikationen (gedruckt und online) sowie bei Präsentationen im Rahmen von zB. Konferenzen und zu Zwecken der Lehre gezeigt werden – die Bilder werden anonymisiert (verpixelt).

Vorname, Name:
Datum, Ort:
Unterschrift:

Printed by Books on Demand, Germany